Jörg Zink

Vom Geist des frühen Christentums

Das Buch

»Der christliche Glaube hat sich heute deutlicher als je zu fragen, was die Aufgaben der Kirche seien. Neben der Verkündigung des Evangeliums sind es vier weitere:
Anders als bisher: die Versöhnung der zerstrittenen Völker und der Friede ohne Waffen.
Anders als bisher: die Gerechtigkeit, die zwischen den Völkern und Religionen geschaffen werden muss.
Anders als bisher: die Rettung der Lebendigkeit der Erde und der Schutz der Schöpfung.
Und ganz anders als bisher: die Allianz der Religionen vor allem in der Gemeinschaft derer, die seit Urzeiten den ersten drei Zielen zugewandt leben.
Kein anderer Auftrag steht vor den Kirchen um des Überlebens der Menschheit willen mit ähnlicher Dringlichkeit, nicht weil sie den Frieden auf Erden zu suchen hätte, sondern um der Verwandlung der Welt willen.« Jörg Zink

Der Autor

Jörg Zink, geb. 1922, ist einer der bekanntesten evangelischen Theologen der Gegenwart. Eine Vielzahl erfolgreicher Bücher zu Fragen des christlichen Glaubens und Lebens stammen aus seiner Feder. Er lebt mit seiner Frau in Stuttgart.

Jörg Zink

Vom Geist des frühen Christentums

Den Ursprung wissen – das Ziel nicht verfehlen

HERDER

FREIBURG · BASEL · WIEN

HERDER spektrum Band 6796

MIX
Papier aus verantwortungsvollen Quellen
FSC® C083411

Titel der Originalausgabe: Vom Geist des frühen Christentums.
Den Ursprung wissen – das Ziel nicht verfehlen

ISBN 978-3-451-61018-9

www.herder.de

Umschlaggestaltung: Verlag Herder
Umschlagmotiv: © Ryan Rodrick Beiler / shutterstock.com
(Taube mit einem Olivenzweig im Schnabel. Fußbodenmosaik in der Grabeskirche, Jerusalem).

Satz: de·te·pe, Aalen
Herstellung: CPI books GmbH, Leck

Printed in Germany

ISBN 978-3-451-06796-9

Inhalt

Vor drei Jahren habe ich ein Buch über »Jesus« herausgebracht. Über die rund siebenunddreißig Jahre, die Jesus auf unserer Erde gelebt hat und über die seine Anhänger später ihre Erinnerungen und Bekenntnisse geschrieben haben. Es erzählt das, was für uns gilt und feststeht, das wir auch bekennen und aus dem wir leben in unserem späten Jahrhundert.

Hier folgt nun die zweite Hälfte. Sie beginnt mit den Ostererfahrungen der Jünger und endet in unserer gegenwärtigen Zeit. Dabei wird vom Ursprung des christlichen Glaubens bis zu unserem heutigen Auftrag mit einem einzigen Sprung herübergedacht werden müssen – ohne das Vielerlei, das inzwischen geschehen ist und das uns für einen Augenblick nicht allzu wichtig sein muss. Von einem entscheidenden Punkt im Neuen Testament mit einem Sprung zu dem, was für uns heute gelten muss, und dem auszuweichen einem Verlust unseres Auftrags gleichkäme.

Vorwort

»Schwer verlässt,
was nahe dem Ursprung wohnet,
den Ort.«
Friedrich Hölderlin in seinem Gedicht »Die Wanderung«

Ein Leben lang höre ich nun die Geschichten und Gedanken aus der Welt der Bibel, höre, was von ihren Menschen erzählt wird, von den kleinen und großen Ereignissen und von den Gedanken, in denen sie zu fassen suchten, was ihnen an Begegnungen mit Gott widerfahren war. Und ich habe nach wie vor den Eindruck, ich sei mit all dem nahe bei meiner eigenen Herkunft, der Herkunft auch der vielen Menschen, mit denen ich lebte, ich sei aber auch nicht weniger nah einer entscheidenden Ursprungskraft unserer ganzen Geschichte und Kultur, und es sei gut, ihr nahe zu bleiben.

Zugleich schien es mir von jeher sinnvoll, denen nahe zu sein, die mit dieser Herkunft ihre Mühe haben. Ihnen also nahe zu sein als ein wie sie von diesem fernher kommenden Wort angerührter Zeitgenosse. So, dass wir nicht in unserer engen Gegenwart gefangen bleiben, sondern unserem eigenen Ursprung näher kommen, dass wir dabei Klarheit gewinnen, einen Blick in die Zukunft hinaus und zugleich in die Zusammenhänge, in denen unsere Zeit steht und in denen wir unser kleines Leben zubringen.

Denn was kommt zu uns, wenn dieses Buch seine Worte, seine Bilder und Geschichten in unsere heutige Zeit hereinspiegelt? Es kommt eine der wichtigsten Überlieferungen der Menschheitsgeschichte. Unzählige Stimmen sagen uns, was ihnen kostbar war, ihre Träume und ihre Hoffnungen.

Was sie an Weisung fanden, was ihnen Trost gab und wie sie mit dem umgehen konnten, was ihnen an Gewalt und Leiden auferlegt war. Es kommt zu uns durch die zweitausendjährige Geschichte der christlichen Kirche, in der wir heute leben. Ihre Überlieferungen kommen aus einer fernen Welt zu uns herüber und deuten uns unsere eigene Zukunft und die Zukunft der Welt an mit Strichen, wie jene ferne Vergangenheit sie zu zeichnen vermochte. Wer aber erkennt, wie er selbst aus dieser Geschichte herkommt und wie diese Geschichte die Landschaft sei, in der er seinen eigenen Ursprung zu suchen habe, der wird festhalten, was von dort kommt, und den Ort seines Wohnens möglichst nahe dem Ursprung wählen. Und es wird ihm schwer fallen, meint Hölderlin, sich von diesem Ort zu entfernen.

Dieser Ort ist nicht notwendig ein Ort in einer Kirche. Mancher hat wissenschaftlich oder spirituell seinen Ort von jeher auf eigenen Wegen gefunden. Wenn wir »Kirche« aber als weltweiten offenen und gemeinsamen Raum verstehen, in dem lebendig werden soll und kann, was aus dem Ursprung des Glaubens kommt und uns Christen in unsere Zukunft führt, dann wird irgendwo in ihr oder an ihrem Rande unser Ort sein. Wir werden ihr gegenüber freilich so frei sein, wie wir anderen Mächten oder Institutionen dieser Erde gegenüber frei sind. Die Kirche ist auf die Freiheit derer hin angelegt, die sich ihr zurechnen. Sie besteht aus schlichten Menschen ohne Amt und Würden. Sie besteht aus Menschen, die das Wort der Bibel selbständig zu hören und zu verstehen suchen und mit ihm umzugehen wissen, die urteilen können über das, was es sagt und was es nicht sagt, was ihrer Gemeinschaft das Maß gibt und das Wesen.

Um es auf den Sinn und die Absicht dieses Buches zuzuspitzen: Eine am Evangelium orientierte Kirche steht und fällt mit der Freiheit und geistigen Klarheit ihrer Glieder, mit der Kenntnis also, die ein Nichtamtsträger, ein Nichttheologe, Mann oder Frau sich von der Heiligen Schrift erworben hat. Mit seiner Bereitschaft, von seiner eigenen Urteilskraft aus dem, was er glaubt, eine glaubwürdige Gestalt zu geben. Vielleicht kann ihm eine sorgfältige Wissenschaft dabei helfen, sie ist aber nie die Bedingung gewesen, unter der allein es hätte zu einem glaubwürdigen Glauben kommen können. Wir haben von dieser Wissenschaft große und bewunderungswürdige Leistungen in Händen, aber sie spricht in ihrer eigenen Sprache doch weitgehend mit sich selbst.

Wie es aber keine ewig gültige Lehre gibt, die eine Kirche zu verwalten vermag, und keine Autorität, die mit größerem Gewicht auftreten kann als das freie, informierte Gewissen, so kann es auch keine Wissenschaft geben, die die Erfahrung des Einzelnen mit dem Wort der Bibel mit rationalen Mitteln vorwegzunehmen hätte. Jede kirchliche Lehre und Autorität ist an dem zu messen, was die Stimme der Heiligen Schrift nach dem gemeinsamen und freien Urteil derer aussagt, die sich ihr zurechnen.

Wenn ich es kurz sagen soll: Eine am Evangelium orientierte Kirche lebt aus der Mündigkeit der Laien. Das Evangelium, das Jesus den wenig gebildeten Bauern und Fischern in den Dörfern Galiläas zusprach, muss etwas Einfaches und Begreifliches gewesen sein. Und was dieses Buch versucht, nämlich einen Ertrag der neutestamentlichen Wissenschaft dem theologisch nicht gebildeten Laien der Kirche zu vermitteln, muss dem schlichten Christen nur für einige Grundfragen und Grundtatsachen notwendig erscheinen.

❀

Nun bewegen die Fragen, die der Bibel gegenüber gestellt werden, heute wie je viele, sehr viele nachdenkliche Christen und Nichtchristen: Wer kann mir beweisen, dass Jesus wirklich gesagt und getan hat, was man von ihm erzählt? Was ging damals in dem Land, in dem Jesus lebte, wirklich vor? Was aus den Erzählungen des Evangeliums ist Sage, was Legende, was Mythos, was tiefsinniges Spiel mit Bildern? Was ist das, was die Geschichten um Ostern und Pfingsten andeuten, wirklich? Was ist die große Wahrheit, der ich mich beugen soll? Soll ich glauben, dass Jesus für mich gestorben sei? Was ist gemeint, wenn Jesus als »Sohn Gottes« bezeichnet wird, wenn Gott dreieinig vorgestellt wird? Wenn dem »Geist Gottes« eine so zentrale Bedeutung zuerkannt wird? Wenn von unserer Wandlung und Erlösung und von ewigem Leben geredet wird? Und vor allem: Was geht aus alledem hervor über die Art, wie jene Menschen der ersten Zeit ihren Aufträgen gerecht zu werden versucht haben? Und was darüber, was wir Heutigen als unsere Aufgabe erkennen, und über die Art, wie wir die künftige Gestalt der Kirche formen?

Denn da ist noch eins. Eine Frage, die uns in unserer heutigen Zeit in Unruhe hält, ist auch diese: Auf welches Zielbild hin wollen wir unsere Kirchen so umgestalten, neu schaffen und neu formen, dass sie den Aufgaben gemäß wirken können, die uns die kommenden Zeiten stellen werden? Die Kirche ist ja ihrem ganzen Wesen nach zu allen Zeiten ihrer Geschichte wandelbar gewesen, und wenn es gut war, aus der Kraft des Geistes Gottes. Keine ihrer vielen Gestalten blieb unverändert, sie entstanden immer wieder neu aus dem Glauben ihrer Glieder. Wenn wir die Maßstäbe dafür finden wollen, die für ihre künftige Wandlung gelten können, so werden sie zu einem gewichtigen Teil in dem gefunden werden müssen, was aus dem Geist ihres Ursprungs zu uns kommt.

Andererseits sind ihre Gestalt und ihre Wirkungsweise der Freiheit unseres heutigen Glaubens anvertraut. Vielleicht ist, was wir uns heute über die Kirche zurechtdenken, kein Dom mit ewig gültigen, monumentalen Merkmalen, sondern eher ein Zelt, das wir immer wieder abbrechen müssen und wieder neu aufstellen, damit es sich in dem großen und gefahrvollen Unterwegs der Menschheit als Herberge für eine Nacht eignen kann. Wir können die Gestalt der Kirche immer nur aus dem heraus entwerfen, was Stimmen wie die des Matthäus, des Paulus, des Johannes und der vielen Späteren der Geschichte der Kirche uns zeigen. Das aber ist nichts anderes als das Evangelium von Jesus Christus. Darüber hat zweitausend Jahre lang ein Gespräch stattgefunden. Und wie wir heute daran weiterdenken können, das ist die heimliche Zielfrage dieses Buchs, die es durch alle seine einzelnen Schritte im Auge hat.

Vielleicht sagt der Leser an dieser oder jener Stelle: Das ist doch unwichtig! Warum soll ich das wissen? Dazu gibt uns der römische Dichter Vergil einen guten Rat. Er sagt, wir sollten auch das an einem alten Wort, das scheinbar unwichtig daherkommt, ansehen als etwas, das immer noch um ein Weniges wichtiger ist als wir selbst. Er sagt: »*Paulo maiora cantamus.*« – »Wir besingen etwas, das immer noch um ein Weniges größer ist als wir selbst.« Und wir tun das, damit zu uns sprechen kann, was wirklich groß ist.

I

Eine alte Geschichte will zu uns reden

1
»Tief ist der Brunnen der Vergangenheit«, sagt Thomas Mann

Als ich an dem Brunnen vorbeikam, stand dort ein Esel. Eine schwarz gekleidete Frau holte den Eimer mit Wasser an einem Seil über den Rand aus der Tiefe und füllte damit die Ledersäcke, die der Esel an beiden Seiten trug. Es war nordöstlich von Damaskus, dort, wo das Kulturland in die Wüste übergeht. Es war wie ein Symbol. Der Brunnen war tief, und es war mühsam, aus ihm Wasser zu holen. Aber er war die einzige Quelle, aus der in jener Gegend Wasser zu gewinnen war.

Ein ganzes Leben lang steige ich nun in den Brunnen, von dem Thomas Mann schrieb. In die Vergangenheit hinab. Die Menschengeschichte. Die Vorzeit. Ein langes Leben höre ich dort auch die Stimmen der Bibel, die aus der Tiefe zu mir sprechen. Höre die anrührenden Stimmen der Klage, der Freude, der Weisheit. Höre, was sie erzählen aus alten Zeiten, von Mächtigen, von Propheten oder Frommen oder von den Taten der Gewalttäter. Von kleinen und großen Schicksalen. Was sie mir erzählen von den alten Brunnen, an denen die Frauen jener alten Zeit ihr Wasser geholt haben. Und immer höre ich es so, wie man auf seinen eigenen Ursprung hört, und es ist mir dabei so nah, wie man seiner eigenen Herkunft nahe ist und der Herkunft der Gedanken, mit denen man umgeht. Der Ursprung aber, wo immer er zu reden beginnt, ist ein kostbarer Ort. Wie will ich in meiner Zeit und Stunde mit gegenwärtigem Geist am Werk sein, wenn ich nicht irgendwo in der Nähe meines Ursprungs meine Wohnung habe? Wie will ich leben, wenn ich mir nirgends frisches Wasser holen kann, »lebendiges Wasser«, wie die Bibel sagt. »Schwer verlässt«, sagt Hölderlin, »was nahe dem Ursprung wohnet, den Ort.«

Denn noch immer ist mehr nötig, als seine eigene Zeit, die gegenwärtige Zeit eines Menschenlebens, zu kennen. Noch immer werde ich auf die fernen Stimmen hören müssen, die mir erzählen oder zuraunen, was sie an Weisung und an Wahrheit fanden, was ihnen Trost gab, was ihnen Mut machte. Woher die Kräfte kamen, mit denen sie ihren Tag bestanden. Noch immer werde ich mir die Landschaften einer lange vergangenen Zeit vor Augen malen müssen, vielleicht einer mir fremden Kultur, und versuchen, mit dem, was ich dabei schaue, vertraut zu werden.

❀

Will ich hören, was aus dem tiefen Brunnen zu mir sprechen will, so kann ich zwei Wege wählen. Ich kann oben im Sand stehen bleiben und zuschauen, was die Menschen dort tun, wie es ja auch die Menschen vor tausend und dreitausend Jahren getan haben. Oder ich kann versuchen, in ihn abzusteigen. Manche dieser Brunnen haben an ihren Innenwänden im Kreis laufende Treppen für Esel und Menschen. Ich kann dann gleichsam in mich selbst absteigen und die wahren Quellen in mir selbst finden.

Der erste Versuch, das Vergangene zu verstehen, ist der, dass ich die Wege nicht scheue, auf denen ich fremde Kulturen und fremde Zeiten finde. Sie sind heute leichter zu gehen, als es je war. So ist es mir vergönnt gewesen, auf vielen Reisen in die Länder, aus denen die Bibel kommt, besser zu verstehen, was sie mir erzählten. Ich habe sie gesehen: die Familien der Ziegenhirten in den kargen Wadis, wo sie noch immer leben wie in den Zeiten Abrahams. Oder die Lehmhütten der Bauern, wie sie unter ein paar staubigen Palmen stehen, und die trockenen Äcker, auf denen die Bauernfamilien an den Ufern der großen Ströme ihr mühsames Leben zubringen. Oder die alten Städte mit ihren Palästen, Tempeln, Märkten und Häfen. Und ich habe dabei vor allem gesehen, dass wir in einer Zeit leben, in der ganze Kulturen, die so alt sind, zugrunde gehen. Wie die letzten Händler, die zwischen dem Jemen und Afghanistan hin- und herziehen, mit ihren Karawanen den modernen Lastzügen weichen und die alten sozialen Ordnungen nur noch mit großer Mühe bewahrt werden, bis auch sie der Macht unserer westlichen Zivilisation weichen.

Der andere Versuch, in jenen Brunnen mit Hilfe einer Treppe abzusteigen, ist der, dass ich in mich selbst, in meine eigene Tiefe, hinabzugelangen suche. Denn zuletzt werde ich verstehen, dass das Entscheidende nicht an meinem Wissen über die alte Welt liegt, wenn die Bibel ihren Auftrag an mir erfüllen soll, sondern fast alles daran, dass ich ihren Gestalten und ihren Worten in mir begegne und sie in mir selbst wie Gäste begrüße. Wie ich das versuchen kann, dazu will dieses Buch, neben viel anderem, was es erzählt, ein wenig helfen.

Dabei wird zunächst das Einfache deutlich werden, dass alles, was geschehen ist, Teil einer Geschichte ist. Es bedeutet, dass alles kommt und geht und alles Wandlung ist. Dass ich selbst ein Teil und eine Folge der biologischen ebenso wie der geistigen Geschichte der Menschheit bin. Dass ich also weder der Herr meines gegenwärtigen Augenblicks bin noch auch sein Knecht. Dass mir einerseits niemand zu sagen habe, wie ich in den Augenblicken, die mein Leben währt, zu denken, zu handeln und zu leben hätte, dass andererseits nichts, das ich einbringe, anders zu verstehen ist denn als das Geschenk einer langen Geschichte, die in mir gewirkt hat. Anders gesprochen: als ein Geschenk Gottes.

2
Alles, was in einer früheren Zeit geschehen ist, wandelt sich. Es kommt nicht so zu uns, wie es sich abgespielt, sondern so, wie es sich ausgewirkt hat

Bleiben wir einen Augenblick oben, am Rand des Brunnens, stehen und beobachten, was da früher einmal geschehen ist. Aber was ich da sehe, ist nicht das Ursprüngliche. Was immer ich aus der Geschichte wahrnehme, sehe ich so, wie ich es in einem Buch lese oder ein Lehrer es mir erklärte. Was wirklich geschehen ist, wird von Anfang an zum Teil vergessen, zum Teil verschwiegen, anderes wird als wichtig empfunden und erzählt. Wieder anderes wird von späteren Erzählern mit einem großen Sinn versehen oder verändert, wie es den Interessen dessen entspricht, der da erzählt. Und so kommt in aller Überlieferung immer auch etwas von mehr oder weniger genauer Kenntnis Gedeutetes, falsch oder richtig Verstandenes zu mir, etwas in der Zeit zwischen damals und heute in irgendeinem Kopf Hinzugefügtes. Was weiß ich über Martin Luther, der so bekannt ist und der ja im Vergleich zu den biblischen Gestalten vor nicht sehr langer Zeit gelebt hat? Ich weiß, was ich in der Schule gelernt habe, was ein Lehrer mir beigebracht hat, der wusste, was er von seinen Büchern oder von seinen Lehrern gelernt hatte. Die Bücher entstanden aus anderen Büchern und wurden teils von Gelehrten geschrieben, die Luther verehrten, teils von anderen, die ihn missverstanden oder hassten. Er ist für mich nie der Mann, der wirklich gelebt hat, sondern der Mann einer fehlerhaften Geschichtsschreibung oder der Romane oder der Schönfärberei.

Was uns aber Menschen erzählen, ist das, was wir Geschichte nennen. Naturgeschichte. Erdgeschichte. Weltgeschichte. Seelengeschichte. Sozialgeschichte. Geistesgeschichte. Kunstgeschichte. Religionsgeschichte. Wenn wir fragen sollten: Wer war Jesus wirklich?, dann können wir uns immer nur an dem orientieren, was uns aus den Berichten über ihn und auch den Deutungen von zweitausend Jahren anrührt oder trifft oder verändern will. Wir haben keine Zeile von ihm, die er selbst geschrieben hätte. Kein Abbild, keine Beschreibung seiner Gestalt oder seines Aussehens. Keine psychologische Analyse wird je möglich sein. Wir haben Äußerungen von Menschen, die ihn verehrten, in denen er etwas angestoßen, in Bewegung gesetzt hat. Jedes Wort, das wir von ihm lesen, ist erst einmal durch die Köpfe und Herzen von Hörern gegangen. Die aber können ihren Meister verstanden oder missverstanden haben, und manche von ihnen, so der Evangelist Lukas und der große Interpret der Christus-Geschichte, Paulus, haben überhaupt erst durch Dritte von ihm gehört. Alles, was wir lesen, ist das Werk von Menschen der ersten, zweiten und dritten Generation nach Jesus.

Was wir also haben, ist nirgends das Original, sondern immer und überall der schon gedeutete, der interpretierte Jesus. Wir haben nicht das ursprüngliche Licht, sondern nur seine Ausstrahlung. Seinen Widerschein in anderen Augen. Wir haben nicht seine Persönlichkeit, sondern immer nur seine Wirkungsgeschichte. Und diese Wirkungsgeschichte ging über die Zeit der ersten Augenzeugen hinaus weiter, und immer erneut kamen Reflexe und Spiegelungen eines Menschen oder einer Zeit dazwischen. Zu diesen Menschen, die jeweils ihre eigene Deutung einbringen, gehören auch wir selbst. Wir stehen in einer Kette von Menschen, deren Würde mit darin besteht, dass sie sich der Wahrheit immer mit den Kräften ihres eigenen Deutens und Verstehens, ihres Erfahrens und Entscheidens nähern. Die Geschichte ist eine Art Lichterkette, an deren Ende ich stehe und deren weiterer Verlauf auch von dem bestimmt wird, was ich ihr an Wahrheit mitgebe.

Freilich: Dieses Problem, das wir mit Jesus haben, haben wir mit jedem Großen der Geschichte. Die Buddhisten haben es mit Buddha, die Philosophen unserer Kultur mit Sokrates. Beide, die zu den fünf oder sechs wichtigsten Gestalten der Geistesgeschichte gehören, kennen wir nur aus der Liebe und Verehrung Jüngerer. In den drei dicken Bänden mit den Predigten Buddhas steht kein Wort, das er so gesagt haben muss. In den Dialogen Platons werden Gespräche des Sokrates mit seinen Schülern berichtet, aber es sind keineswegs Gespräche, an denen Sokrates beteiligt war, sondern kunstvoll gestaltete Szenen, mit denen Platon seinen Meister zu ehren gedachte. Aber trotz ihrer historischen Ungreifbarkeit haben alle drei, Jesus, Buddha und Sokrates, die Geistesgeschichte auf dieser Erde unendlich tief und nachhaltig geprägt.

Wenn aber nichts so zu uns kommt, wie es gewesen ist, sondern als verändertes Gedankengut einer langen Zeit, dann kann, was gewesen sein soll, uns nicht zur Vorschrift werden. Wir kennen es ja überhaupt nur so, wie wir es wahrnehmen. Und so, wie es uns unsere Lebenssituation oder unser eigenes Wesen vorschreibt, muss es zwangsläufig in viele Meinungen zerteilt erscheinen. Ich werde also mit meiner Sicht des Vergangenen immer vorwiegend mich selbst wiedergeben.

Aber es gibt ja, wie schon gesagt, auch noch einen anderen Weg, den des Abstiegs in mich selbst.

3
Wir leben in zwei Traditionen: einer äußeren, die auf uns trifft, und einer inneren, die sich in uns selbst aufgebaut hat

Wenn wir in den Brunnen hinabschauen, dann nehmen wir tief unten die späten Elemente einer menschheitlichen Überlieferung wahr. Ihnen voraus ging die Jahrhundertausende und Jahrmillionen währende Vorgeschichte in der Evolution der Tiere, bis zurück zu den Einzellern. Der eigentliche Beginn der Menschheitsgeschichte lag danach in der langen Zeitstrecke, in der die frühen Menschen sich allmählich bewusst wurden, sie seien anders als die Tiere. Als sie erkannten, sie seien ein Ich. Vor allem, als sie zu ahnen und danach zu wissen begannen, ihnen stehe ein Tod bevor. Als sie zu ahnen begannen, unbekannte Mächte wirkten unsichtbar auf sie ein. Als ein späterer Vorfahr der Menschen auf den Einfall kam, er könne doch in seiner Hütte oder Höhle selbstgefertigte tierähnliche Figuren aufstellen, die ihm dieses Unbekannte bekannt und das bedrohliche Fremde fassbar machten.

Von hier aus bildeten sich mit dem wacher werdenden Bewusstsein der Menschen und ihrer gesammelten Erfahrung vielerlei Religionen alten Zuschnitts. Es entstanden Stammesreligionen, und in ihnen blieben sehr alte Reste von Bildern, Ritualen oder magischen Praktiken erhalten. Sie gingen in die entstehenden Hochreligionen des 3. Jahrtausends vor Christus ein und wandelten dabei ihren Sinn. Verloren gingen sie nicht: Alle religiöse Wahrheit kommt über eine lange Zeit, über Nachricht, Erzählung, Rechtsordnung, Sitte, Schrift, Ritual, politische Struktur oder politisches Handeln, verändert oder in tradierter Form zu uns.

Nun ist aber tiefenpsychologisch leicht zu zeigen, dass dieser äußeren Tradition eine innere gegenübersteht und dass alle frühen Stufen der menschlichen Kultur und der menschlichen Seele in uns Heutigen wie in allen Generationen vor uns gegenwärtig sind. Wie der Höhlenmensch, der Steppennomade, der Großwildjäger, der frühe Ackerbauer, aber auch die Gedanken und Erfahrungen aus der späteren Kulturgeschichte in uns mitreden, wie sie mit ihren Erfahrungen, ihren Leiden und Ängsten in unser so modernes Bewusstsein hereinreichen. Nun könnte man darüber trauern, wie sehr nach aller Erfahrung die Mehrheit der Menschheit auf dem Erdball in archaischen Formen von Religion gefangen leben. Aber in dieser offenkundigen Bindung auch des heutigen Menschen an die lange Geschichte des religiösen Bewusstseins liegt eine große stabilisierende Kraft.

Ohne diese lange Vorgeschichte der religiösen Erfahrung der Menschheit, wie auch andererseits der Vorgeschichte unseres eigenen Nachdenkens, ist keine wirkliche Religion verstehbar. Eine Religion kann man nicht plötzlich erfinden, wenn ein Mensch oder eine Kultur sie braucht. Alle Religion lebt aus ihren uralten Anfängen, und sie wird klarer und reiner im Laufe ihrer Tradition in Jahrtausenden. Wenn wir also heute Christen sein wollen, stehen wir in einer langen Geschichte, aus der wir einerseits kommen, die andererseits in uns selbst ist. Menschen haben ihre Gedanken und Erfahrungen aufgeschrieben, andere haben sie abgeschrieben, später gedruckt, übersetzt, kommentiert. Und immerfort wieder andere haben sie mündlich den Menschen erklärt. Immer wieder entstanden aus dem Geschriebenen neue Formen von Gemeinschaft, neue Ordnungen, Bekenntnisse, Regeln für die Staats- oder Sozialordnung. Immer wieder wurde, was da tradiert wurde, von Zeitströmungen verändert, in Kampfsituationen zugespitzt, in Nachdichtungen bewahrt oder in der Erzählung zwischen den Generationen ausgemalt.

Aber, wie schon gesagt: Diese Tradition trifft auf mich, und ich bringe mich in sie ein. Sie begegnet mir zugleich wie eine Spiegelung in mir selbst. Sie hat mich geprägt, sie gab meiner Seele ihre Gestalt. Sie gab mir alles, was in mir angelegt ist, mein inneres Erbe, aber auch meine Bedürfnisse, Wünsche, Ängste, Erwartungen, meine Gedanken. So gibt es über die Jahrtausende hin eine religiöse Kontinuität, auch in den Bildern meiner Seele. Am Ende trägt alles, was mich anspricht, auch die Bibel, für mich die Färbung, die sie durch das Erbe in mir selbst gewinnt.

4
Die Bibel ist ein Erzählbuch und eine in sich selbst schon alte Überlieferung

Eins von den charakteristischen Worten der Bibel lesen wir im 70. Psalm:

»Ich will meinen Mund auftun. Aussprechen, was gilt.
Alte Geschichten will ich deuten.
Was unsere Väter, unsere Mütter erzählten,
wollen wir nicht verschweigen unseren Kindern.
Wir wollen dem kommenden Geschlecht bezeugen,
wie Gott in unser Schicksal eingriff und uns half.
Unseren Vätern gab Gott die Weisung,
sie sollten es kundtun ihren Söhnen,
damit auch sie, wie wir selbst, sich erheben,
ihren Kindern davon zu berichten.«

❀

Und wirklich: Suchen wir nach einem klassischen Erzählbuch aus jenen alten Kulturen, so werden wir irgendwann auch auf die Bibel treffen. Da wird über die Herkunft des

Weltalls nicht theoretisiert, sondern erzählt: »Im Anfang schuf Gott Himmel und Erde.« Da wird von den Tücken des menschlichen Herzens nicht psychologisch geredet, sondern erzählt: »Da sprach Kain zu seinem Bruder Abel: Lass uns aufs Feld gehen!« Da wird von inneren Erfahrungen nicht im Sinne esoterischer Geheimniskrämerei geredet, sondern erzählt: »Und der Herr sprach zu Abraham.«

Da wird Geschichte nicht im Stil mythischer Heldenkämpfe berichtet, sondern schlicht erzählt, was auf dieser Erde geschah. Da wird die historische Gestalt eines Königs nicht sosehr verherrlicht, sondern nüchtern geschildert. Da wird über religiöse Erfahrungen nicht diskutiert, ob sie möglich seien oder nicht, sondern von ihnen erzählt. Es werden auch keine Dogmen dargelegt, schon gar keine kirchlichen, sondern an Ereignisse erinnert. Da wird über die Weltgeschichte und ihre Gesetzmäßigkeiten nicht hin und her argumentiert, sondern schlicht erzählt.

Es ist in der Bibel, von ihrer ersten bis zu ihrer letzten Seite, ein einziges Erzählen, Wiedererzählen, Nacherzählen und Vorauserzählen. Wer sich aber von uns in die Reihe derer stellt, die von der Gegenwart Gottes in der Menschengeschichte sprechen, in der Bibel und in den zwei Jahrtausenden bisher, wird selbst ein Erzähler sein, der hervorholt, was gewesen ist, ein Nacherzähler dessen, was er geschrieben findet, und ein Vorauserzähler dessen, was nach seiner Kenntnis und Erfahrung kommen wird, und nicht viel an seinem Erzählen wird verblasenes Gedankenwerk sein. Er wird seine eigenen Erfahrungen einbringen in die Kette der Erzählungen, die ihm aus Jahrtausenden zu Ohren kommen. Denn der Sinn des Hörens auf die Heilige Schrift ist ja nicht der, dass der Hörende danach mehr weiß, sondern dass er fähiger wird, äußeren und inneren Anrufen zu folgen und zu erzählen, was er dabei erfuhr.

❀

Es war ein früher Morgen zwischen den steinigen Hängen des Wadi Taba, von dem gesagt wird, es sei jenes Jotbata, in dem die Israeliten auf ihrer Wüstenwanderung gezeltet hätten. Ich war Gast einer Familie von arabischen Ziegenhirten, die zwischen verschiedenen Plätzen in diesem und einem Nachbarwadi hin- und herpendelten, wie eben das dünne Gras hier und dort ein wenig Futter für die Tiere bot. In der Morgenfrühe sammelte die zwölfjährige Salma eine kleine Herde Ziegen um sich und begab sich, mit den Tieren fröhlich plaudernd, auf ihre Tageswanderung. Ich mischte mich unter den locker ausschwärmenden Zug, und wir schlenderten so schnell oder so langsam wie die Ziegen das Tal entlang. Irgendwann deutete Salma mir mit einer Handbewegung an, sie müsse nun ihren Tieren Wasser geben. Ich sah mich um und konnte kein Wasser entdecken. Nur Sand, Staub, Steine und darüber eine heiße Sonne. Inzwischen ging Salma in langen Bögen durch das Tal, in Kreisbewegungen, aufmerksam wie ein witterndes Tier, blieb irgendwo stehen, ging weiter und verhielt an irgendeiner Stelle. Sie nahm eine Blechbüchse aus ihrem Schultertuch, setzte sich in den Sand und begann ein Loch zu graben. Als sie zwei Handspannen tief war, rann ein wenig Wasser in dem Loch zusammen, nach einer kleinen Weile mehr und mehr. Die Ziegen kamen, eine nach der anderen, ohne Eile oder Erregung zusammen. Sie hatten das Wasser längst gerochen. Mir fiel ein Gespräch ein, das ich tags zuvor mit dem Vater geführt hatte. Ich hatte ihn gefragt, wo denn die Kleinste, die zweijährige Nedschma, sei. Er gab zur Antwort: Sie ist in der Schule! Aber es gab doch nirgends eine Schule! Und lachend fuhr er fort: Sie ist mit ihrer Mutter unterwegs und lernt den Geruch des Wassers und die Stimmen der Ziegen. Den Geruch des Wassers! Wer ihn kennt, überlebt. Man muss freilich so fest und fröhlich darauf vertrauen, es werde da sein, wenn es gebraucht wird, und man werde es finden. Wer will noch vom Heldentum antiker Kämpfer träumen, um der Größe des Menschenlebens ansichtig zu werden? Der Mut, in die trockene Wüste zu gehen, und das Vertrauen, man werde Wasser finden, ist Heldentum genug. »Er weidet mich auf einer grünen Aue und führet mich zum frischen Wasser«, höre ich den Psalm von dem großen Wagnis singen, das es bedeutet, in unseren Tagen morgens mit zwanzig Ziegen aufzubrechen, da in jenen Wüstentälern überall die Trockenheit um sich greift und weite Gebiete unbewohnbar werden.

Oder auch: Es war an einem heißen Tag. Unweit Babylons. Am unteren Euphrat. Irgendwo zwischen staubigen Palmen und verstreuten Lehmhütten. Eine Straße aus tiefem Sand ging ich entlang um eine Biegung – und stutzte. Da lag eine Kuh mitten auf dem Weg. Aus ihrem Maul zog sich ein dünnes Rinnsal getrockneten Blutes in die Radspur. Wenige Schritte davon saß auf der Straße eine Frau. Klein, schwarz verhüllt, starrte sie auf das tote Tier. Irgendwer, irgendein Auto wohl, muss es angefahren haben. Und nun, so schien mir die Szene aus ihrer sprachlosen Verzweiflung heraus zu schreien, nun war alles zu Ende! Manche einsame Frau in diesen Ländern überlebt, weil sie eine Kuh besitzt. Durch die Kuh ist morgen noch ein Tag. Und nun ist alles zu Ende. Die Frau sitzt und starrt aus aufgerissenen dunklen Augen auf das Tier. Ich hatte den Fotoapparat in der Hand, aber ich konnte nicht abdrücken. Das Bild war zu stark. Das Bild eines Urschicksals. Das Bild eines Abgrunds von Endgültigkeit. »Du lässest sie dahinfahren wie einen Strom.« – »Sie sind wie ein Gras, das am Morgen blüht und sprosst und am Abend welkt und verdorrt«, höre ich die Bibel sagen. Und:

> »Wie ein Rauch im Wind verwehen meine Tage,
> versengt wie Gras ist mein Herz.«
> »Meine Kraft zerbricht mitten auf dem Wege,
> und meine Tage enden plötzlich.«
> *Psalm 102, 4–5.24*

Man braucht keinen griechischen Mythos, um vor der elementaren Gewalt eines kleinen Menschenschicksals hilflos zu stehen.

❀

Und noch eins: Es war vor vielen Jahren. Mit einem Guide, einem wüstenkundigen Begleiter, war ich an einem heißen Tag in irgendeiner steilen Schlucht der arabischen Wüste unterwegs. Nichts Lebendiges war zu sehen, weder Mensch noch Tier, noch Baum. Aber plötzlich hörten wir um eine felsige Ecke herum das Gemecker einer Ziegenherde und sahen sie in ihrer Mitte: eine einzelne Frau. Mein Begleiter rief sie an, und sofort lief sie, flink wie ein junges Mädchen, auf ihn zu und fiel ihm um den Hals. Und redete. Redete. Während das Begrüßungspalaver anhielt, erklärte er mir, die Frau sei fast blind. Sie könne nur noch hell und dunkel unterscheiden. Aber sie rieche jeden Baum und jede Spur Wasser. Von ihren Ziegen lasse sie sich führen. Und während sie immer weiter redete, erklärte er mir, dies sei die Witwe des letzten großen Erzählers der Region. Der Mann sei vor einigen Jahren gestorben und dann habe sie seinen großen Schatz an Märchen, Legenden und religiösen Geschichten übernommen und gehe nun von einer der wandernden Familien zur anderen, von Zeltplatz zu Zeltplatz. Ihr Gesicht und ihre Hände waren wie Leder, von tiefen Falten durchzogen, mit der einen Hand hielt sie eine große geschnitzte Pfeife im Mund, in der sie die Blätter von Akazien rauchte. Sie stand noch lange und redete. Ich verstand kein Wort, aber ihre Gestalt und ihre Handbewegungen waren so lebendig und packend, dass etwas ablief wie eine Geschichte mit ihrem Auf und Ab, mit ihrer Fröhlichkeit und ihrem Schrecken. »Was wird nun aus ihr?«, fragte ich. »Sie ist doch recht alt!« Er brauchte ein paar Augenblicke, bis er antwortete: »Sie wird sich eines Tages zwischen ihre Ziegen legen und sterben. Dann wird wieder ein Stück Wüstenkultur vergangen sein.« Inzwischen lief sie unter dem Gemecker ihrer Ziegen leichtfüßig weiter, bis sie um den nächsten Felsvorsprung bog und unseren Augen entschwand.

Während wir unseren Weg fortsetzten, ließ mich das Bild nicht mehr los. Das Bild der einsamen Erzählerin. So also muss es zugegangen sein, als in langen Zeiträumen die Bibel zusammenwuchs. So also sah es aus, wenn eine Tradition entstand. So wurden die alten Geschichten von Abraham oder Mose zum ersten und zum hundertsten Mal erzählt, ehe sie schriftlich festgehalten wurden. Und diese Anschaulichkeit blieb ihnen erhalten auch in der schriftlichen Form. Hinter dem schriftlichen Text muss ich mir die Handbewegungen und die Mimik der Erzähler vorstellen.

Erzählen kann, wer etwas erfahren hat. Erzählen kann, wer etwas gehört oder gesehen, erlebt oder erlitten hat oder wer die Erzählung eines Früheren nacherzählt. In diesem Sinn ist die Bibel ein einziger großer Erzählzusammenhang.

Sie gibt von Generation zu Generation die Erfahrungen von Weisen und Propheten oder von schlichten Müttern und Vätern weiter. Erfahrungen aus dem Tagesgeschäft, Erfahrungen an den Grenzen des Daseins, an den Grenzen des Wissens oder der inneren Bemühung. Erfahrungen, in denen Grenzen überschritten werden. Dabei ist das Urthema, was denn Wahrheit sei und wie man sie finde.

Und diese Wahrheit, so bezeugt die Bibel, die Wahrheit Gottes und der Menschen, die Wahrheit der Welt und der Geschichte, blitzt auf im Wissen derer, die davon erzählen können, weil sie sie erfahren haben. Deshalb ist es entscheidend, ob wir Christen uns getrauen oder nicht, von unserer eigenen religiösen Erfahrung zu sprechen. Am Anfang des biblischen Erzählens steht tausendfältig die Erfahrung des gegenwärtigen, des schaffenden und redenden Gottes. Sie drückt sich aus in Worten wie: Ich schaute …, ich hörte …, mir geschah …, mich traf eine Stimme …, mir träumte …, mir öffnete sich ein Tor …, ich wurde gerettet …, ich wurde geführt …, ich sah, was ich sonst nie sah …, alles ist anders … – und das andere, die andere Stimme, ist Gott. Wer heute versucht, zu verkündigen, muss sich fragen, was er denn selbst wirklich geschaut, gehört, erfahren und aus seiner Erfahrung gewonnen habe? Was er denn dem Dasein abgeschaut habe? Was denn als eine Spur noch so bescheidener Erfahrung wirklich in seiner Hand geblieben sei? Was er im Ernst bezeugen könne? Wenn wir sagen: Alles liegt am Erzählen, so wird nur wenig gelingen können ohne solche Erfahrung.

Wie aber geschieht die religiöse Erfahrung? Wie geht es zu, wenn eine Erfahrung jemandem eine Einsicht schenkt oder eine Wahrheit? Was hat er danach in der Hand? Die Wahrheit? Wohl kaum. Er hat eine Erfahrung von Wahrheit. Aber nicht einmal die hat er. Die Erfahrung geht vorbei und schwindet. Sie kommt nicht wieder. Was bleibt ihm? Die Erinnerung an die Erfahrung. Er hat erlebt, dass ihm für einen Augenblick eine Wirklichkeit, eine Wahrheit aufging. Er kann sagen: Ich habe sie gesehen! Ich erlebte eine Rettung! Ich fand einen Boden unter meinen Füßen. Mir hat sich etwas aufgetan wie ein Fenster hinüber in eine andere Welt. Er fasst seine Erfahrung in eine nachfragende Erinnerung.

Aber das Fremde und Rätselhafte dieser Erinnerung bedarf der Klärung. Er denkt über sie nach und versucht, sie zu deuten, ihre Bedeutung herauszufinden und wird dabei viel, was er sonst erfahren hat, mit seiner Erinnerung zusammenweben müssen.

Nun will er den anderen davon erzählen. Dabei wird seine Erzählung Züge gewinnen, die in der ursprünglichen Erfahrung nicht mitgegeben waren. Das ist legitim. Die Vereinfachung des Erfahrenen in der Erinnerung, seine Umprägung durch eine Deutung ist unausweichlich. Denn der Erfahrende muss sich erst in das, was ihm widerfahren ist, selbst eingeben. Er muss sich in ihm wiederfinden. Es gibt keine

Autobiografie, die erzählt, was wirklich war. Immer wird der Erzähler sich in seine späteren Erinnerungen selbst eingeben, so wie er zu diesem Zeitpunkt ist. Und mit dieser Veränderung seiner Erzählung, mit der er sich seiner Erinnerung erinnert, stellt er sich in die Reihe der Erzähler unter seinen Vorfahren. Und so wird weiter überliefert, was er an Deutungen seiner Erfahrungen, an Bekenntnissen auch, formuliert hat.

Nichts anderes geschieht dort, wo einer nachzuerzählen versucht, was ihm das Evangelium gesagt hat. Er wird erzählen, was ihm diese große Liebesgeschichte Gottes mit den Menschen erzählt. Er wird einlegen und auslegen, er wird hineintragen und heraustragen, und sein Versuch wird seine Berechtigung nicht durch seine Richtigkeit gewinnen, sondern durch seine Authentizität. Mit dieser selbst erzählten, schöpferischen Originalität stellt sich der Erzähler des Evangeliums in die lange Reihe derer, die vor ihm ebenso authentisch geredet haben. Indem er sich in diese Reihe stellt, setzt er die Tradition fort, und zwar mit der Überzeugung, die Offenbarung Gottes sei nach dem Abschluss der Bibel nicht erloschen. Er sagt damit: Der schaffende Gott schafft weiter. Der redende Gott redet weiter. Der gegenwärtige Gott ist weiterhin gegenwärtig. Der liebende Gott liebt. Gott ist treu, sagt die Bibel. Das heißt: Der Zugang zur Erfahrung seines Wirkens bleibt offen bis ans Ende aller Dinge. Die Kirche aber wird ihre Treue zum Evangelium darin bezeugen, dass sie nicht aufhört, von der Treue Gottes zu erzählen.

Sie wird horchen, wie man horcht, wenn Gott ein sprechender Gott ist. Sie wird die Welt sehen, wie man sieht, wenn Gott ein in ihr wirkender Gott ist. Sie wird denken, wie man denkt, wenn Gottes Gedanken nachgedacht werden können. Sie wird wissen, dass Gott auch in den Menschen gegenwärtig ist, und sie wird zu den Menschen sprechen, wie man zu ihnen spricht, wenn in ihnen Gott ist.

Sie wird ein Wort erwarten, das sie noch nicht kennt. Sie wird eine Vision erhoffen für ein Tun, das noch nicht entschieden ist. Sie wird die Kräfte der Intuition wecken. Sie wird um die Heiligung aller Fantasie, die in ihr lebendig ist, bitten und am Ende mit ihrer ganzen Gestaltungskraft erzählend ihr Werk tun. Woher auch sollte noch Hoffnung kommen für die Welt, wenn es das nicht gäbe: eine inspirierte Fantasie, eine von Gott geweckte Kraft des Vorstellens und Malens und die freie Kraft, zu schildern, was kommen wird?

5
Wir erzählen also und fassen dabei unsere Zukunft ins Auge

Wir gehen unseren Weg weiter, ob er hinausführt in eine Wüste oder ob wir gesichert durch das fruchtbare Land geleitet werden, und wir haben vor uns und in uns das Bild des uralten Brunnens. Wir denken über unseren weiteren Weg nach, manchmal allein, manchmal mit vielen zusammen. Auch mit denen, die sich wie wir der Kirche Christi zurechnen. Und wir wissen dabei: Diese Kirche ist nicht, was man einen Apparat nennt. Sie ist nicht geführt und bestimmt von Apparatschiks. Wer seinen Weg als Glied einer Kirche geht, hat seinen eigenen Kopf und sein eigenes Herz, sein eigenes Urteil und seine eigenen Entscheidungen. Eine am Evangelium orientierte Kirche gewinnt ein wichtiges Teil ihrer Kräfte aus der Tatsache, dass ihr Mitglied, der »Laie«, ein mündiger Mensch ist. Dass er auf seine eigene Weise mit den Gedanken umzugehen vermag, die ihm die Kirche vermittelt. Und dass er sein eigenes Feld in sich hat, auf dem er seine Erfahrungen macht.

Nun bin ich überzeugt, dass die Nichtamtsträger und Nichttheologen in der Kirche in den kommenden Jahrzehnten mit ungleich größerem Gewicht in der Kirche wirken werden als bisher. In allen Konfessionen. So meine ich auch, es werde künftig für jedermann verständliche Erzählbücher geben, die von den Arbeitsfeldern der theologischen Wissenschaft berichten. Werkstattbücher, die das Gleichmaß halten zwischen ihrer Verlässlichkeit und ihrer Anschaulichkeit. Das Buch, das Sie in der Hand halten, ist ein Versuch dieser Art. Es will zeigen, wie die Kenntnis des Vergangenen und Gewesenen Voraussetzung für die Kenntnis der künftigen Aufträge der Kirche in unserer Generation ist. Es will die geistliche Geschichte der frühen Christenheit erzählen und die Folgerungen andeuten, die wir in künftigen Zeiten für die Gestalt und Arbeitsweise der Kirche zu ziehen haben. Ich bin überzeugt, je weniger religiöse Bilder und religiöses Grundwissen in unserer Gesellschaft noch anzutreffen sind, desto unentbehrlicher ist das religiöse Grundwissen für die, die heute im Ernst Christen sein wollen.

Wir glauben, hinter den Erfahrungen der Frauen und Männer, die in der Bibel zu Wort kommen und das Ihre erzählen, hat die sprechende Nähe des Gottesgeistes gestanden. Und wir vertrauen darauf, hinter jeder wirklichen Erfahrung eines Menschen von heute, die ihn im religiösen Feld trifft, stehe derselbe Geist: der nahe, der sprechende, der tröstende.

II

Am Anfang der Christusgeschichte hören wir von einigen leisen Erfahrungen: den Erfahrungen der Ostertage

6
Diese Erfahrungen bewirkten einen doppelten Schock: den eines rätselhaften Todes und eines rätselhaften Lebens kurz danach

Ich will also versuchen, von etwas zu erzählen, von dem man eigentlich gar nichts erzählen kann, das aber so wichtig ist, dass man sagen muss, was denn da eigentlich geschehen sei.

Ich will es gleich zu Anfang sagen: Die Auferstehung Jesu, des Christus, ist der dichte, schwere Kern der biblischen Botschaft. Der christliche Glaube hat genau so viel Wahrheit, wie die Auferstehung des Christus Wahrheit hat. Verlieren wir sie, so können wir auf die Dauer und für den Ernstfall des Lebens den christlichen Glauben auch vergessen. Wer nicht glauben will oder nicht glauben kann, dass die Toten leben, wird kaum viel Nennenswertes mit dem christlichen Glauben anfangen. Ich habe im Lauf meines Lebens oft und oft Erfahrungen der anderen Art gemacht, ich habe oft und oft, immer neu, die andere Wirklichkeit, die uns gegenübersteht, zu beschreiben versucht, und ich kann auch hier nur wieder von meiner Erfahrung ausgehen. Aber ich will es erzählen.

Das Entsetzen muss furchtbar gewesen sein. Was mögen sie sich zuvor nicht alles vorgestellt haben von der herrlichen Zukunft, der Jesus sie entgegenführen würde, seine Jünger, seine Freunde! Das war doch ihr Traum gewesen, dass diesem Mann die Zukunft gehöre! Ob sie ihn verstanden hatten oder völlig missverstanden, das hatten sie doch vor Augen gehabt: eine Zukunft in Macht und Größe. Ob sich manche vorstellten, dieser Mann werde sich mit einem plötzlichen Putsch an die Spitze einer siegreichen Aufstandsbewegung gegen die römische Besatzungsmacht setzen und an die Spitze eines neuen, freien Nationalstaats; ob andere dachten, er werde aller staatlichen Macht ein Ende setzen und ein neues Reich sozialer Gerechtigkeit aufrichten; ob Dritte meinten, er werde ein alles Irdische beendendes Reich himmlischer Herrlichkeit schaffen – immer war dies der Kern ihrer Hoffnung gewesen: Glanz und Herrlichkeit. Bei seinem festlichen Einzug in Jerusalem war die Spannung ins Unermessliche gewachsen, was dieser Jesus, der Prophet aus Nazaret, denn nun insgeheim zu tun vorhabe, um zunächst die den Römern ergebene Tempelpriesterschaft wegzufegen und danach die Römer selbst – und nun das! Nichts unternahm er. In einer stillen Feier an einem fremden Tisch nahm er Abschied. Wie einen Verbrecher ließ er sich abführen, ließ sich vor ein unrechtmäßiges Gericht stellen, in einer Nacht- und Nebelaktion verurteilen, ohne sich zu verteidigen, und, ehe man es in Jerusalem wahrnahm, zur Hinrichtung führen, zu dem barbarischen Tod am Kreuz, den man sonst nur Verbrechern oder Sklaven zufügte. Am Abend des 14. April im Jahre 30 lag sein schrecklich zugerichteter Körper in einem Grab vor den Toren von Jerusalem. Wie gelähmt verbrachten seine Freunde die Nacht und den Tag danach und noch eine Nacht in irgendeinem Haus hinter verschlossenen Türen zusammengedrängt, in tödlicher Angst.

Befriedigung herrschte bei den Autoritäten der Stadt, Achselzucken bei den meisten Bewohnern. Auch wieder einer von den unruhigen Geistern, deretwegen die Römer zuzuschlagen pflegten! Gut, dass er tot ist! Fassungslose Trauer bei denen, die verstanden hatten, dass dieser Mann die Katastrophe, die die wacheren Köpfe jener Zeit kommen sahen, hätte verhindern können: den Untergang Jerusalems. Und lähmende Verzweiflung bei seinen Anhängern und Freunden. Das war die Lage.

❀

Aber dann geschieht etwas ganz Anderes. Etwas sehr Stilles, Rätselhaftes, nicht weniger Erschreckendes: Drei Frauen verlassen das Versteck der Freunde, um das Grab zu besuchen und den Leichnam zu balsamieren, und ihnen öffnet sich plötzlich die verschlossene Wand ihrer Welt. Die Wirklichkeit, in der sie gefangen sind, reißt auf. Licht blendet sie. Fassungslos starren sie auf eine Gestalt, hören sie eine Stimme. Sie sehen etwas, das sich ihnen plötzlich öffnet. Sie hören: Das ist eine Botschaft von ihm! Nein, das ist er selbst! Er! Er ist da! Er lebt! Sie laufen nach Hause, unfähig, davon zu reden. Die Furcht vor dem, was sie erlebten, hält sie zu tief umklammert.

Zwei von den Männern wagen sich hinaus auf die Straße und wollen ein Dorf in der Nähe erreichen. Da erleben sie, dass irgendein Unbekannter mit ihnen geht, und sie erkennen am Ende: Der sie begleitet, ist er selbst! Die anderen, die in ihrem Haus bleiben, von ihrer Angst besetzt, erleben, dass durch die verschlossene Tür eine Erscheinung eintritt, so nah und so vertraut, dass ein Missverständnis nicht möglich ist. Und auf den ersten Schrecken folgt ein Aufschrei der Erlösung, der Befreiung: Er lebt! Und sie täuschen sich nicht. Eine Wirklichkeit anderer Art hat sich ihnen aufgetan. Sie beginnen zu verstehen: Dieser seiner Nähe brauchen sie sich nur anzuvertrauen und sie haben eine offene und freie Zukunft vor sich. In dieser Erfahrung und einer neu aufbrechenden Hoffnung schließen sie sich neu zusammen.

Nichts Dramatisches geschieht. Nur ein Blick hinter den Vorhang, ein Aufblitzen einer anderen Wirklichkeit. Hätten sie diese Erfahrungen erfunden, so würde mehr erzählt. Vielleicht wäre auf Juden und Römer ein Schrecken vom Himmel gefallen. Vielleicht hätte Jerusalem sich in ein plötzliches gleißendes Licht gehüllt. Vielleicht hätten die Jünger danach von allen Geheimnissen zwischen Himmel und Erde zu berichten gewusst. Aber nichts von alledem. Nichts ereignet sich als stille Begegnungen am Rande der

Sichtbarkeit, und nur die erleben sie, die schon vorher mit Jesus verbunden waren. Das Vorige wird aufgenommen. Worte, früher gesprochen, werden neu gehört. Nicht ein Triumphgeschrei wird laut, sondern zuerst ein Schrecken, danach ein verhaltener Jubel. Er lebt! Das ist alles. Aber dieses Wenige hat danach die Weltgeschichte aufs Tiefste und Nachhaltigste mitbestimmt.

❀

Eine zweite Erfahrung folgte. Eine längere Reihe von Wochen hatten sie im heimlichen Zauber ihrer Erlebnisse miteinander zugebracht, und sie hätten, wäre dieses Zweite nicht geschehen, alle ihre kommenden Jahre in der Verborgenheit ihres spirituellen Glücks verbracht. Da geschah wieder etwas, das einen neuen Schock und danach ein neues Erwachen bewirkte. Spätere berichten davon, stammelnd, in Andeutungen, in hilflosen Bildern, mit denen sie es zu erklären versuchten: Ihnen war, als öffneten sich die Wände ihres Hauses noch einmal, die Wände ihres Lebens in der Verborgenheit. Ein Wind! Ein Sturm fegte durch das Haus und sie wurden selbst ein Teil und Ausdruck dieses bewegenden Elements. Irgendeine Art von Feuer ergriff sie, wie von oben her, und sie selbst wurden verwandelt in eine ausgreifende Kraft, in das Feuer einer Leidenschaft. Sie wussten plötzlich: Was sie bisher als ihr sorgfältig gehütetes Geheimnis vor denen draußen verborgen hatten, ihre Erkenntnis der größeren, der geistigen Welt, ihre Erfahrungen von der Durchlässigkeit von Raum und Zeit, ihre Erlebnisse der Nähe des Meisters – dies alles sei über ihren kleinen Kreis hinaus den Menschen ihres Landes und ihrer Stadt, ja der ganzen bewohnten Erde zugedacht. Sie gerieten in eine alles verwirbelnde Ekstase und mit ihr in eine neue Klarheit. Sie standen auf, gingen auf die Straße und fingen an, draußen zu rufen und zu reden. Die Nachbarn liefen zusammen. Die

Straßen entlang hörte man sie davon reden, wer oder was dieser Jesus aus Nazaret gewesen sei. Ja, genau: Der! Der unlängst Hingerichtete! Er sei nicht tot. Er lebe, er sei der Bevollmächtigte Gottes. Er sei es nicht nur gewesen, er sei es heute.

Sie begegneten einem allgemeinen Kopfschütteln. Einem misstrauischen, ratlosen Nachfragen und einem halben Verstehen. Sie begegneten dem Widerstand der Autoritäten ihrer Stadt. Und sie fassten den Mut, zu sagen: Das ist die Wahrheit! Tut mit uns, was ihr wollt!

❀

Es war viel, was sich in ihnen zusammendrängte: Ein Jubel über ihre plötzliche Freiheit von aller Angst. Eine Dankbarkeit. Ein plötzliches Wissen, alles komme nun auf ihre Gemeinschaft und ihr gemeinsames Werk an. Sie lebten von da an in jener nüchternen Trunkenheit, von der die Christen danach immer wieder sprachen. In einer bebenden Leidenschaft, einer himmelstürmenden Begeisterung, einer plötzlichen Schau ihres Auftrags gegenüber den Menschen und am Ende in der Bereitschaft, den Spott und die Gewalt ihrer Umwelt freundlich zu ertragen.

Es war der Tag der Erfahrung von Wind und Feuer, es war Pfingsten, an dem die verborgene Lebensgeschichte Jesu als Wirkungsgeschichte in die Welt ausgriff. Die Menschen wussten plötzlich: Durch uns kann und wird sich die Geschichte des Jesus aus Galiläa auf dieser Erde fortsetzen. Er redet weiter. Er treibt uns, er erfüllt uns. Er macht aus uns gewöhnlichen Menschen seine Zeugen. Wir sind die Instrumente, auf denen Gott das spielt, was in dieser Welt zu Gehör gebracht werden muss. Wir können den Innenraum unserer Seele, den wir so sorgsam verschlossen gehalten haben, auftun und ansagen, was wir als die Zeichen der Zukunft erkannt haben, ob wir gehört werden oder nicht gehört, verehrt oder verfolgt, und häufiger wohl das Zweite als das Erste. So berichtet die Pfingstgeschichte, die von Gottes Geist getroffenen Menschen hätten sich in fremdartigen Lauten geäußert, und sie seien seltsamerweise sogar verstanden worden. Ihre Rufe und Reden seien von fremden Menschen aufgenommen worden und ihr Leben, das Dasein überhaupt, habe von einem Tag auf den anderen einen großen Sinn und Auftrag gewonnen. Sie wurden zu Getriebenen, die von dem reden mussten, was sie trieb.

Sie ließen sich hinaustreiben auf die Straßen ihrer damaligen Welt, und was sie draußen ausriefen, das war ihnen mitgegeben. Sie lebten aus der Inspiration des Gottesgeistes. Inspiration heißt so viel wie »Leben aus einem Geist«, den sie eingeatmet hatten. Der in sie hineingeweht worden war.

Aber das Entscheidende ist nun nicht, dass da eine Kirche entstand, womöglich eine große, mächtige, und dass das Christentum die halbe Welt eroberte. Das Entscheidende ist nicht, was politisch daraus wurde oder was kulturell von ihm ausging. Wichtig ist die innere Wirkungsgeschichte in den Menschen. Sie trat in den Großen der Geschichte des Glaubens immer wieder in Erscheinung und wurde in den Menschen um sie her wieder zur lebendigen Nähe ihres Meisters. Was da aber wirkungsmächtig wurde, hatte immer, nach Jahrhunderten und Jahrtausenden, noch die Stille und Verborgenheit der ersten Ostererfahrungen und die Kraft der ersten Erfahrungen des Geistes Gottes an sich. Man könnte sagen, in der Geschichte der Menschheit habe der innere Christus in den Menschen, der Geist, ungleich mehr bewirkt als der historische Mensch Jesus. Und so gehört die Suche nach dem historischen Jesus zwar zu den wichtigen Aufgaben einer heutigen Wissenschaft, die Frage aber nach dem inneren Christus bleibt die entscheidende, der die Christenheit in der langen Zeit ihrer Geschichte nachzugehen hat.

7
Um ihren Erzählungen gerecht zu werden, müssen wir unterscheiden zwischen Erfahrungen, Erklärungen und Deutungen

Ich stelle mir vor, wenn diese rätselhaften Vorgänge berichtet wurden, brachen aus den Menschen, die sie hörten, die Fragen in langen Reihen heraus. Und ich nehme an, dass diese Fragen so gestellt wurden, wie das antike Weltbild es den Menschen nahe legte. Das ist nichts Überraschendes. Überraschend ist vielmehr, dass bei allen Antworten auf diese Fragen das eigentliche Geheimnis, das Stille, das Angedeutete, das Zurückhaltende, das wie Zufällige dieser Erfahrungen erhalten blieb.

Wir reden von Erfahrungen und rühren damit an etwas vom Kostbarsten in uns, nämlich an die Gegenkraft gegen das Denken unseres Gehirns mit seinen Erklärungen. Die Ostererfahrungen der ersten Christen hatten bei all ihrer Verschwiegenheit, in der sie ergingen, etwas Unerhörtes, etwas Unbegreifbares, und sie wurden erzählt, wie immer sie geschahen, mit sehr knappen, dichten Worten. Aber danach verlangten überall die Menschen, denen sie erzählt wurden, nach Erklärungen. Das ist begreiflich, ja, es ist unvermeidlich, dass man danach wissen will: Ist etwas derart Fremdes und Anderes überhaupt möglich? Wie hat es sich abgespielt? Wie kam der Tote aus dem verschlossenen Felsengrab? Wie konnten die Augenzeugen wissen, dass sie nicht Opfer von Halluzinationen geworden waren? Und wie ist das mit seinem Körper? Ist der noch im Grab? Aber das kann eigentlich nicht sein, da man ihn doch außerhalb gesehen hat! Und wie konnte er den schweren Rollstein abwälzen? Danach muss das Grab leer gewesen sein. Aber woher weiß man, dass der Leib nicht von missgünstigen Menschen gestohlen worden war? Und waren die weiß gekleideten »Gestalten« Engel? So wurde gefragt.

Es scheint mir zudem einleuchtend, dass es einem Menschen, dem jenseits seiner Sinnenwelt etwas widerfährt, aus dem einfachen Grund nicht möglich ist, das Erlebte zu schildern, weil unsere Sprache zwar die Begegnung mit wahrnehmbaren, fühlbaren und denkbaren Sachverhalten spiegeln kann, aber für die außergewöhnliche Erfahrung keine Worte hat. Der betroffene Mensch wird stammeln. Er versucht, es zu schildern, und bemerkt: Nein, so war es eigentlich nicht. Ich müsste andere Worte haben, aber die habe ich nicht. Dem Zeugen der Auferstehung blieb zunächst einfach nur die Erinnerung: Ich habe ihn gesehen! Er stand am Ufer. Er kam durch unsere Tür. Er redete mich an. Alles, was er darüber hinaus sagen sollte, musste ihn hoffnungslos überfordern. Aber dieses Mehr erwarteten die anderen von ihm.

Ich stelle mir jedenfalls vor, wie immer wieder während eines Unterrichts oder eines Gesprächs einer in den Raum rief: Wie soll man sich das vorstellen? Und wie der, der seine Erfahrung aussprach, versuchte, eine Antwort zu finden, die den Vorstellungen der Menschen entgegenkam. Ich stelle mir vor, dass auf solche Weise die ursprünglichen Berichte ausgemalt worden sind, wie der Gedanke vom leeren Grab entstand und das Bild vom abgerollten Stein; von dem Jesus, der an ihrem Essen teilnahm und dessen Leib man anfassen konnte.

Wir müssen wohl bei jedem Bericht über solche Erfahrungen – auch wenn sie einem Menschen unserer Tage widerfahren – unterscheiden zwischen dem zögernden, ungenauen Wort, das er findet, und den Erklärungen, die er selbst gewinnt oder die sich andere zurechtlegen. Es müssen ja vielerlei Fragen gestellt worden sein. Etwa diese: Wenn Jesus wirklich auferstanden ist, warum wurde das nicht allen

Bewohnern von Jerusalem augenblicklich bekannt? Warum sprach es sich nicht wie ein Lauffeuer herum? Und doch wusste kein Mensch davon!

Oder: Wenn er wirklich aus seinem Grab auferstanden ist, müssen doch seine Wunden, die die Kreuzigung ihm angetan hat, an ihm sichtbar gewesen sein! Waren sie es? Oder: Wenn er wirklich auferstanden ist, dann hat er seinen Jüngern doch nicht nur beim Essen zugesehen, dann muss er mit ihnen gegessen haben? Hat er das?

Von einer religiösen Erfahrung sprechen wir, wenn wir ein plötzliches, aber vielleicht auch lang hin dauerndes Ergriffenwerden von einer nicht deutbaren Mächtigkeit an der Grenze zwischen dem Hörbaren und dem Nichthörbaren, dem Sichtbaren und dem Nichtsichtbaren meinen. Wir haben ihm nichts entgegenzusetzen, und es gibt wenig zu verstehen. Es spielt nicht auf der Ebene des erkennenden Verstandes, sondern auf der Ebene der Intuition. Aber es ist deutlich: Da kommt etwas auf mich zu, beglückend oder gefährlich, erlösend oder fordernd oder befreiend. Ich muss es geschehen lassen. Ich muss mich ihm fügen. Dankbar oder auch stumm und leidend. Es gibt keine Sprache, mit der ich es angemessen beschreiben könnte, keine Möglichkeit, es irgendjemand begreiflich zu machen. Und ich muss danach auch kein Bedürfnis haben und keinen Mut, es zu versuchen. Wenn ich aber davon reden soll, dann weiß ich, dass es niemand so verstehen will oder kann, wie ich es erlebt habe.

Ich bin also gezwungen, es zu erklären. Ich nehme meinen Verstand zu Hilfe und suche nach Wörtern, die das Erlebte einigermaßen treffen. Diese Wörter werde ich aus dem Vorrat an Wörtern nehmen, die mir mein Weltbild, das Weltbild meiner Zeit, zur Verfügung stellt. Wörter aus dem Umkreis meiner psychologischen Kenntnis, meiner geringen oder meiner reichen Bildung, meines täglichen Umgangs mit Menschen oder mit Fragen der Zeit. Der Erklärung kommt die Aufgabe zu, der sensiblen Erfahrung einen geschützten Ort in meinem täglichen Leben zu verschaffen, der meine Erfahrung unangreifbar macht.

In der Zeit danach, wenn ich wieder mit meiner Erinnerung an meine Erfahrung allein bin, werde ich nach der Bedeutung dessen fragen, was mir widerfahren ist. Ich werde sie mir immer wieder nacherzählen und werde dabei vielleicht das eine oder andere besser einordnen können, ihren Hintergrund, ihre Absicht, ihr vielleicht gar einen Sinn abgewinnen. Und vielleicht kann ich einmal auch einen verständigen und vertrauenswürdigen Menschen in meiner Umgebung finden, der mir dabei helfen kann. Diese Bemühung, die Bedeutung meiner Erfahrung herauszufinden, nennen wir eine »Deutung«. Ein tieferes Verstehen, das mir hilft zu ahnen, was mir meine Erfahrung hatte sagen wollen.

Will ich nun verstehen, was andere mir von einer spirituellen Erfahrung erzählen, so muss ich diese drei Ebenen sorgfältig voneinander lösen. Was sie erfahren haben, wie sie es sich und anderen erklären, und wie sie es deuten. Das gilt besonders auch bei den biblischen Ostergeschichten.

8
Zwei deutliche Beispiele für die Ausweglosigkeit des Erklärens: der weggerollte Stein und das leere Grab

Die Ostergeschichte hat Details, die den Menschen von damals Mühe machten, und zwar aufgrund ihres damaligen Weltbildes. Und sie hat andere Details, die uns heute Schwierigkeiten bereiten, uns, die nach zweitausend Jahren davon hören. Und zwar, weil nunmehr wir durch unser Weltbild gehindert sind, sie uns vorzustellen.

Ein erstes Beispiel: Der Stein am Zugang zum Grab war zu schwer, als dass ein Einzelner ihn hätte abrollen können. Die Frauen kamen frühmorgens zum Grab und hatten eine Vision: Sie sahen Christus. Später wurde gefragt: Aber dann muss der Stein doch abgerollt gewesen sein, sonst konnte doch Christus nicht herauskommen. So verband sich wohl die Erfahrung, die Begegnung mit Jesus mit der Erklärung: Das war möglich, weil der Stein abgerollt war.

Wir fragen heute umgekehrt: Was beweist denn ein abgerollter Stein?, und wir antworten: nichts! Nach Johannes 20,19 tritt Jesus durch eine verschlossene Tür zu den Jüngern ein. Was sollte ihn eine Tür hindern? Oder auch ein Stein? Was kann einem Auferstehenden überhaupt an Gegenständen aus unserer dreidimensionalen Welt im Wege sein? Uns ist das Weltbild jener Zeit nicht mehr im Wege. Und ein heutiger Streit, ob das Grab offen gewesen sei oder verschlossen, führt nicht weiter, wenn man die Erfahrung der Frauen von damals heute begreifen will.

Ein zweites Beispiel: das leere Grab. Irgendwann vor längerer Zeit hörte ich einen Disput zwischen zwei Theologen. Der eine sprach für den Glauben an die Auferstehung, der andere gegen ihn. Das Grab muss leer gewesen sein, meinte der eine. War das Grab nicht leer, dann gibt es keine Auferstehung. Der andere: Der Leib des Jesus Christus blieb im Grab, aber Christus ist auferstanden. Ich wundere mich heute nachträglich sehr über die ungeheure Wichtigkeit, die dem leeren Grab in den Diskussionen der letzten fünfzig Jahre beigemessen wurde. Über kaum etwas wurde so erbittert gestritten wie über diesen Punkt.

Aber was beweist denn ein leeres Grab? Wenn ich heute auf einem Friedhof vor einem Grab stünde, das aufgegraben vor mir liegt und aus dem der Sarg verschwunden ist, so wäre mir das kein Beweis für die Auferstehung des Begrabenen. Ich würde mich vielmehr fragen, wer ein Interesse daran gehabt haben könnte, dieses Grab auszuräumen, und würde die Polizei bitten, dem Fall nachzugehen. Nein, auch das Gezerre um das leere Grab ist ein Streit, der am Wesentlichen vorbeigeht.

Denn was hat Maria Magdalena wohl angetroffen, als sie sich dem Grab näherte? Den toten Körper des Christus? Das konnte nach damaliger jüdischer Vorstellung nicht sein. Der Leib musste mit dem ganzen Menschen zusammen auferstehen und also konnte man den Vorgang nur so erklären, dass das Grab leer gewesen sei. Das aber ist nicht die Erfahrung, sondern die Erklärung.

Denke ich dagegen heute an meine eigene Auferstehung, so bin ich überzeugt: Mein Grab wird keineswegs leer sein, sondern dort wird mein Körper sein. Er hat seinen Dienst getan und darf verwesen, zu Erde werden. Ich selbst, meine Seele, mein Geist werden einen neuen Weg gehen, hinüber in andere Dimensionen als die, die wir heute kennen.

Dort werde ich wieder eine Art Leib haben, und das heißt: Ich werde wieder ein ganzer Mensch sein. Was lebendig wird, ist nicht mein Leib, der mir hier gedient hat, sondern ein ganz andersartiger. Aber es wird wieder ein Leib sein, ein geistiger, wenn man so will, ein spiritueller oder wie immer. Er wird mein Instrument sein, mit dem ich in dem neuen Leben, das Gott mir gibt, wirken kann, mich freuen, teilnehmen oder Liebe zeigen. Schon Paulus sagte etwas anderes als die Theologen des 20. Jahrhunderts, die vom »Ganztod« sprachen. Er sagt: Du wirst wieder ein Einzelwesen sein in einem großen, neuen Zusammenhang. Die Erlösung wird in deiner Verwandlung liegen, der Verwandlung des alten in den neuen Menschen.

Noch einmal: Wir sollten die Erfahrungen trennen von den Erklärungen, die sich die Menschen danach zurechtlegten; und wir sollten die Erklärungen trennen von den Deutungen, durch die diese Erfahrungen für ihr künftiges Leben und Wirken bestimmend wurden.

9
Ein Beispiel für die Fruchtbarkeit des Deutens: die Begleitung und das Brot

Ich will ein anderes Beispiel nennen, an dem mir das innere Gefüge eines Textes zu verlangen scheint, dass ich die verschiedenen Ebenen aufsuche und voneinander abhebe. Ich kann bei einem solchen Versuch nichts beweisen, sondern nur meinem Empfinden folgen und sagen: So scheint mir die Sache zu liegen! Jeder hat das Recht zu einer anderen Lösung. Es ist die Geschichte von der Begegnung der beiden Jünger mit Jesus auf dem Weg nach und in Emmaus.

Da ist zunächst die eigentliche Ostergeschichte, die in Lukas 24 erzählt wird.

Sie sitzen zu Tisch, und während sie essen, machen sie eine seltsame Erfahrung: Christus erscheint ihnen, bricht ihnen das Brot und gibt es ihnen:

> »Da fiel es wie Schuppen von ihren Augen und sie erkannten ihn. Er aber verschwand vor ihnen.«
> *Lukas 24,31*

Nun setzen die Erklärungen ein: Dieser Gast an ihrem Tisch war zuvor schon mit ihnen gewandert, und sie hatten ihn zu sich eingeladen. Ihnen war bei ihren Gesprächen auf dem Weg deutlich geworden, was der Sinn des Todes Jesu vielleicht gewesen sein könnte. Aber sie sahen nichts. Ihre Augen waren *»wie verschlossen«* (Lukas 24,16). Die Augen gingen ihnen erst danach, beim Mahl, auf.

Nach ihrer Vision von dem beim Mahl gegenwärtigen Christus und deren Erklärung folgen die Deutungen:

> »Christus musste all das leiden und von diesem Leiden aus seine Herrlichkeit gewinnen.«
> *Lukas 24,26*

So begannen sie zu verstehen,

»was in den Büchern des Alten Testaments bei Mose und den Propheten über ihn geschrieben sei.«

Was sie beim Abendessen geschaut hatten und was weiter durch eigenes Nachdenken hinzukam, wuchs zu der Geschichte zusammen, wie wir sie heute in Lukas 24,13–35 lesen. Im Nachdenken über das Erfahrene begannen sie zu verstehen: Wie dieser Dritte, ihr Begleiter auf dem Weg, so ist Christus uns nahe, so wird Christus uns künftig auf unseren Wegen begleiten. Und wenn wir künftig an einem Tisch zum Mahl zusammen sind, so wird er unser Tischgenosse sein.

❀

Eine andere Ostererfahrung lautet in großer Einfachheit:

»Während sie noch hin und her redeten, stand Jesus plötzlich mitten unter ihnen mit den Worten: ›Friede sei mit euch!‹ Da überfiel sie Angst und Schrecken, und sie meinten, ein Gespenst zu sehen.«
Lukas 24,36

Danach folgen einige ineinanderlaufende Versuche von Erklärungen, die ihre Erfahrung als Tatsache sichern sollten:

»Jesus fuhr fort: ›Warum seid ihr so erschrocken? Warum kommen solche Zweifel in eure Herzen? Seht meine Hände und meine Füße! Ich bin es selbst! Fühlt mich an und betrachtet mich! Ein Gespenst hat ja nicht Fleisch und Bein, wie ihr es an mir seht!‹ Als sie aber vor Freude immer noch nicht recht glauben konnten und vor Staunen noch immer außer sich waren, fragte er sie: ›Habt ihr hier etwas zu essen?‹ Da reichten sie ihm ein Stück gebratenen Fisch, und er nahm ihn und aß ihn vor ihren Augen.«
Lukas 24,38–43

In einem dritten Schritt folgen einige Deutungen dieser Erklärung, die sie vielleicht erst lange Zeit später fanden:

> »Dann fuhr er fort: ›Das alles habe ich gemeint mit den Worten, die ich euch damals mitgab, als ich noch bei euch war: Es muss alles erfüllt und verwirklicht werden, was im Gesetz Moses, in den Büchern der Propheten und in den Psalmen über mich geschrieben ist.‹ Da öffnete er ihnen das Verständnis für den Sinn jener Worte der heiligen Schrift, die davon sprechen, und sagte zu ihnen: ›Der Christus musste leiden und am dritten Tage zu neuem Leben auferstehen!‹«
> *Lukas 24,44–46*

Am Ende erwuchs ihnen aus Erfahrung, Erklärung und Deutung die Einsicht, einen Auftrag zu haben:

> »Nun aber muss es allen Völkern bezeugt werden. Zu ihm müssen sie umkehren, damit sie Gott finden und ihre Sünden ihnen vergeben werden. Der Anfang aber muss in Jerusalem geschehen. Ihr seid es, denen dieser Auftrag gilt, denn ihr seid dabei gewesen.«
> *Lukas 24,47f.*

Und so schließt dieser Osterbericht mit der Zusage: Dieser Christus wird uns die Kraft dazu geben. Sein Geist wird uns begleiten! Er schließt mit dem Verweis auf den Geist, den diese Menschen an Pfingsten empfangen hatten:

> »Gebt Acht! Ich will auf euch herabsenden, was mein Vater verheißen hat. Bleibt in Jerusalem so lange, bis die Kraft aus der Höhe über euch kommt!«
> *Lukas 24,49*

Die Deutung stellt ihre Erfahrung in einen großen Zusammenhang, in dem sie verstanden werden kann. Und eine ähnliche Trennung zwischen Erfahrung, Erklärung und Deutung findet sich, wenn wir sie prüfen, auch in den anderen Osterberichten.

10
Die Ostergeschichten sagen uns, was im Tod mit uns geschehen wird

Die Ostergeschichte ist so vielschichtig, dass wir noch einen Augenblick bei ihr verweilen müssen. Der weltanschauliche Hintergrund für das hilflose Erklären war der, dass sich die Menschen damals eine Auferstehung nur vorstellen konnten, wenn der Körper in die Auferstehung einbezogen war, wenn er also mit-auferstand. Der Leib des Menschen galt im ganzen Vorderen Orient und in allen dortigen Religionen als zentrales Merkmal der Identität des Menschen und als Grundbestand seines Wesens. An seinem Leib war er zu erkennen. Mit seinem Leib hing alles zusammen, was es an Erfahrungen für ihn geben und wie er auf seine Umgebung einwirken konnte. Für die Bibel ist deshalb der Mensch an Leib, Seele und Geist aus einem Stück. Für sie besteht die Individualität des Menschen »ewig«, was nicht hieß, bis zum Verlöschen oder Vergehen des Kosmos, sondern für diesen »Äon« – für eine Epoche, von der man annahm, sie währe einige hundert oder tausend Jahre.

In der antiken Welt, in die das Christentum bei seiner Ausbreitung eintrat, gab es dagegen verschiedene Philosophien, die scharf unterschieden zwischen Geist und Leib. Da war einmal die platonische Tradition. Sie sagte: Wenn der Mensch sich aus seinem minderwertigen Leib, der ihn gefangen hält, befreit hat, so betritt er eine geistige Welt, eine Welt der Ideen. Der Tod ist also Erlösung vom leiblichen Leben. Da war zum anderen die breite Strömung der Gnosis, die den Gegensatz noch verschärfte, indem sie sagte, von Gott geschaffen seien die Seele und der Geist, der Leib aber sei ein Produkt aus der kosmischen Schaffenskraft einer bösen Gegenmacht, die überhaupt diese ihr gefügige sichtbare Welt zu verantworten habe. Zum Dritten glaubten manche schon damals, wie seitdem immer auch, der Mensch verliere im Tod seine Individualität, er löse sich als Person gänzlich auf, gehe ein in das Licht der Gottheit oder löse sich auf wie ein Tropfen, der ins Meer fällt. Das eigentlich Erlösende sei also seine Befreiung aus seiner Individualität und sein Aufgehen im Ganzen.

Dem allem widersprach die Kirche der ersten Jahrhunderte, wenn sie auf die »Auferstehung des Leibes« so großen Wert legte. Sie sagte zu der platonischen Vorstellung: Nein, der Leib ist nicht das Minderwertige; er gehört zum Menschen, er macht ihn mit aus, und der Mensch wird in der kommenden Welt nicht in die Welt der Ideen eintauchen, er wird er selbst sein und bleiben. Und sie formulierte dies mit dem Satz von der Auferstehung des Leibes. Sie sagte zu der gnostischen Vorstellung: Nein, die Welt ist nicht böse, sie ist die gute Schöpfung Gottes. Der Leib ist nicht böse, und er ist auch nicht die Quelle des Bösen, das den Menschen bestimmt. Nach Jesus ist die Quelle des Bösen der Gedanke, das »Herz«, die Absicht, der geistige Machtwille, nicht der Körper. Und sie sagte zum Dritten: Nein, der Mensch löst sich nicht in Gott auf, er bleibt ein Einzelwesen im großen Zusammenhang. Die Erlösung wird in seiner Verwandlung liegen – der Verwandlung aus dem alten in den neuen Menschen.

Mit alledem sagen wir: Christus ist auferstanden. Wirklich und real. Wenn er nur »in das Bewusstein seiner Anhänger« auferstanden sein sollte, wie man schon gesagt hat, oder wenn Auferstehung nur heißen sollte, »seine Sache« habe Bestand und Dauer auch nach seinem Tode, dann wäre es reine Fantasie, von der Verwandlung, die mit uns geschehen soll, irgendeine Erleuchtung der Menschheit oder eine Erlösung dieser Welt zu erwarten.

Nein, nach allem, was ich im Laufe meines Lebens erfahren habe, bin ich überzeugt, dass das, was wir den Tod nennen, in Wahrheit die Vorderseite einer ganz anderen Art von

Leben ist. Ich gehe also mit Maria Magdalena im Garten meines eigenen Daseins umher und begegne dabei nicht einer vergangenen Geschichte, nicht einem Grab, nicht einem toten Christus, sondern höre meinen Namen und weiß: Mit diesem Namen ist der Mensch in mir gemeint, dem Leben zugedacht ist, lebendiges, leibliches Leben. Was die Juden jener Zeit im Bild des auferstehenden Körpers gefasst haben, höre ich in dem mir zugesprochenen Namen. Gemeint ist das Gleiche.

Wer Jesus Christus war und ist, das musste von Anfang an auf den inneren Wegen der mystischen Erfahrung erkannt werden, und es gab von jeher keine anderen. In unserer Zeit mehren sich die Anzeichen, dass sich wieder Zugänge zu diesem tiefen Geheimnis öffnen. In dem Buch »Gotteswahrnehmung« habe ich davon geredet.

Und was die Ostergeschichten der Evangelien betrifft: Das Wichtige an ihnen besteht darin, dass den Freunden der lebendige Christus begegnet ist als eine Erscheinung aus der anderen Wirklichkeit, und dass sie dabei den Auftrag empfingen, zu den Menschen ihrer Umgebung von ihm zu reden. Sie wussten: Alles wird enden. Dass aber das Leben und die Vollmacht dieses Mannes nicht endete, so wenig wie ihr eigenes Leben enden wird – das war seitdem das Wichtigste, das sie ausrufen konnten.

III

Aus einem kleinen Kreis verschreckter Menschen wird eine dynamische Wanderbewegung

11
Sie brechen auf. Was nehmen sie mit?

Der Auftrag hieß: Redet von dem, was ihr erfahren habt. Und sagt, was ihr erkannt habt, überall hin. Ihr habt die Kräfte! Ihr könnt eure Ängste ablegen und Mut fassen! Gefordert ist eure Entschlossenheit.

In diesen ersten Tagen nach Ostern und nach der Erfahrung des Geistes an Pfingsten war die Gemeinde der Christen eine eng verbundene Gruppe von Aposteln und Anhängern Jesu aus dem Kreis, der mit Jesus gelebt hatte. Und sie waren alle Juden. Nach Pfingsten aber, als sie mit ihrer überraschenden Botschaft an die Öffentlichkeit getreten waren, kamen auch Nichtjuden hinzu, deren Sprache das Griechische war. So war die anfängliche Gemeinde rasch zweisprachig und bikulturell. Sie lebte von Anfang an in zwei verschiedenartigen Menschenkreisen und entwickelte sich in verschiedenen Menschenkreisen weiter.

Beide Gruppen waren von der Frage getrieben: Was bedeutet das, was wir mit Jesus erlebten? Was ist daran neu? Wen geht das alles an? Da sagten die einen, der jüdische Kreis: Das hat seinen Raum und Sinn innerhalb der religiösen Tradition des Judentums! Die anderen, die Nichtjuden: Mit dem, was wir erlebt haben, ist die jüdische Geschichte mit Gott verlassen und beendet. Überwunden. Die Ersteren sagten: Unser Leben als gesetzestreue Juden bekommt eine neue Wichtigkeit. Die anderen: Was wir erlebt haben, ist ein völlig neuer Anruf Gottes, und wir haben ihm Gehör zu verschaffen.

Von diesen beiden Teilgemeinden blieb die Erstere in Jerusalem. Sie blieb dem Tempel verbunden und dem jüdischen Gesetz verpflichtet. Ihr Vormann war zunächst Petrus. Die andere, die wir die »Hellenisten« nennen, hatte als ihren gewählten Leiter Stefanus. Dieser Stefanus erklärte öffentlich, der Tempel sei überholt mit allen seinen Autoritäten und Amtsträgern, mit seinen Festen und Gottesdiensten. Er sei entbehrlich. Stefanus wurde in einem empörten Aufschrei der jüdischen Obrigkeit durch Steinigung hingerichtet. Seine Gemeinde wurde aus Jerusalem vertrieben und zerstreute sich im weiten Umkreis der Stadt und des Landes. Das geschah wohl schon im ersten Jahr, spätestens im zweiten nach dem Tod Jesu.

Die Vertriebenen gelangten in kleinen Flüchtlingsgruppen in die nichtjüdischen Städte des östlichen Mittelmeerraums. Es entstand dabei also eine Art von Wanderbewegung, die überall, wohin sie kam, neue Gemeinden zusammenrief. Wehrlos und heimatlos wanderten sie von Ort zu Ort und vertrauten darauf, dass Jesus mit ihnen unterwegs war, der Meister, der wie sie nirgends zu Hause war und der nicht wusste, wohin er sein Haupt legen sollte, wenn die Nacht kam.

Sie erinnerten sich, was Jesus gesagt hatte, als er seine Jünger in Galiläa aussandte, um das Gottesreich auszurufen:

> »Nehmt kein Geld, kein Silber, kein Kupfergeld
> in eurer Gürteltasche mit.
> Keinen Reisesack, kein zweites Gewand,
> kein zweites Paar Schuhe,
> keinen Stock [mit dem ihr euch wehren könntet].«
> *Matthäus 10,9f.*

Und:

> »Seht euch vor! Ich sende euch wehrlos wie Schafe mitten unter die Wölfe. Darum seid klug wie die Schlangen und ohne Falsch wie die Tauben.«
> *Matthäus 10,16*

Was also hatten sie in der Hand, wenn sie in ein Dorf kamen und den Menschen sagen wollten, warum und für wen sie durchs Land zogen? Was war ihr Auftrag und was die Autorität, auf die sie sich beriefen? Die erste solche Autorität war das Alte Testament mit seinen Weissagungen auf Jesus

Christus hin. Die zweite waren die Worte ihres Meisters, die sie einander weitersagten. Die dritte war die bewegende Kraft des Geistes, die über sie kam und sie erfüllte. Darüber hinaus hatten sie Merksätze und feststehende Wendungen, mit denen sie das Wesentliche ihrer Botschaft ausriefen. Einige davon sind in den späteren Texten des Neuen Testaments bewahrt und dort an ihrer Formelhaftigkeit erkennbar.

❀

Sie hatten zum einen Losungsworte, mit denen sie einander grüßten, wie den schlichten Ruf: »Jesus ist Herr!«, wie es an vielen Stellen später bezeugt wird.

Längere Merksätze lesen wir in 1. Thessalonicher 1,9–10:

»Wir dienen dem lebendigen und wahren Gott.
Wir warten auf seinen Sohn vom Himmel,
welchen er auferweckt hat vom Tode,
Jesus, der uns aus dem künftigen Gericht retten wird.«

Oder: 1. Korinther 15,3–6 ist ein Bekenntnis, von dem Paulus sagt, er selbst habe es empfangen, das heißt, es sei in der Gemeinde schon vor ihm ausgerufen worden:

»Dass Christus gestorben ist für unsere Sünden
nach der Schrift,
dass er begraben ist und auferstanden am dritten Tag
nach der Schrift,
dass er gesehen worden ist von Petrus,
danach von den Zwölfen …«

Oder Römer 1,3–4: Wir predigen das Evangelium Gottes

»von seinem Sohn Jesus Christus,
der geboren ist nach seiner menschlichen Herkunft
aus dem Geschlecht Davids,
nach dem heiligen Geist aber eingesetzt
als Sohn Gottes in Kraft
seit seiner Auferstehung von den Toten.«

Zu solchen frühesten Losungen und Bekenntnissen gehört wohl auch 1. Korinther 8,6:

»Für uns gibt es nur den einen wirklichen Gott, den Vater,
von dem alles geschaffen ist und dem wir entgegenleben,
und nur einen Herrn: Jesus Christus,
durch den alles ist und dem wir uns verdanken.«

❀

Was sie auf ihre Wanderungen mitnahmen, waren zum anderen auch einige Lieder, die wir aus den späteren Texten herauslösen können. Solch ein Lied ist in Philipper 2,6–11 zitiert:

»Göttlich wie Gott war Christus,
aber er hielt sein Vorrecht nicht fest, wie Gott zu sein.
Er legte alles ab, nahm die Gestalt eines Knechts an
und wurde ein Mensch unter Menschen.
Die Gestalt eines Menschen trug er.
Tief stieg er hinab bis zum Tod,
ja, zum Tod am Kreuz.
Darum hat Gott ihn erhöht
und gesetzt über alles, was lebt,
über Menschen und Mächte.
Wo sein Name genannt wird,
sollen alle Knie sich beugen
im Himmel, auf Erden und unter der Erde.
Und jeder Mund soll bekennen:
Jesus Christus ist Herr!,
und Gott, den Vater, rühmen und preisen.«

Ein solches Lied scheint ebenso in 1. Timotheus 3,15–20 zitiert zu sein:

»Unbestreitbar groß ist das Geheimnis,
vor dem wir uns beugen im Glauben:
Er war uns nahe, ein Mensch wie wir,
mit Gott eins im Geist.
Ihn schauten himmlische Mächte,

ihn hörten die Völker.
Menschen glaubten an ihn.
Gott nahm ihn auf in die Herrlichkeit.«

Dass in den Briefen des Öfteren die Empfänger an Lieder erinnert werden, die sie sangen, ist in Epheser 5,14 zu vermuten:

»Wach auf, der du schläfst,
und steh auf von den Toten,
so wird Christus, das Licht,
aufgehen über dir.«

❀

Was die Gruppen der Wandernden mit sich führten, das waren zum Dritten Gebete, vor allem wohl das Gebet, das Jesus den Seinen mitgab, und zwar vermutlich in der Fassung, die im Lukasevangelium überliefert ist:

»Vater! Dein Name werde geheiligt,
dein Reich komme!
Gib uns das Brot für den kommenden Tag.
Vergib uns unser Unrecht,
denn auch wir vergeben denen,
die uns Unrecht tun.
Und bewahre uns vor der Gefahr,
dich zu verlieren! Amen.«
Lukas 11,2–3

❀

Mit diesem wohl nicht sehr umfangreichen Stoff ihrer Botschaft erreichten die frühen Christen in kurzer Zeit Damaskus oder die Großstadt Antiochia in der heutigen südlichen Türkei, vor allem aber die teils jüdisch, teils griechisch sprechenden Städte an der Küste Palästinas, und sie begründeten überall kleine Hausgemeinschaften, getragen, auch getrieben von den Kräften ihrer ekstatischen Sensibilität, vom Geist Gottes.

12
Sie erzählten einander, was sich beim Tod ihres Meisters zugetragen habe

Als die Christen der ersten Zeit auszogen, um Jesus als den »Beauftragten Gottes«, also als den »Sohn« auszurufen und für ihn Gottes Autorität einzufordern, bestand die größte Schwierigkeit wohl in der Tatsache, dass er gekreuzigt worden war. Diese Tatsache mussten sie nach drei Seiten hin erklären und rechtfertigen:

Zum Ersten den Römern gegenüber, ihren Oberherren und mit ihnen den Bewohnern der Städte und Landschaften im weiten Raum des Römischen Reichs. Zum Zweiten gegenüber den Bewohnern von Jerusalem und den Juden im weiten Umkreis. Zum Dritten sich selbst gegenüber, die sie es erlebt hatten und sich daran wundrätselten.

Die erste Richtung also, den Nichtjuden gegenüber: Die Kreuzigung wurde von vielen Völkern schon Jahrhunderte vor Christus angewandt. Die Könige und Feldherrn des 1. Jahrtausends vor Christus ordneten sie oft an, wenn sie etwa eine Stadt erobert hatten und sich an denen rächen wollten, die ihnen widerstanden hatten. So ließ Alexander nach der Eroberung von Tyrus Tausende am Ufer der Inselstadt kreuzigen, nur weil sie nicht bereit waren, sich ihm zu unterwerfen. In der Umgebung von Jerusalem stand im Jahr 71 nach dem Fall der Stadt kein Baum mehr, weil sie alle abgeholzt wurden, um als Kreuze für Massenhinrichtungen zu dienen – und das auf Befehl des Titus, der von den Römern seiner Güte und Milde wegen verehrt wurde. Die Phönizier, die Assyrer, die Perser taten dasselbe. In Friedenszeiten wandte man diese Strafe bei entlaufenen Sklaven an, auch bei Hochverrätern oder Freiheitskämpfern, die man juristisch als Terroristen einordnete. Diese Gekreuzigten verloren dabei aber nicht nur ihr Leben, sondern auch ihre Ehre. Sie starben oft genug unter dem Spott der Zuschauer. Es muss unendlich schwierig gewesen sein, Jesus als den »Christus«, als die große Lichterscheinung aus Gott, gegenüber den Nichtjuden zu proklamieren. Er war für sie zunächst einfach ein Verbrecher, ein Terrorist. Und es ist für die Passionsgeschichte wichtig, dass Pilatus über ihn sagt, er »finde keine Schuld an ihm«.

❀

Die zweite Richtung: das Judentum.

Die Kreuzigung wurde unter Juden als »Hängen am Holz« bezeichnet. Für sie galt, was das Gesetz in 5. Mose 22–23 festgelegt hatte:

> »Wenn jemand eine Sünde getan hat, die des Todes würdig ist,
> und er wird getötet und man hängt ihn an das Holz,
> so soll sein Leichnam nicht über Nacht an dem Holz bleiben.
> Du sollst ihn noch am selben Tag begraben,
> denn ein Aufgehängter ist verflucht bei Gott!«

Im Prozess gegen Jesus sagt der Hohepriester Kaiphas, das Auftreten des Angeklagten Jesus sei als Verbrechen des Verrats am eigenen Volk zu verstehen. Dieser Jesus werde die Juden zum Aufstand gegen Rom führen, und die Römer würden die heilige Stadt angreifen und zerstören. Jesus habe sich also von seiner Verpflichtung für Israel losgesagt:

> »Der Hohepriester sagte: Ihr wisst nichts. Ihr bedenkt nicht, was für euch gut ist. Es ist besser, ein einzelner Mensch sterbe für das Volk, als dass das ganze Volk umkomme.«
> *Johannes 11,50*

Die ersten Christen mussten also gerade den Juden gegenüber schildern, wie es bei diesem Prozess zugegangen war und was der eigentliche, der wahre Grund für die Verurteilung gewesen sei.

❀

Die dritte Richtung: ihren eigenen Zweifeln gegenüber.

Die Anhänger Jesu wussten zwar, dass er diesen Tod auf keine Weise verdient hatte, aber wer wandte nun den Fluch von ihm ab, der mit diesem Tod ausgesprochen worden war? Sie fanden schließlich mehrere Antworten.

Für sie selbst war Jesus zunächst vor allem der leidende Gerechte, von dem das Alte Testament gesprochen hatte. Er war das Vorbild, dem sie, wenn ihnen ein Leiden widerfahren sollte, nachzueifern hätten. Sie sollten dieses Leiden mit Geduld und Ergebung durchstehen. Sie sollten den Urhebern dieses Leidens verzeihen. Der Gedanke des stellvertretenden Leidens, durch das Christus uns erlöst habe, wurde erst später gedacht. Jesus war in den ersten Jahren für die wandernden Christen der Repräsentant Gottes, den die Menschen nicht anerkennen wollten, zu dem aber Gott sich bekannte. Zusammen mit dieser Deutung begleitete sie in der ersten Zeit die ursprüngliche Passionsgeschichte. Jesus war der, der sich in seiner Unschuld und Gerechtigkeit vor aller Welt zeigen würde, wenn es zum großen Umbruch der Äonen, zum Reich Gottes komme.

So sagt noch Jahrzehnte später der erste Petrusbrief:

»Christus hinterließ uns ein Vorbild.
Er hat für uns gelitten, nun folgt seiner Spur.
Er hat kein Unrecht getan.
In seinem Munde war kein Trug.
Als man ihn schmähte, gab er nicht zurück.
Als er litt, drohte er nicht.
Er gab seine Sache dem anheim, der gerecht richtet.
Unsere Sünden trug er hinauf an das Holz.
Nun sind wir frei, zu handeln wie er
und der Gerechtigkeit zu leben,
denn durch seine Wunden sind wir geheilt.
Auf Irrwegen sind wir gegangen wie Schafe.
Nun sind wir umgekehrt zu ihm,
dem Hirten und Wächter unserer Seelen.«
1. Petrus 2,21–25

Suchen wir aber nach dem historischen Hintergrund im Leben Jesu, der seinem Sterben den Sinn gibt, so wird es sein Umgang mit den von den Gesetzeslehrern als »Sünder« aus dem heiligen Volk Ausgestoßenen sein, mit dem »Volk von draußen«, dem »Volk des Landes«, wie man sagte, diese täglich neu eintretende Situation, dass Jesus mit denen zur Tischgemeinschaft zusammenkam, mit denen Tischgemeinschaft zu halten einem frommen Juden verboten war. Die typische Situation, wie Jesus mit den Kollegen des Levi vom Zoll speist und die Pharisäer seine Jünger fragen: Warum macht sich euer Meister mit diesem verruchten Gesindel gemein? Und wie Jesus antwortet: *»Die Gesunden brauchen den Arzt nicht, den brauchen die Kranken.«* (Matthäus 9,8–17) Wenn wir die Voraussagen Jesu auf sein Leiden und Sterben beiziehen, so sagt Jesus mit dieser Antwort etwa so:

Mir bleibt nur eine Wahl: Ich kann mich trennen von dem armen und zum Teil zwielichtigen Volk dieses Landes oder ich stehe dazu, dass ich es in meine Gemeinschaft einbeziehe. Damit, dass ich bei ihm bleibe, sage ich: Gott lädt euch zu einem Fest ein. Ich will, dass ihr Vertrauen fasst und kommt. Gott ist nicht der, der sich in religiösen Vorschriften spiegelt und von dem man im Tempel oder in der Synagoge redet. Nein, ich will, dass ihr heimkehrt zu ihm. Und wenn ich mit euch Gemeinschaft halte und mit euch esse, dann sage ich damit: Das gilt. Dafür stehe ich ein! Dafür lasse ich mich anklagen und verurteilen. Dafür sterbe ich. Denn Gott liebt ohne Bedingung.

In dieser Deutung wurde die Passionsgeschichte für die ersten Christen erträglich. Und in dieser Richtung fanden sie den Sinn, den dieser Bericht für sie hatte. Im Markusevangelium findet sich die älteste Form dieses Berichts (vgl. Markus 14,43 bis 15,47), und die ersten Christen dürften eine mündliche Fassung davon aus ihrer Erinnerung mit sich auf ihre Wanderwege mitgenommen haben.

13
Die Symbole für die künftige Zusammengehörigkeit der Christen nahmen sie mit: die Taufe und das Mahl

Ein Bad, eine Waschung im Wasser gab es schon einige Jahre, bevor das Christentum auf die Bühne trat. Johannes, den wir den »Täufer« nennen, führte sie ein. Er war sich bewusst, dass er in einer Zeit des Übergangs stand, in der ein Neues kam, und machte die Menschen, die zu ihm an den Jordan kamen, für dieses Neue bereit. »Ändert euch!«, rief er ihnen zu, wenn sie zu ihm kamen. »Das Reich Gottes ist nah!« Zum Zeichen, dass sie sich reinigen sollten, um für Gottes Reich tauglich zu sein, wandte er als Erster die Taufe an. Er tauchte die Menschen im Jordanwasser unter, dort, wo es ins Tote Meer einmündet. Und so ließ sich auch Jesus, der in seinen jungen Jahren zu seinen Anhängern zählte, von ihm taufen.

Dieses Zeichen nahmen die Christen wieder auf, als sie nach einem Ritual suchten, das der Erfahrung von Jesu Tod und Auferstehung Ausdruck geben sollte. Denn für sie war die Taufe mehr als nur eine Waschung: Sie war ein Zeichen für den großen Übergang vom Leben in den Tod und vom Tod ins Leben. Sie drückte das Gesetz aus, dass der Mensch in den Tod geht. Er wird in Wasser untergetaucht, und wenn ihn nicht ein anderer wieder herausholt, geht er zugrunde. Aber nun wird er aus dem Wasser gehoben. Wir sagen heute noch: Wir heben ein Kind »aus der Taufe«. Es darf leben. Christus ist ihm vorausgegangen, und es darf ihm, wenn es hinter ihm hergeht, ins Leben folgen.

In den Tagen nach Ostern hörten sie in der Ekstase die Stimme des Auferstandenen sagen:

»Geht! Macht alle Völker zu Nachfolgern! Tauft sie auf den Namen des Vaters und des Sohnes und des heiligen Geistes! Ich werde bei euch sein alle Tage bis an der Welt Ende!«
Matthäus 28,18–20

Zwanzig Jahre später deutet Paulus den Sinn der Taufe in eben dieser Richtung:

»Wisst ihr nicht, dass wir alle,
die auf Jesus Christus getauft sind,
in seinen Tod hineingetauft sind?
Was wir vorher waren,
das ist nun tot und begraben.
Wie er aber aus dem Tode auferweckt wurde,
so wollen auch wir ein neues Leben führen.
Der Art, wie wir leben,
muss man seine Auferstehung ansehen.«
Römer 6,3–5

So wurde die Taufe, die eine Waschung gewesen war, in ein Sakrament gewandelt. In Kolosser 2,12–13 spiegelt sich vielleicht ein Wort aus einer alten Taufliturgie:

»Wie Christus begraben wurde,
so seid ihr gestorben und begraben.
Dafür ist die Taufe,
bei der ihr ins Wasser getaucht werdet, das Zeichen.
Wie er aus dem Tod auferstanden ist,
so seid ihr zu einem neuen Leben auferstanden,
denn ihr glaubt an die Macht des Gottes,
der Jesus von den Toten auferweckt hat.«

❀

Was die ersten Christen noch mitnahmen auf ihre Reisen, war die Erinnerung an das letzte Mahl, das sie mit ihrem Meister vor seinem Tod gefeiert hatten.

So zitiert Paulus im 1. Korintherbrief 11,23–25 ein altes Wort, das bei den gemeinsamen Mahlzeiten gesprochen wurde:

»In der Nacht, in der er verraten wurde,
nahm Jesus, der Herr, Brot,
dankte, brach es und sprach:
›Das ist mein Leib, in den Tod gegeben für euch.
Esst es zum Gedenken an mich.‹
Nach dem Mahl nahm er den Becher und sprach:
›Dieser Becher ist das Zeichen
für die neue, enge Gemeinschaft
zwischen Gott und euch (gestiftet durch mein Blut).
So haltet es, so oft ihr aus ihm trinkt,
zum Gedenken an mich.‹«

Diese Formel dürfte auf eine nicht mehr bekannte frühere, vielleicht auch einfachere, zurückgehen, wobei das »gestiftet durch mein Blut« einer späteren Fassung anzugehören scheint.

Dabei war den ersten Christen selbstverständlich, dass dies nur Rahmenworte sein konnten für ein ganzes Mahl, das sie miteinander hielten. Sie sprachen ja nach jüdischer Sitte vom »Brotbrechen«, nicht von einer »Mahlzeit«, weil eine Mahlzeit immer mit einem Brotbrechen begann und mit einem Brotbrechen endete. Und sie erinnerten sich dabei an die vielen Mahlzeiten, die Jesus mit den Seinen während der Zeit seines öffentlichen Wirkens abgehalten hatte. Die Mahlzeiten »mit Zöllnern und Sündern«, wie das Evangelium sagt, diese bedingungslos für alle zugänglichen Mahlzeiten bestimmten den Stil und die Sprache dieser Mahlzeiten mindestens ebenso wie das letzte Mahl am letzten Abend.

14
Ihre große Kraft lag in einer verwegenen Hoffnung

Was nahmen die ersten Christen neben ihren Liedern und Bekenntnissen, neben den großen Zeichen von Taufe und Abendmahl, neben ihren Deutungen der Passionsgeschichte, auf ihre Wanderungen mit? Eine große, weit gespannte und dringende Hoffnung. Sie drückte sich aus in dem vermutlich auf die ersten Anfänge zurückgehenden, leidenschaftlichen Ruf: »Marana tha! – Herr, komm!« Ich stelle mir vor, dass in der ersten Zeit kaum irgendwo eine Zusammenkunft stattfand, in der dieser Ruf nicht lautgeworden wäre.

Das war den ersten Christen mitgegeben worden: Christus wird wiederkommen. Er wird die korrupte, brutale, ungerechte Menschengeschichte auf dieser Erde beenden, wie sie es verdient hat. Das Gottesreich wird kommen, und zwar bald. Man mag sagen, die ersten Christen hätten sich getäuscht. Aber das ist nun einmal unter uns Menschen so: Was dringend ist, stellen wir uns zeitlich nahe vor. Was groß und wichtig ist und was wir ersehnen, das liegt für uns in nächster Nähe. Darauf gehen wir unmittelbar und mit aller Kraft zu. Das gibt uns den Mut, das Unsere zu tun, damit unsere Sehnsucht Gestalt annimmt. Als sich diese »Naherwartung« später als irrig erwies, hat die Kirche große Mühe aufgewendet, um aus dem Gedanken der zeitlichen Nähe den Gedanken der unausweichlichen Dringlichkeit zu gewinnen. Diese alles verändernde Zukunftsvorstellung von der Nähe der Wiederkunft Jesu in diese Welt enthält seltsame, drastische Gedanken vom Weltende, aber im Grunde ist sie nur die Konsequenz aus der Erfahrung der Auferstehung.

So schreibt Paulus in seinem ersten Brief an die Thessalonicher:

»Ich möchte euch aber über das Geschick der Toten nicht im Unklaren lassen, denn ihr sollt nicht trauern wie die anderen, die keine Hoffnung haben. Wenn wir nämlich glauben, dass Jesus gestorben und auferstanden ist, dann wissen wir auch, dass Gott die Toten mit Jesus aus dem Tode holen und mit ihm ins Leben führen wird. Denn das sage ich euch mit einem Wort, das der Herr selbst gesprochen hat: Wir, die Lebenden, die bis zum Tag der Ankunft des Herrn übrig bleiben, werden den Toten nichts voraushaben. Er selbst, der Herr der Welt, wird mit mächtigem Befehl, mit überirdischer Stimme wie die eines Erzengels und mit dem Dröhnen einer gewaltigen Posaune vom Himmel herabsteigen. Dann werden zuerst die aus dem Grab aufstehen, die im Glauben an Christus gestorben sind. Danach werden wir, die am Leben geblieben sind, zusammen mit den Toten auf Wolken in die Luft hinaufgerissen werden, um dem Herrn zu begegnen, und werden für alle Zeit mit ihm leben. So tröstet einander mit diesen Worten.«
1. Thessalonicher 4,13–18

»Über die Zeit und die Stunde, in der das geschehen wird, liebe Brüder, brauche ich euch nichts zu schreiben. Ihr wisst selbst, dass der Tag des Herrn ohne Voranmeldung kommen wird, so unversehens wie ein Dieb in der Nacht. Denn wenn sie sagen: ›Es ist Friede! Es ist keine Gefahr!‹, wird das Verderben plötzlich über sie hereinbrechen wie die Wehen über eine schwangere Frau, und sie werden keinen Ausweg finden.«
1. Thessalonicher 5,1–3

❀

Was immer sie hofften, was sie auf ihren Wanderwegen aus der Zukunft auf sich zukommen sahen, es war nah und dringend. Was immer ihnen gelang bei ihren Unternehmungen, es war ihnen ein Zeichen der Nähe der Wiederkunft des Christus und seines Geistes. Was immer sie verkündigten, sie mussten von dem reden, was sie trieb: von ihrer elementaren Hoffnung.

IV

Aus der Erinnerung an die Worte Jesu entstand in der ersten Zeit das »Buch der Reden«

15
Das »Buch der Reden« haben wir nicht mehr. Wir können es aber rekonstruieren

Ich stelle mir vor, dass in den ersten Jahren, als die Erzählungen über Jesus für die meisten noch neu und zunächst fremd waren, die Apostel oder die Frauen, die mit Jesus durchs Land gezogen waren, nicht selten gefragt wurden: Was hat denn dieser Jesus gesagt? Was hast du von ihm gehört? Hat er zu dir persönlich etwas gesagt? – Und dass sie sich dann hinsetzten und zusammensuchten, woran sie sich erinnern konnten, dass sie es danach auf ein Stück Papier schrieben, andere es abschrieben, wieder andere die Blätter sammelten und zu einem Buch bündelten.

Einige Jahre später, zwischen den Jahren 40 und 60, ungefähr zwanzig Jahre, bevor Markus das erste unserer Evangelien abfasste, muss eine Sammlung von Worten Jesu aus den Erinnerungen von Augen- und Ohrenzeugen zusammengestellt worden sein. Wir besitzen von ihr keine Abschrift, wir können aber auf sie schließen und sie auch mit einem gewissen Grad an Genauigkeit rekonstruieren. Denn wenn wir unsere ersten Evangelien miteinander vergleichen, stellen wir fest, dass das Markusevangelium nur wenige Worte Jesu enthält. Lukas, der sein Evangelium rund zehn Jahre nach Markus schrieb, hat aber einen breiten Bestand an solchen Worten, und Matthäus gibt, wieder zehn Jahre später, dieselben Worte noch einmal in unterschiedlichem Wortlaut wieder.

Wenn nun Markus sein Evangelium um das Jahr 70 schrieb, Lukas das seine um 80, Matthäus das seine um 90, so lässt sich aus ihrem verschiedenartigen Stoff eine Theorie erstellen, die erklärt, wie es zu diesen drei verschiedenen Evangelien gekommen sein könnte: die sogenannte Zwei-Quellen-Theorie. Sie lautet: Lukas und Matthäus hatten das

Markusevangelium vor sich liegen, und sie übernahmen, was über den Lebenslauf Jesu zu sagen war, von ihm. Sie setzten an seinen Anfang Kindheitsgeschichten und an sein Ende Osterberichte, für die sie auf andere Überlieferungen zurückgriffen. Aber sie hatten über Markus hinaus, der ja nur wenige Worte Jesu überliefert, breite Stücke mit Reden Jesu. Diese Worte sind über weite Strecken gleich oder ähnlich, einige unterscheiden sich. Matthäus und Lukas muss also außer dem Markusevangelium und den Quellen für die Kindheits- und Ostergeschichten noch ein weiteres Buch vorgelegen haben, das vor allem Redenstücke Jesu enthielt.

Dieses »Buch der Reden« dürfen wir uns nicht als ein einziges in sich geschlossenes Buch vorstellen. Dann wäre nämlich nicht ganz zu verstehen, warum es uns nicht erhalten blieb. Auch wäre nicht recht zu verstehen, warum zwischen Lukas und Matthäus im Hinblick auf die Worte, die auf dieses Buch zurückgehen, so viele einschneidende Differenzen auftreten mussten. Vielleicht gab es mehrere solcher Sammlungen, von denen Lukas zum Teil andere zu lesen bekam als Matthäus. Vielleicht handelte es sich bei diesem »Buch der Reden« auch um eine Reihe von Flugblättern, die von Hand zu Hand gingen. Wenn es aber doch ein einzelnes Werk gewesen sein sollte, dann vielleicht in dem Sinn, dass es im Lauf der Zeit immer vollständiger wurde und in verschiedenen Phasen seines Wachstums zuerst zu Lukas, dann zu Matthäus gelangte. Zu dieser Annahme passt gut, dass Lukas diese Sammlung sowohl in ihrer Anordnung als auch in ihrem Wortlaut vermutlich treuer übernimmt, während Matthäus sie neu ordnet und sie vor allem in fünf größeren Reden Jesu zusammenfasst.

❀

Wer aber hat die Überlieferung von Jesusworten bis hin zu Markus getragen? Wir wissen nur, dass es noch in den Sechzigerjahren des 1. Jahrhunderts in und um Jerusalem eine judenchristliche Gemeinschaft von Einzelgemeinden gegeben hat, die ihr Leben und Glauben – sehr im Gegensatz zu den paulinischen Gemeinden – nach den strengen und radikalen Worten Jesu dieser Sammlung geordnet haben. Sie dürfte also nicht irgendwo im weiten Wandergebiet, sondern vielmehr in Jerusalem und den umliegenden Gemeinden entstanden sein. Dennoch war sie charakteristisch für den Geist der frühen Wanderbewegung.

Fragen wir nach der literarischen Eigenart dieser Sammlung, so fällt auf, dass mit ihr kein »Evangelium« beabsichtigt war, das dem Leben Jesu nachging. Sie enthielt keine Kindheitsgeschichten, aber auch die Passionsgeschichte fehlte, ebenso die Ostererfahrungen. Nur wenige Geschichten waren darin enthalten, die man erzählen konnte. Im Übrigen enthielt sie fast ausschließlich Redenstücke.

Was den Geist betrifft, der dieses Buch kennzeichnet, so verhält es sich der jüdischen Tradition gegenüber völlig loyal – sehr im Unterschied zu Paulus. Nichts deutet darauf hin, dass die Gemeinden, die es geschaffen haben, sich je aus dem Judentum lösen könnten. Was Jesus darin sagt, stammt aus dem jüdischen Umkreis und verlässt ihn nirgends. Vor allem die ethischen Anweisungen stammen weithin aus dem Geist des Judentums, vor allem der jüdischen Weisheitsbücher. Und sie belegen, dass Jesus nicht die Absicht gehabt haben kann, das Judentum zu verlassen. Auch der Widerspruch in dieser Ethik zwischen radikalen Forderungen und barmherzigem Umgang mit dem Schuldigen ist jüdischer Herkunft.

In der Redensammlung fehlen alle Anekdoten, die wir in den Evangelien lesen, und alle Wunderberichte. Es gibt keine Ortsangaben und keine Angaben über die zeitliche Reihenfolge der gesprochenen Worte. Jesus wird geschildert als der Sprecher Gottes, der Prophet: Das »Buch der Reden« hat den ursprünglich prophetischen, ekstatischen, radikalen

Geist der urchristlichen Wanderbewegung am längsten lebendig gehalten.

Wir nehmen also an, dass diese Redenquelle auf jüdisch-christliche Wanderprediger zurückgeht, die wie Jesus selbst von Gewaltlosigkeit sprachen, vom Verzicht auf Heimat, von Besitzlosigkeit, vom Verlassen der Familie und vom Verzicht auf den Platz, an den sie, im Sinn Jesu, hätten ihr Haupt legen können. Die aber zugleich auch vom freien Vertrauen auf die Sorge Gottes sprachen und also von der menschlichen Sorglosigkeit. Dieser prophetische Widerstand erhob sich in den folgenden hundert Jahren immer wieder gegen jede Verflachung der Lebens- und Glaubensweisen der ortsfest werdenden Kirche.

❀

Eine besondere Vermutung verbindet das Entstehen dieser Sammlung mit einem historischen Vorgang in den Jahren 39 und 40. Damals versuchte der römische Kaiser Caligula, sein Standbild im Tempel in Jerusalem aufzustellen. Die Empörung unter den Bewohnern der Stadt war groß. Ein Mensch wollte sich hier als Gott verehren lassen! Die Stimmung war einer Revolution nahe. Als sich die Revolte vor dem Palast des Statthalters zusammendrängte, fragte der Römer: »Wollt ihr mit dem Kaiser Krieg führen, ohne an seine Rüstung und an eure Ohnmacht zu denken?« Da antwortete der Sprecher der Volksmenge: »Wir wollen ganz und gar keinen Krieg führen, sondern lieber sterben, als entgegen unserem Gesetz zu handeln.« Und der römische Staat gab nach.

Damals könnten sich noch einmal ganze Gruppen von Christen in einer zweiten Welle entschlossen haben, Haus und Hof zu verlassen und, ungeschützt unterwegs, nach klaren, strengen moralischen und geistigen Regeln zu leben. Sie begannen zu sammeln, was Jesus über diese Art Dasein gesagt hatte. So könnten wir auch verstehen, warum die

Versuchungsgeschichte – in der es um die Maßstäbe geht, nach denen Jesus sein Amt und seinen Auftrag beschrieb – gleich zu Anfang des »Buchs der Reden«, kurz nach Johannes dem Täufer, erscheint. Denn diese Geschichte wendet sich gegen jede Art Macht, die im Namen Gottes ausgeübt werden könnte.

Wenn ich nun hier versuche, diese Sammlung der Reden möglichst originalgetreu zusammenzustellen, muss ich vorausschicken, dass wir wenig wissen, dass ich aber mit aller Sorgfalt vorzuzeigen versuchen werde, was gewesen sein muss. Da Lukas die Anordnung und Folge der Worte originalgetreuer wiederzugeben scheint als Matthäus, geht auch meine Zusammenstellung die Reihe bei Lukas entlang und verweist nur an den Stellen auf Matthäus, wo er denselben Text hat.

Über den Zeitpunkt, zu dem das »Buch der Reden« mit seiner kämpferischen Sprache und seiner harten Zeichnung von Verfolgung und Gericht abgefasst wurde, sollte man noch folgendes wissen: In der Zeit nach dem Jahr 40 wirkte in Jerusalem Jakobus, der Bruder Jesu, als Garant und Anwalt der gesetzestreuen christlichen Gemeinde. Er aber muss ermordet worden sein, während im Jahr 62 kurzfristig kein amtierender römischer Statthalter anwesend war. Die jüdische Verwaltung nahm das Fehlen der römischen Aufsicht zum Anlass einer Verfolgung der Christen. Die näheren Umstände kennen wir nicht. Etwa im Jahr 64 verließ die christliche Gemeinde die Stadt, teils vielleicht der Verfolgung wegen, die danach fortdauerte, teils wohl auch deshalb, weil sie die Vorbereitungen der jüdischen Aufstandbewegung zum Krieg gegen Rom nicht mittragen wollte. Sie wanderte aus in das Land jenseits des Jordan, nach Pella, und danach kam der Krieg, von dem Jesus gesprochen hatte, der mit der völligen Zerstörung Jerusalems endete. Das »Buch der Reden« aber muss zu jener Zeit schon ziemlich weit verbreitet gewesen sein.

Wenn wir diese Zusammenhänge sehen und wenn wir annehmen, dass das »Buch der Reden« schon vor jener Zeit abgeschlossen vorlag, wird gut verständlich, warum in ihm so viel und so drohend vom kommenden Gericht gesprochen wird. Für die Christen war klar, dass der geplante Krieg, auf den alles zulief, nicht Gottes Wille sein konnte und dass auf den Traum vom befreiten Jerusalem ein schreckliches Erwachen folgen würde. Für die Christen war die Hoffnung, mit der sie in die Zukunft hinaussahen, die Hoffnung auf das Gottesreich, nach ihrem Verständnis war die Weisung Jesu für die bestimmt, die dieser so anderen Hoffnung entgegenlebten.

Was das »Buch der Reden« auszeichnet, ist allerdings ein sehr besonderes Bild von Jesus. Da ist wenig von dem gütigen Heiler, dem die Menschen ihre Kranken *»vor die Füße werfen«* (Matthäus 15,30) und der sich um sie alle kümmert. Da ist wenig von dem Jesus, der zu irgendeinem Ganoven sagt: *»Deine Sünden sind dir vergeben! Geh in den Frieden!«* Da ist nicht viel von dem, der mit Sündern und moralisch Unfähigen speist. Nicht viel von dem Jesus, der Gleichnisse erzählt, wie das tröstliche vom »verlorenen Sohn«, oder der die Kinder zu sich holt und sie segnet. Da ist ein Jesus mit Härten und Kanten, ein Fordernder, der seine Mitarbeiter zum letzten Einsatz zwingt.

Im »Buch der Reden« spricht der asketische Jesus, und die ihn hören, sind Asketen, die sich ihm hingeben und die dabei zum Äußersten an Opfern bereit sind. Es ist der Jesus der Wanderbewegung. Hier war das Ziel, die Zukunft, ein Gericht und ein zerstörender Einbruch, dem erst danach etwas folgen konnte wie das Aufleuchten des Reiches Gottes.

16
Der Wortlaut des »Buchs der Reden«

Das »Buch der Reden« dürfte um das Jahr 50 fertig vorgelegen haben. Es lässt sich in sieben Abschnitte gliedern, die sich deutlich voneinander abheben:

Erster Abschnitt
Das Buch beginnt vermutlich mit der Predigt Johannes des Täufers, wie wir sie in Lukas 3,2–4 finden:

> »Viele zogen zu Johannes hinaus (an den Jordan) und wollten sich von ihm taufen lassen. Aber Johannes fuhr sie an: ›Schlangenbrut! Wer hat euch eingeredet, ihr würdet dem kommenden Gericht entrinnen? Ihr wollt umkehren – so lebt, wie es die Umkehr fordert! Und fangt ja nicht an, euch vorzusagen: Wir haben doch Abraham zum Vater! Ich sage euch: Wenn Gott will, dass Abraham Kinder hat, kann er sie aus diesen Steinen erwecken! Die Axt liegt schon den Bäumen an der Wurzel, und kein Baum bleibt stehen, der keine lohnende Frucht bringt. Abgehauen wird er und ins Feuer geworfen!‹«
> *Lukas 3,7–9, vergleiche Matthäus 3,1–10*

Dann folgt vermutlich die auch bei Markus stehende Geschichte von der Taufe Jesu und seiner Ernennung zum »Sohn«, das heißt zum Beauftragten Gottes, zu seinem Bevollmächtigten:

> »Und als sich alles Volk taufen ließ, wurde auch Jesus getauft und er war im Gebet. Da tat sich der Himmel auf, der heilige Geist fuhr herunter auf ihn, wie eine Taube, und eine Stimme kam aus dem Himmel: ›Du bist mein lieber Sohn, an dem ich Wohlgefallen habe.‹«
> *Lukas 3,21f., vergleiche Matthäus 3,13–17*

❀

Zweiter Abschnitt

An seinem Beginn steht eine Rede, die zunächst den Armen und Trauernden gilt, danach aber denen, die Jesus als den Beauftragten Gottes anerkennen wollen. Diese Rede hat Matthäus zur »Bergpredigt« umgeformt:

»Wohl euch, ihr Armen! Euch ist Gott nahe!
Wohl euch, die ihr hungert, ihr werdet satt werden.
Wohl euch, die ihr weint, denn ihr werdet lachen.
Wohl euch, wenn euch die Leute hassen,
wenn sie euch von sich treiben, euch verleumden und
verstoßen, als wäret ihr Verbrecher,
nur, weil ihr die Meinen seid.
Freut euch an jenem Tag und seid glücklich,
denn bei Gott erwartet euch hoher Lohn.

Aber wehe euch, ihr Reichen,
ihr habt euren Trost schon gehabt!
Wehe euch, ihr Satten, ihr werdet hungern.
Wehe euch, die ihr heute lacht,
ihr werdet trauern und klagen.
Wehe euch, die ihr gerühmt seid von allen Menschen,
denn auch ihre Väter rühmten die falschen Propheten.«
Lukas 6,20–26, vergleiche Matthäus 5,3–12

»Ich sage euch, die mich hören: Liebt eure Feinde!
Tut denen wohl, die euch hassen!
Wünscht Segen von Gott denen, die euch die Hölle wünschen.
Bittet für die, die euch misshandeln.«
Lukas 6,27f., vergleiche Matthäus 5,43–48

»Wenn einer dich auf die eine Wange schlägt,
dann biete ihm auch die andere.
Wenn jemand dir deinen Mantel nimmt,
dann lass ihm auch das Hemd.
Wer dich bittet, dem gib.
Wer dir das Deine nimmt, von dem fordere es nicht zurück.«
Lukas 6,29f., vergleiche Matthäus 5,38–42

»Was ihr euch von den Menschen wünscht,
das tut ihnen in gleicher Weise.
Wenn ihr nur die liebt, die euch mit Liebe begegnen,
was ist das Besondere daran?
Auch die Gottlosen lieben die, die ihnen Liebe erweisen.
Wenn ihr denen Gutes tut, die euch gut sind,
was ist das Besondere? Auch die Bösen tun das.
Und wenn ihr denen leiht, die euch leihen sollen,
was ist das Besondere?
Auch die Sünder leihen den Sündern
und wollen dasselbe von ihnen.
Vielmehr: Liebt eure Feinde,
helft denen und leiht, von denen nichts zu hoffen ist.
Euer Lohn wird groß sein; Kinder des Höchsten werdet ihr sein, denn auch er ist gütig gegen Undankbare und Böse.
So werdet barmherzig, wie euer Vater barmherzig ist.«
Lukas 6,31–36, vergleiche Matthäus 5,43ff.

»Richtet nicht, so werdet auch ihr nicht gerichtet.
Verdammt nicht, so werdet auch ihr nicht verdammt.
Vergebt, so wird euch vergeben.
Mit dem Maß, mit dem ihr messt, wird man euch messen.«
Lukas 6,37, vergleiche Matthäus 7,1–5

»Was starrst du auf den Splitter im Auge deines Bruders
und bemerkst nicht den Balken in deinem eigenen Auge?
Wie kannst du zu deinem Bruder sagen: ›Halte still, Bruder!
Ich will den Splitter aus deinem Auge ziehen!‹,
und übersiehst den Balken im eigenen Auge?
Du Heuchler!
Zieh erst den Balken aus deinem Auge, dann sieh zu,
wie du den Splitter aus deines Bruders Auge ziehst.«

»Kein guter Baum bringt schlechte Frucht,
und kein schlechter bringt gute.
Ob er gut oder schlecht sei,
nimmt man an seiner Frucht wahr.
Man erntet ja nicht Feigen von den Disteln
oder Trauben von den Dornen.«
Lukas 6,41–44, vergleiche Matthäus 7,1–5

»Wozu aber nennt ihr mich ›Herr! Herr!‹
und tut nicht, was ich sage?
Gebt Acht, was ich von dem halte,
der zu mir kommt, meine Worte hört und nach ihnen lebt!
Er gleicht einem Mann, der ein Haus baute,
der in die Tiefe grub und das Fundament
auf den Felsen gründete.
Als nun ein Hochwasser kam
und die Wassermassen ans Haus stießen,
konnte es nicht einstürzen,
denn es war mit Sachkunde gebaut.
Wer aber hört und es nicht tut,
gleicht einem Menschen, der ein Haus baute
und es auf lose Erde stellte. Als nun das Wasser kam,
brach es zusammen in gewaltigem Einsturz.«
Lukas 6,46–49, vergleiche Matthäus 7,24–27

❀

Dritter Abschnitt
Im Anschluss an Lukas 7,1–10, vergleiche Matthäus 8,5–13 (Der Hauptmann von Kapernaum), geht es in diesem Teil um die Frage, als wer denn Jesus zu gelten habe:

»Als Johannes von all diesen Dingen hörte, sandte er zwei seiner Jünger und ließ fragen: ›Bist du der, der kommen soll, oder sollen wir auf einen anderen warten?‹ Und er antwortete: ›Geht und berichtet Johannes, was ihr hört und seht: Blinde sehen und Lahme gehen. Aussätzige werden rein, Taube hören und Tote werden auferweckt. Armen wird das Evangelium verkündigt. Und selig ist, wer an mir keinen Anstoß nimmt.‹ Als sie fortgegangen waren, begann er zur Menge über Johannes zu reden: ›Was wolltet ihr sehen, als ihr herkamt in die Wüste? Ein Schilfrohr, bewegt vom Wind? Oder was wolltet ihr sehen? Einen prächtig gekleideten Menschen? Aber die festlich gekleidet sind, die sind in den Palästen der Könige. Oder was wolltet ihr sehen, als ihr hinausgingt? Einen Propheten? Ja, ich sage euch: Er ist mehr als ein Prophet. Er ist der, über den geschrieben ist: Schau auf! Ich sende meinen Bot-

schafter vor dir her, der dir deinen Weg bereiten soll! Ich sage euch: Keiner unter denen, die von Frauen geboren wurden, ist größer als Johannes. Doch der Geringste im Reich Gottes ist größer als er.
Womit soll ich diese Generation vergleichen und wem gleicht sie? Sie gleicht Kindern, die auf dem Marktplatz sitzen, die zu den anderen sagen: Wir haben für euch geflötet, aber ihr wolltet nicht tanzen, wir klagten, aber ihr wolltet nicht weinen. Denn Johannes kam, er aß und trank nicht, und ihr sagt: Er hat einen Dämon! Der Menschensohn kam, er aß und trank, und ihr sagt: Siehe, ein Fresser und Säufer, ein Freund der Zöllner und der Sünder!‹«
Lukas 7,18f. 22–28.31–34, vergleiche Matthäus 11,2–19

❀

Vierter Abschnitt
Hier folgt ein Stück über Stil und Zuschnitt der Wandertätigkeit Jesu und entsprechend der Lebensweise seiner Jünger:

»Eines Tages, als sie auf dem Weg waren, kam einer zu Jesus: ›Ich will mit dir gehen, überallhin, wohin immer du gehst!‹ Aber Jesus erwiderte: ›Die Füchse haben ihren Bau. Die Vögel des Himmels ihr Nest. Ich selbst habe keinen Ort, an den ich mein Haupt legen könnte.‹«
Lukas 9,57f., vergleiche Matthäus 8,19–22

»Einen anderen forderte er auf: ›Komm mit!‹ Der bat ihn: ›Erlaube mir, dass ich vorher nach Hause gehe und meinem Vater die letzte Ehre erweise.‹ Jesus erwiderte: ›Lass die Toten ihren Toten Ehre erweisen! Fang du an! Verkündige das Reich Gottes!‹«
Lukas 9,59f., vergleiche Matthäus 8,18–27

»Die Ernte ist groß, der Schnitter sind wenige. Bittet darum den Herrn der Ernte, er möge Arbeiter senden, sie einzubringen.«
Lukas 10,2, vergleiche Matthäus 9,37–38

»Geht! Ich sende euch wie Schafe mitten unter die Wölfe.
Tragt keinen Beutel und keinen Reisesack mit euch
und haltet euch bei niemandem auf.
Wenn ihr in ein Haus kommt, dann sprecht: ›Friede diesem Haus!‹ Wohnt dort ein Mensch des Friedens,
so wird euer Friede auf ihm ruhen.
Wenn nicht, wird dieser Friede wieder mit euch ziehen.
In jenem Hause aber bleibt, esst und trinkt, was sie anbieten,
denn der Arbeiter ist seinen Lohn wert.
Wenn ihr in einen Ort kommt, der euch aufnimmt,
dann esst, was sie euch auftragen,
heilt ihre Kranken und sagt ihnen:
›Das Reich Gottes ist euch nahe!‹
Kommt ihr aber in einen Ort, der euch nicht aufnimmt,
so geht wieder hinaus auf die Straße
und sprecht: ›Auch den Staub aus eurer Stadt,
der an unseren Füßen blieb, schütteln wir ab.
Aber ihr sollt wissen, dass euch Gottes Reich nahe war.‹
Ich sage euch, Sodom wird es erträglicher gehen
an jenem Gerichtstag als dieser Stadt.«
Lukas 10,3–12, vergleiche Matthäus 10,5–16

»Wenn ihr beten wollt, dann sprecht:
Vater!
Dein Name werde geheiligt.
Dein Reich komme.
Gib uns das Brot für den kommenden Tag.
Vergib uns unser Unrecht,
denn auch wir vergeben denen,
die uns Unrecht tun.
Und bewahre uns vor der Gefahr,
dich zu verlieren.«
Lukas 11,2–4, vergleiche Matthäus 6,9–15

»Und ich sage euch: Bittet, so wird euch gegeben.
Sucht, so werdet ihr finden. Klopft an, so wird euch aufgetan.
Jeder, der bittet, empfängt. Wer sucht, der findet,
und wer anklopft, dem wird aufgetan.
Denkt euch einen Vater. Sein Sohn bittet um einen Fisch,
und der Vater gibt ihm eine Schlange.

Der Sohn bittet um ein Ei,
und der Vater reicht ihm einen Skorpion.
Nicht einmal unter euch Menschen würde man das tun.
Ihr wisst euren Kindern zu geben, was sie brauchen.
Wie viel mehr wird euer himmlischer Vater
den heiligen Geist geben denen, die ihn darum bitten!«
Lukas 11,9–13, vergleiche Matthäus 7,7–11

❀

Fünfter Abschnitt
In diesem Abschnitt geht es um die Auseinandersetzung mit den Gesetzeslehrern:

»Und Jesus sprach weiter zu der versammelten Menge:
›Diese schrecklichen Menschen
wollen immerfort Wunder sehen!
Sie werden von Gott kein Zeichen erleben
außer dem, das Jona traf.
Jona war den Leuten von Ninive ein Zeichen
für Tod und Leben.
So werde ich ihnen ein Zeichen von Gott sein.
Die Königin aus dem Süden wird im letzten Gericht
mit den heute Lebenden zusammen auftreten
und wird sie verdammen,
denn sie kam vom Ende der Erde,
um Salomos Weisheit zu hören.
Ihr aber seht einen Größeren als Salomo!
Die Leute von Ninive werden im letzten Gericht
mit den heute Lebenden zusammen auftreten und sie
verdammen, denn sie kehrten um, als Jona zu ihnen sprach.
Ihr aber seht einen Größeren als Jona.
Lukas 11,29–32, vergleiche Matthäus 12,38–42

»›Ihr Pharisäer!
Ihr reinigt Becher und Schüsseln von außen,
innen aber ist nichts als Raubtierfutter und Bosheit!
Ihr Toren, hat, wer das Äußere geschaffen hat,
nicht auch das Innere geschaffen?

Gebt, was in der Schüssel ist, weiter
an die, die es brauchen, so ist alles rein.

Weh euch, ihr Pharisäer!
Ihr gebt den Zehnten für Minze, Raute und Küchenkräuter,
aber geht achtlos am Recht vorüber und an der Gottesliebe.
Das eine sollte man tun, das andere nicht lassen.

Weh euch, ihr Pharisäer!
Ihr liebt die vorderen Plätze in den Gotteshäusern
und die Ehrerbietung der Leute auf dem Markt.
Wie Gräber seid ihr, unkenntliche.
Die Leute gehen darüber und wissen nicht,
was unter ihren Füßen ist an Fäulnis.

Wehe auch euch, ihr Gesetzeskundigen!
Ihr bürdet den Menschen Lasten auf,
immer mehr, immer mehr!
Ihr selbst aber rührt keinen Finger,
sie mit ihnen gemeinsam zu tragen!
Wehe euch, die ihr Denkmäler baut
für die Propheten, die eure Väter mordeten.
So beweist ihr selbst,
dass ihr Söhne seid von Prophetenmördern.
Eure Väter haben gemordet, ihr baut Monumente!
Deshalb sagt die Weisheit Gottes:
Ich sende Propheten und Apostel zu ihnen.
Die einen werden sie totschlagen, die anderen verfolgen.
So wird das Blut aller Propheten
vergossen seit dem Anfang der Geschichte,
vom Blut des Abel bis zum Blut des Secharja,
vergossen zwischen Tempel und Altar.
Was ich sage, steht fest:
An dieser Generation wird es sich rächen.
Wehe euch, ihr Gesetzeskundigen!
Ihr versteckt den Schlüssel zur Erkenntnis.
Ihr selbst findet die Tür nicht
und versperrt sie denen, die sie suchen.‹

Als Jesus das Haus verließ, fingen die Schriftgelehrten und die Pharisäer an, ihm erbittert zuzusetzen und ihn über viele Dinge auszufragen, Und sie standen dabei auf der Lauer, um irgendein Wort aus seinem Munde zu erhaschen.«
Lukas 11,39–44.46–54, vergleiche Matthäus 23,1–36

❀

Sechster Abschnitt
Die wandernden Jünger leben auf das Ende aller Dinge zu. Hier werden sie aufgefordert, sich keine Sorgen zu machen:

»Wer von euch ist der zuverlässige, kluge Verwalter, den der Herr über seine Dienerschaft setzt und der dafür verantwortlich ist, dass alle zur rechten Zeit erhalten, was sie zum Leben brauchen? Glücklich der Mitarbeiter, den der Herr bei seiner Rückkehr seine Pflicht tun sieht! Es ist wahr, was ich sage: Über alle seine Güter wird er ihn setzen. Wenn aber einer, der so Verantwortung trägt, sich vorsagt: ›Mein Herr kommt ja doch nicht!‹, und anfängt, die jungen Knechte und Mägde zu schlagen und selbst zu essen, zu trinken und zu saufen, dann kommt sein Herr an einem Tage, an dem er ihn nicht erwartet, und zu einer Stunde, in der er es nicht vermutet. Der wird ihn in Stücke hauen und ihn belohnen, wie man Treulose belohnt. Ein Mitarbeiter, der Gottes Willen kennt, sich aber nicht auf ihn eingestellt und ihn nicht erfüllt hat, wird eine harte Strafe leiden. Wer ihn nicht kennt, aber tut, was Strafe verdient, wird eine leichtere Strafe empfangen. Wem viel gegeben ist, bei dem wird man viel suchen, und wem viel anvertraut ist, von dem wird man viel fordern.

Ich bin gekommen, ein Feuer auf die Erde zu werfen, und nichts wünschte ich sehnlicher, als dass es brenne! Aber zuvor muss ich mich taufen lassen (mit dem Wasser des Todes), und wie ist mir so bange, bis es vollbracht ist!«
Lukas 12,42–50, vergleiche Matthäus 24,45–51

»Inzwischen drängten sich die Tausende so dicht um ihn, dass sie einander traten. Da wandte er sich gesondert seinen Jüngern zu:
›Nichts geschieht so heimlich und so falsch,
dass es nicht ans Licht käme.
Nichts ist so verborgen, dass man es nicht erführe.
So wird man, was ihr im Dunkeln sprecht, im Licht hören.
Was ihr in den Kammern ins Ohr sagt,
wird man auf den Dächern ausrufen.

Ich sage euch, meinen Freunden:
Fürchtet euch nicht vor denen, die den Leib töten
und danach am Ende sind mit ihrer Kunst.
Ich will euch sagen, wen zu fürchten lohnt:
den, der euch töten kann und danach in die Hölle stoßen.
Ja, den fürchtet!

Kauft man nicht fünf Sperlinge um zwei Pfennige?
Dennoch ist keiner vergessen von Gott.
Gezählt sind alle Haare auf eurem Haupt.
Lasst das Fürchten! Ihr seid kostbarer als viele Sperlinge!‹«
Lukas 12,1–7, vergleiche Matthäus 10,26–31

»Und wieder an seine Jünger gewandt:
›Beunruhigt euch nicht in eurem Herzen,
was ihr essen oder was ihr eurem Leibe anziehen sollt.
Das Leben, das ihr von Gott empfangen habt,
ist mehr als die Nahrung, die ihr dazu braucht.
Der Leib, den zu schaffen Gott reich genug war,
ist mehr wert als die Kleidung.
Seht euch die Raben an: Sie säen nicht, sie ernten nicht,
sie haben weder Vorratskammer noch Scheune.
Gott selbst ist es, der sie ernährt.
Wie viel kostbarer aber seid ihr als die Vögel!
Was sollen denn die Sorgen nützen?
Wer erreicht mit allen Sorgen, dass er um eine Elle länger lebt?
Wenn ihr aber zu so kleinen Veränderungen nicht fähig seid,
was sorgt ihr euch um die Kraft Gottes,
die euer ganzes Leben und Wesen erhält?
Seht euch die Lilien an! Sie spinnen nicht. Sie weben nicht.
Ich sage euch: Auch ein Salomo in aller seiner Pracht

war nicht gekleidet wie irgendeine von ihnen!
Wenn aber Gott das Gras auf dem Felde,
das doch heute steht und morgen im Ofen verbrennt,
so kostbar kleidet, kann er für euch keine Kleidung finden,
ihr Stümper im Glauben?
So sollt ihr euch nicht ängstlich fragen:
Was sollen wir essen? Was sollen wir trinken?,
und sollt euch keine Unruhe machen.
Um all das kreisen die Gedanken derer,
die von Gott nichts wissen.
Euer Vater weiß, dass ihr das alles braucht.
Sorgt euch darum, dass Gott bei euch geehrt wird
und sein Wille bei euch geschieht.
Alles andere wird er euch geben.‹«
Lukas 12,22–31, vergleiche Matthäus 10,25–33

»Macht euren Besitz zu Geld
und wandelt das Geld in Barmherzigkeit.
Macht euch Vorratstruhen, die nicht moderig werden.
Schafft euch ein Vermögen, das nicht abnimmt,
weil es im Himmel gesammelt ist,
wo der Dieb nicht herzuschleicht und die Motte nicht frisst.
Denn wo euer Schatz ist, da wird auch euer Herz sein.«
Lukas 12,33f., vergleiche Matthäus 6,19–21

❀

Siebter Abschnitt
Das Buch schließt mit einer Schilderung, wie sich der Untergang dieser Welt und die Wiederkunft Jesu Christi abspielen werden:

»›Gerüchte werden umgehen: Wir wissen's! Er ist dort! Oder: Er ist hier! Es hat keinen Sinn, dass ihr dem Geschwätz nachlauft. Denn wenn ich wiederkomme, wird man nicht auf das Gerede angewiesen sein. Man wird mich sehen, den Menschensohn, wenn ich komme, wie man einen Blitz sieht, der am Himmel aufleuchtet und über die ganze Erde hin zuckt. Aber ehe das geschehen kann, werde ich leiden müssen und verstoßen werden von den Menschen dieser meiner Zeit. Es wird gehen, wie es zu Noahs Zeiten gewesen ist: Sie aßen, sie tranken, sie heirateten, sie ließen sich heiraten – so lange, bis Noah in das Schiff ging und die Flut kam und sie alle umbrachte. Es wird wieder so gehen wie zu Zeiten Lots: Sie aßen, sie tranken, sie kauften, sie verkauften, sie pflanzten und bauten, bis zu dem Tag, an dem Lot Sodom verließ: Da regnete es Feuer und Schwefel vom Himmel, und sie kamen alle um. Nicht anders wird es zugehen, wenn ich wiederkomme. Wer dann auf dem Dach ist und seinen Hausrat im Haus hat, mache sich keine Mühe mehr, hinunterzusteigen und ihn zu holen. Und wer auf dem Acker ist, wende sich nicht um nach dem, was er hinter sich abgelegt hat ... Wer dann nach irgendwelchen Sicherheiten sucht, um sein Leben zu schützen, wird es verlieren, und wer sein Leben hingibt, wird es gewinnen.

In der Nacht werden zwei auf einem Bett liegen. Den einen werde ich zu mir nehmen, der andere wird verloren sein. Zwei Frauen werden miteinander auf einer Handmühle mahlen. Die eine werde ich zu mir nehmen, die andere wird zurückbleiben.‹

Da fragten sie ihn: ›Wo wird das sein?‹ Jesus antwortete: ›Das müsst ihr selbst sehen. Wo das Aas liegt, sammeln sich die Geier.‹«

Lukas 17,23–31.33–37, vergleiche Matthäus 10,17–22

Dieses Buch der Reden bestimmte den Geist und die Lebensweise vor allem der Wanderbewegung, die in den ersten vierzig Jahren für die frühen christlichen Aktivitäten weithin bestimmend war.

❀

In uns heutigen Lesern wecken diese Texte Widerstand. Ist dies das Älteste, das wir von Jesus haben? Ist das die originale Stimme Jesu? Soll dies die Wahrheit sein? Diese Folge von Verwünschungen, Drohungen, Forderungen? Was tun wir mit dieser so schweren Kost?

Dazu ist mehreres zu sagen. Einmal: Diese Texte sind sehr wahrscheinlich zuerst in dieser Schärfe von Jesus formuliert worden. Er hatte dabei jene breite Front von Gegnern vor Augen, zu denen die Schriftgelehrten gehörten, die Pharisäer und die Priester, aber ganz allgemein auch diejenigen, die nicht glauben, nicht nachfolgen wollten, auch die Nationalisten, die die Zukunft Israels aufs Spiel setzten, die Zukunft der Stadt Jerusalem und des Tempels, und die schon früh nach dem ersten Auftreten Jesu entschlossen waren ihn umzubringen. In solchen Kämpfen um Leben und Tod hatte das Judentum seiner Zeit – und Jesus war Jude! – von jeher diese Art Wortwahl. Es ist auch nicht entscheidend, ob eine einzelne Formulierung von Jesus stammt oder von denen, die sein Sterben erlebt hatten und kurz nach seinem Tod tief verängstigt waren von den Ereignissen der folgenden Zeit. Das »Buch der Reden« sammelte jedenfalls, was für die Situation nach dem Tode Jesu zu sagen, zu schreien, weiterzurufen war.

Ein Zweites: Diese Texte sind nachvollziehbar, denn sie spiegeln die Ängste und Schrecken der ersten Christen. Aber sie stehen eben für die erste Zeit, in der die Vergangenheit noch brutal vor Augen war. Es gab zeitgleich auch ganz andere Texte: Irgendwer muss das Gleichnis vom verlorenen Sohn oder das vom barmherzigen Samariter weitergetragen haben, gemeinsam mit anderen, die da im weiten Römischen Reich von Jesus erzählten. Alles, was Lukas um das Jahr 80 aufgeschrieben hat. Diese Erinnerungswege sind nirgends erhalten, und doch muss eine breite Spur von Erzählungen über den heilenden Jesus durch die ersten fünfzig Jahre geführt haben. Paulus muss ganz andere Traditionen aufgegriffen haben als die im Buch der Reden gesammelten. Und die vielen anderen Stimmen, etwa die des Johannesevangeliums, die ganz anders klingen, müssen in der langen Zeit des ersten Jahrhunderts in aller Stille ebenfalls ihre Hörer gefunden haben.

Ohne die Texte des »Buchs der Reden« wüssten wir nichts über das Kämpferische der Situation um Jesus. Wahrscheinlich verstünden wir nur halb so deutlich, warum die Mission Jesu enden musste wie sie endete. Wir hören diese Texte, weil Lukas und Matthäus sie aufgenommen haben, während diejenigen, die sie ursprünglich gesammelt haben, sie dem Vergessen anheim geben wollten.

Ein Drittes: Diese Texte reden von Jesu naher Wiederkehr und vom Gericht. Von Himmel und Hölle. Und offenbar ist aus diesem Bestand manches in den allgemeinen Glauben der Christen übergegangen. Ein Gericht würde über Jerusalem ergehen, die Hölle würde auf die Dauer von Jahrtausenden bestehen (keineswegs aber für die Ewigkeit). Diese Dramatik der Jahre nach 50 hat sich für die Christen in den nächsten Jahrzehnten verloren. Das Gericht bleibt mit seinen krassen Bildern noch bis in die Zeit erhalten, in der die Offenbarung des Johannes geschrieben wurde, die Hölle desgleichen. Aber zugleich beginnt auch eine Zeit, in der das schlichte Evangelium Jesu sich stärker durchsetzt: wo Lukas das Bild vom gütigen Jesus zeichnet, vom heilenden Jesus, vom Feierer seiner Feste, von dem, der die Armen empfängt, den Verdammten einen neuen Anfang gibt und sie vor Gegnern in Schutz nimmt – und das gegen allen apokalyptischen Lärm.

Dass wir das »Buch der Reden« aus den erhaltenen Stükken zusammenzusetzen gelernt haben, hat es möglich gemacht, heute von einem Evangelium reden zu können, das uns befreit und erlöst. Von einer Botschaft, in der wir Jesus begegnen als dem liebenden Bruder und sein Handeln an uns als Berührung mit der Liebe Gottes. Vieles, das wir im »Buch der Reden« lesen, darf als erster, brennender Aufschrei nach dem Tod Jesu, als Ausdruck des Bewusstseins der Wandernden verstanden werden. Für uns ist aktueller, was wir bei Paulus lesen, in den eindringlichen Stücken des Lukasevangeliums und bei vielen anderen Autoren des Neuen Testaments.

17
Die ersten hundert Jahre der Kirchengeschichte verliefen in drei Phasen: der apostolischen, der nachapostolischen und der frühkatholischen Phase

Die Zeit der ersten Christenheit reicht von Ostern im Jahr 30 bis ungefähr in die Zeit um 130. Als apostolische Zeit gilt die Spanne von 30 bis 70, als nachapostolische die von 70 bis 100, als frühkatholische die von 100 bis 130 oder, wie manche rechnen, bis in die Mitte des 2. Jahrhunderts. Die Merkmale der frühkatholischen Zeit beginnen allerdings schon früher, vom Jahr 80 an, spürbar zu werden.

Die apostolische Zeit setzt mit Ostern und Pfingsten ein. In ihr geschah zu Anfang die Steinigung des Stefanus und die Vertreibung der griechisch sprechenden Christen aus Jerusalem. Um das Jahr 42 kommt es zu einer allgemeinen Verfolgung der Christen in Jerusalem unter König Agrippa I. Bis zu diesem Zeitpunkt dürften kaum schriftliche Dokumente entstanden sein, es seien denn einzelne Blätter mit Bekenntnissen, Liedern oder Gebeten. Zwischen 40 und 55 entstand die Sammlung von Worten Jesu, die Thema der vorigen beiden Abschnitte war. Das wichtigste Ereignis in dieser Zeit war der Apostelkonvent im Jahr 48 mit einer Einigung über das jüdische Ritual und die christliche Freiheit. Davon wird in den folgenden Abschnitten gesprochen werden. In den Jahren 48 bis 57 schrieb Paulus seine Briefe, die früh schon gesammelt wurden und als eigene Lehrschriften von Hand zu Hand gingen. Den Abschluss bildete um das Jahr 70 das Markusevangelium, mit dem die apostolische Zeit endet und die nachapostolische beginnt.

Der Geist dieser ersten Zeit war dadurch bestimmt, dass die Gruppen und die Einzelnen, vom Geist Gottes erfüllt und getrieben, als Wanderbewegung von Land zu Land zogen. Er war bestimmt durch die Entstehung von Gruppen, die teils im Judentum blieben, teils das Judentum verändern, teils aus dem Judentum ausscheiden wollten. Für uns zeichnet sich diese erste Phase dadurch aus, dass wir die wichtigsten Vertreter der verschiedenen Gruppen und Flügel mit Namen kennen und zum Teil über ihre Lebensgeschichte das eine oder andere wissen. Petrus war der Mann, der ganz zu Beginn die Gemeinde in Jerusalem leitete und danach den Ausgleich zwischen den Christen von Jerusalem und denen in der Fremde und Ferne herbeiführte. Nach ihm trat Jakobus in die Leitung der Gemeinde von Jerusalem ein. Er war der Bruder Jesu und spielte wohl die stärkste Rolle auf der judenchristlichen Seite. Wir kennen die Lebensgeschichte und das Lebenswerk des Paulus relativ genau. Und wir kennen Barnabas, dessen Rolle in vielen verschiedenen Fällen die des ausgleichenden, verbindenden Maklers zwischen den verschieden Parteiungen war, und noch einige andere. Das Ende der apostolischen Zeit ergab sich daraus, dass in den Sechzigerjahren alle drei wichtigsten Sprecher der ersten Gemeinden ums Leben kamen, Petrus und Paulus bei Christenverfolgungen in Rom, Jakobus gleichzeitig in Jerusalem, vor allem aber daraus, dass um das Jahr 70 der Krieg stattfand, in dem Jerusalem zerstört wurde.

❀

Die zweite, die nachapostolische Zeit, reicht von 70 bis etwa zum Jahr 100. Es war die Zeit der flavischen Kaiser Vespasian, Titus und Domitian. Sie ist gekennzeichnet durch eine ungemein lebendige und intensive Arbeit vieler Einzelner, die sammelten und aufschrieben, was es über Jesus Christus und seine Bedeutung zu sagen gab. Hier entstanden die meisten Schriften des Neuen Testaments, alle vier Evangelien von Markus über Lukas und Matthäus bis zu Johannes, hier wurde die apostolische Botschaft schöpferisch verarbeitet: Markus verfasste die erste Darstellung des öffentlichen Wirkens Jesu, Lukas den Bericht vom Helfer und Heiler Jesus, der für die Armen und Verlassenen eintrat. Matthäus zeichnete das Bild von dem strengen Vorausgänger der Wanderbewegung, und Johannes schuf in einer ganz eigenen Sprache und Bildhaftigkeit einen Hymnus auf den Offenbarer, der von Gott zu den Menschen kam und von der Erde zu Gott heimkehrte.

Zugleich entstanden in dieser Zeit einige ganz eigene Darstellungen der Person Jesu und seines Werks: Der Hebräerbrief, der an das jüdische Priestertum und den Tempelkult anschloss und Jesus mit der Bildersprache aus der damals schon vergangenen religiösen Welt neu schilderte. Der erste Petrusbrief mit seiner Fürsorge und seinem Trost für eine Gemeinde, die an ihrer Fremdheit in einer heidnischen Umgebung litt. Die Johannesoffenbarung mit ihrer gegen das Ende des 1. Jahrhunderts neu erwachenden apokalyptischen Symbolsprache und die beiden ersten Briefe des Johannes.

Eine eigene Entwicklung nehmen in dieser Zeit die Briefe der Schüler des Paulus: Der Kolosserbrief, der den kosmischen Christus als den Versöhner der kosmischen Mächte feiert, der Epheserbrief, der die Kirche mit Christus identifiziert, und der zweite Thessalonicherbrief über die Erwartung der Wiederkunft Christi.

❀

Die dritte Phase, zwischen 100 und 130 oder 150, die man die »frühkatholische« nennen mag – die Bezeichnung hat etwas Problematisches, wir werden noch davon reden –, ist die Zeit der Nachzügler unter den Autoren der neutestamentlichen Schriften. Sie ist aber vor allem die Zeit, in der sich die frühen Formen einer organisierten Kirche herausgebildet haben. Hier traten führende Persönlichkeiten auf, die nach Art von Regionalbischöfen einer bestimmten Gruppe oder Gemeinde vorstanden. Man suchte nun eine »reine Lehre« vor allerlei fremden Einflüssen zu schützen. Das freie Wirken des Gottesgeistes wurde zunehmend durch Ämter und Ordnungen kontrolliert. Abweichende Lehren wurden mehr und mehr als Häresien abgewehrt und ausgeschieden.

Als deutliche Zeichen dieser Entwicklung entstanden damals im Verlauf der Weiterentwicklung der Paulusschule die drei sogenannten Pastoralbriefe, 1. und 2. Timotheus sowie Titus, mit ihren Ermahnungen, man möge sich an die überlieferte Lehre halten und sich vor Irrlehren hüten, man möge sich einer normalen bürgerlichen Anständigkeit befleißigen und die Amtsträger unterstützen, die in der Gemeinde für Ordnung sorgten. Die drei Briefe dürften etwa um das Jahr 120 oder kurz danach geschrieben worden sein. In derselben Zeit wurden noch der dritte Johannesbrief, vielleicht der Jakobusbrief, außerdem der Judas- und der zweite Petrusbrief verfasst.

Etwa vom Jahr 80 an entsteht neben diesen für das Neue Testament später ausgewählten Schriften eine reiche Literatur von christlichen Büchern, Evangelien, Apostelgeschichten, Briefen, Offenbarungen oder Verteidigungsschriften, die aber die spätere Kirche nicht für wichtig, original oder verbindlich genug hielt, um sie ins Neue Testament aufzunehmen. In dieser Frage hatte die alte Kirche im Wesentlichen eine glückliche Hand. Ich gehe in diesem Buch nicht auf diese Literatur ein, empfehle aber gerne dem, der sie kennenlernen möchte, das Buch von Klaus Berger und Christiane Nord »Das Neue Testament und frühchristliche Schriften«, Insel Verlag, Frankfurt am Main 2005.

V

Paulus und das Bild des inneren, des mitwandernden Christus

18 Paulus war der wichtigste Sprecher der Christen in den ersten drei Jahrzehnten

Er war die wichtigste und wirksamste Gestalt der christlichen Geschichte, sagen die einen. Er war der Schöpfer der Rechtfertigungslehre, die alles Christliche erkennbar prägt, der Lehre von der Freiheit, und aus dieser Lehre heraus der immerwährende Erneuerer der Kirche durch zwei Jahrtausende hin. Das sagen vor allem die Protestanten.

Er war der Urvater der christlichen Mystik, sagen andere, vor allem die Kirchen des Ostens. Sie finden das Bild des auferstandenen Christus, wie Paulus es zeichnete, in der eigenen Seele.

Er war es, der die Theologie der Sakramente prägte, der Taufe, des Abendmahls und der Kirche. So sagen vor allem katholische Christen.

Er war der eigentliche Gestalter des christlichen Glaubens, der ihm die Struktur einer weltweiten, eigenen Religion verlieh, ihn aus dem Judentum herauslöste und in seine eigene Geschichte entließ. So kann jeder sagen, der sich heute mit ihm befasst.

Er war, so können wir fortfahren, einer der großen Gesandten, die einer ganzen Kultur gegenübertraten mit dem Willen, im Namen Gottes das menschliche Dasein grundlegend zu verändern. Aber wir können auch bescheidener beginnen und sagen: Er war der, der aus einem kleinen Kreis hochaktiver Menschen heraus eine das Römische Reich durchdringende Bewegung machte. Auf jeden Fall war er die zentrale Gestalt des entstehenden christlichen Glaubens in den ersten dreißig Jahren nach dem Tod des Jesus von Nazaret.

❀

Paulus war Angehöriger des im ganzen Römischen Reich verstreut lebenden Judentums, geboren in Tarsus, einer Stadt an der Südküste der heutigen Türkei, wohl in den Jahren zwischen 1 und 10 unserer Zeitrechnung. Sein Name war hebräisch »Saul«, griechisch »Paulos«. Als junger Mann oder schon als 14- bis 18-Jähriger ging er nach Jerusalem, um bei dem berühmten Gesetzeslehrer Gamaliel zu lernen, wie das jüdische Gesetz zu verstehen und auszulegen sei.

Während seines dortigen Studiums lief die kurze, erregende Geschichte ab, die wir die Passion nennen: Ein Prophet wurde wegen Verrats am heiligen Volk durch Kreuzigen hingerichtet, und da ein am Kreuz gestorbener Mensch als von Gott verflucht galt, war es nicht weniger als Gotteslästerung, wenn seine Anhänger ihm danach religiöse Verehrung zukommen ließen. So ging Paulus bald gegen die Christen vor, vor allem gegen die nichtjüdischen Christen von Jerusalem, die griechisch sprechenden »Hellenisten«. Er war bei der Steinigung des Stefanus, ihres führenden Kopfes, maßgebend beteiligt. Als danach die Hellenisten aus der Stadt in das umliegende Land flüchteten, gelangten sie auch nach Damaskus und bildeten dort wieder eine Gemeinde. Da ließ Saul sich von den führenden Leuten am Tempel die Vollmacht geben, als amtlicher Kommissar nach Damaskus zu reisen, dort nach den Christen zu fahnden, sie festzunehmen, nach Jerusalem schaffen zu lassen und den dortigen Behörden zu überstellen. Das muss wohl etwa drei Jahre nach Jesu Tod gewesen sein.

Kurz bevor er die Stadt erreichte, kam es zu einer dramatischen Wendung. Wie er später, in seinem Brief an die Galater, berichtet, geschah ihm eine Vision:

> »Es geschah mir auf dem Wege, als ich nahe Damaskus war, um die Mittagsstunde: Plötzlich umblitzte mich helles Licht aus dem Himmel herab, ich stürzte zu Boden und hörte eine Stimme: ›Saul! Saul! Warum verfolgst du mich?‹ Ich fragte: ›Wer bist du, Herr?‹, und er gab mir zur Antwort: ›Ich bin Jesus von Nazaret, den du verfolgst!‹ Ich fragte: ›Was soll ich

tun, Herr?‹ Und er gab zur Antwort: ›Steh auf! Geh nach Damaskus! Dort wird man dir sagen, was du tun sollst. Alles, was ich dir auftrage.‹«
Apostelgeschichte 22,6–8.10

Und er ging dorthin, ließ sich taufen und trat der Gemeinde bei.

❀

Seine innere Geschichte kennen wir nur sehr ungenau. Aber eine Umkehr dieser plötzlichen und radikalen Art legt nahe, nachzufragen, wo denn die Gründe oder die Hintergründe biografischer oder psychischer Art gelegen haben könnten, und nach den allgemeinen Regeln der Psychologie kann sich rasch erweisen, dass die Wendung nicht plötzlich kam, sondern vielleicht doch in langer Zeit vorbereitet war.

Hinter einem Fanatismus wie dem, den Paulus in seinen jungen Jahren den Christen gegenüber an den Tag legte, pflegen gewisse seelische Mechanismen wirksam zu sein. Der Fanatiker hat in aller Regel einen inneren Zweifel zu übertönen oder einen inneren Zwiespalt zu überspielen. Das heißt, dass dieser Christus, den er verfolgte, ihm früh zum Abbild seiner eigenen ersehnten, erwünschten Identität geworden sein könnte. Er war bemüht, alle Gebote des Gesetzes zu erfüllen, aber erlebte, dass er dazu unfähig war. Er fürchtete das Gesetz als ein System von Einengungen. Es nahm ihm den Mut, fromm zu sein. Doch nun verdrängte er die Angst und verfolgte stattdessen die kleine Gruppe, die sich von diesem Gesetz freigemacht hatte und damit aus dieser Notlage herausgetreten war. Hass als oberflächliche Tarnung für eine verdrängte Sehnsucht – es ist nicht weit hergeholt, wenn wir den jungen Paulus in diesem Licht sehen.

Wenn das so war, so wurde ihm vor Damaskus plötzlich klar, dass die Christen das Leben führten, das er selbst ersehnt hatte. Während er äußerlich in dem ihn treffenden Licht erblindet, beginnt er in sich selbst von einer Kammer in eine andere umzuziehen und trifft auf einen »anderen Gott« als den, dem er bisher gedient hat. Was ihm außerdem zerbrach, war sein Bild von sich selbst, das Bild vom gerechten Eiferer. Dabei begegnete er zum ersten Mal sich selbst, dem, der das Gesetz in Wahrheit nicht erfüllen wollte, der es auch nicht konnte, und der die erlösende Alternative bei den Christen gegenwärtig sah. Und er erkannte, dass er diesem Jesus seit Langem heimlich verbunden gewesen war, dass er sich also nun mit aller Kraft und Konsequenz für dessen Autorität unter den Menschen einzusetzen habe.

Ich deute das an, obwohl ich mir darüber klar bin, dass es sehr kühn ist, Licht bringen zu wollen in die Psyche eines so engagierten Mannes, der uns zugleich so fern steht wie er.

Was Paulus aufging, waren zwei Erkenntnisse. Die eine: *Ich kann nicht, wie ich will.* Die andere: *Ich muss nicht, wie ich glaubte.* Die eine war die Beschreibung seines bisherigen Zustandes, die andere war die Befreiung aus diesem Zustand. Was er erfuhr, war die Einweisung in eine andere Art Leben. Was ihn beglückte, war der plötzliche Lichtstrahl der Liebe Gottes, die ihn in der Vision des Christus traf. Das Bild, das er dabei von sich selbst zu sehen bekam, war das eines Gesandten, der den unabsehbar weiten Weg eines zu vielen Menschen geführten Sprechers zu gehen hat.

❀

Man könnte es auch so sagen: Der junge Paulus war ein am Gesetz orientierter Fundamentalist, der seine Identifikation – oder auch Überidentifikation – mit der jüdischen Lebensordnung in Aggression gegen eine dieser Norm widersprechende Minderheit wandte.

Als besonders strittig kann dabei die Auffassung der frühen Christen gelten, der Tempel werde in Zukunft nicht nur für Juden, sondern für die Frommen aus allen Völkern offen stehen. Auch Paulus muss diese Beschränkung, vielleicht unbewusst, beschäftigt haben. Das würde erklären, warum er sich sofort nach seiner Bekehrung nicht nur zu den Juden gesandt fühlte, sondern über das Judentum hinaus zu allen Völkern.

Zugleich ging es ihm wohl nicht darum, eine neue Religion zu schaffen, womöglich eine Weltreligion, sondern eher darum, der neu erfahrenen Freiheit der Christen zu ihrem Recht und ihrer Wahrheit in einem befreiten und erneuerten Judentum zu weltweiter Bedeutung zu verhelfen.

❀

Der Beginn des weiträumigen paulinischen Werks ist uns nicht deutlich. Als Paulus von der jüdischen Bevölkerung von Damaskus aus der Stadt vertrieben wurde, ging er nach Arabien. Dort blieb er etwa zweieinhalb Jahre, in der Zurückgezogenheit wohl eines Menschen, der viel zu bedenken und zu verarbeiten hat. Danach besuchte er Petrus in Jerusalem:

> »Danach aber ging ich nicht zu anderen Menschen, ich wandte mich auch nicht nach Jerusalem zu denen, die vor mir Apostel waren, sondern zog mich nach Arabien zurück und ging danach wieder nach Damaskus. Erst nach drei Jahren reiste ich nach Jerusalem, um Petrus kennenzulernen, und blieb fünfzehn Tage bei ihm. Sonst sah ich keinen von den Aposteln außer Jakobus, den Bruder des Herrn.
>
> Später ging ich nach Syrien und Zilizien, während die christlichen Gemeinden in Judäa mich noch nicht gesehen hatten. Sie hatten nur gehört, ihr früherer Feind breite nun den Glauben aus, den er einst hatte ausrotten wollen, und rühmten Gott, der mich so geführt hatte.«
>
> *Galater 1,16–19.21–24*

Als ihn in Jerusalem während eines zweiten Besuchs die Behörden zu verhaften suchten, geleitete ihn die Gemeinde nach Caesarea und ermöglichte ihm die Flucht nach Tarsus. Danach hielt er sich 14 Jahre lang in Syrien und Zilizien auf, in dem Raum, in dem er zu Hause gewesen war, im weiteren Umkreis vor allem von Tarsus. Am Ende dieser Zeit holte ihn einer der leitenden Brüder, Barnabas, nach Antiochien, das heute noch in geringen Resten unter dem Namen Antakya besteht. Dort lebte inzwischen eine größere Gemeinde. Barnabas mit seiner bemerkenswerten Fähigkeit zu versöhnen, auszugleichen und zu verbinden, war in jener Phase eine der wichtigsten Gestalten der Urchristenheit. In Antiochien begann Paulus in den Vierzigerjahren mit seinem weit gespannten öffentlichen Wirken.

Antiochien war eine für damalige Verhältnisse überaus moderne Großstadt mit ungefähr 500 000 Einwohnern, die drittgrößte im Römischen Reich nach Rom und Alexandria. Dort hatten zu jener Zeit einige führende Christen, unter ihnen Barnabas, Simon, genannt Niger, und Lucius aus Cyrene eine christliche Gemeinde aufgebaut, und zwar mit besonderem Erfolg unter den Nichtjuden der Stadt. Dabei verzichteten sie darauf, den Neuaufgenommenen die Identitätsmerkmale der Juden zuzumuten, nämlich die Beschneidung und die rituelle Lebensordnung des Gesetzes. Und sie sprachen weniger von der Auserwähltheit Israels als von dem Heil für alle Menschen. Die Apostelgeschichte urteilt in Kapitel 14,27, damit sei *»den Nichtjuden die Tür zum Glauben aufgetan«* worden.

❀

Die erste Missionsreise des Paulus
(Apostelgeschichte 13,2–14,28)

Von Antiochien aus begab sich Paulus um das Jahr 47 mit zwei Begleitern auf seine erste Reise. Sie führte ihn und seine Begleiter in einen Umkreis von 500 Kilometern nach Westen hin. Von Antiochien aus fuhren sie zu Schiff nach Zypern, von dort nach Attalia, dem heutigen Antalya an der kleinasiatischen Südküste, und wanderten über den Taurus auf das anatolische Hochland, zum dortigen Antiochien in Pisidien und nach Ikonion, dem heutigen Konya, danach nach Lystra und Derbe. Am Ende gingen sie denselben Weg zurück, um die neu gegründeten Gemeinden in ihren Anfangsschwierigkeiten zu stützen, bis nach Attalia und fuhren schließlich mit dem Schiff nach Antiochien zurück. Man liest von dieser Reise in Apostelgeschichte 13–14.

Der Besuch in einem fremden Ort pflegte sich so abzuspielen, dass die Reisenden die örtliche Synagoge aufsuchten und dort die Menschen mit Jesus Christus bekannt machten. Apostelgeschichte 13 bringt eine solche Rede des Paulus. Von den danach folgenden Gesprächen hing es ab, ob in dem Ort eine christliche Gemeinde entstand oder die Apostel unverrichteter Dinge weiterzogen. Oft kam es zum Streit mit den Sprechern der Synagoge, auch zur dankbaren Zustimmung eines Teils der jüdischen Gemeinde oder aber zur Vertreibung der Besucher durch die Behörden, manchmal auch zur Verhaftung oder zur Prügelstrafe oder auch zu einer Neuorientierung einer ganzen Synagogengemeinschaft. Charakteristisch aber war, was Apostelgeschichte 14,19–20 berichtet: Nachdem Paulus und Barnabas im dortigen Antiochien und in Konya Viele aus der jüdischen Gemeinde, vor allem jüdisch lebende Nichtjuden, überzeugt hatten, seien Juden aus beiden Orten nach Lystra gekommen und hätten dort die Stimmung gegen die beiden gewendet. Sie hätten Paulus gesteinigt und ihn aus der Stadt geschleift in der Meinung, er sei tot. Danach aber sei Paulus wieder zu sich gekommen, sei aufgestanden und in die Stadt zurückgegangen.

❀

Die zweite Missionsreise (Apostelgeschichte 15,36–18,22)
Kurze Zeit nach seiner Rückkehr nach Antiochien, seinem Ausgangspunkt, ging Paulus auf seine zweite Reise. Wir setzen sie an auf die Zeit von 49 bis 51. Sie nahm rund zwei Jahre in Anspruch.

Die Reise führte Paulus zusammen mit Silas zunächst wieder zu den Gemeinden im südlichen Kleinasien, über den Taurus und in die Orte, in denen er schon bei der ersten Reise gewesen war. Er gelangte auf Wegen, die wir nicht kennen, durch den Westen der heutigen Türkei bis nach Troas in der Nähe der Dardanellen. Dort hatte er seinen berühmten Traum: Er sah einen Mann am europäischen Ufer stehen, der ihn über das Meer anrief: »Komm herüber und hilf uns!« Paulus nahm den Traum als eine Weisung von Gott und fuhr hinüber nach Kavalla, dem damaligen Neapolis, und wanderte von dort weiter nach Philippi. Diese Stadt war eine römische Garnison, ein militärischer Stützpunkt an der Stelle, an der die Via Egnatia vom Westen her an die Übergangshäfen nach Kleinasien weiterführte. Dort spielt die Geschichte mit der Purpurhändlerin Lydia und der kurzfristigen Gefangensetzung des Paulus durch die Behörden. Von dort zog er weiter nach Thessalonich, dem heutigen Thessaloniki, und hielt sich dort vermutlich mehrere Monate lang auf. Über Beröa reiste, das heißt wanderte er nach Athen. Nach einem Gespräch mit allerlei Philosophen auf dem Areopag, die aber seinen Bericht von der Auferstehung Jesu von den Toten nicht ernst nahmen, ging es weiter nach Korinth, wo sich Paulus eineinhalb Jahre aufhielt und wo eine große christliche Gemeinde entstand. Dort fasste er seinen ersten Brief nach Thessalonich ab.

In Korinth spielt die Szene, die für unsere Kenntnis des Jahres, in dem sie stattfand, wichtig ist: Die Juden verklagten Paulus beim römischen Statthalter Gallio, ohne jedoch eine Verurteilung zu erreichen. Dieser Statthalter war aber nur in einem bestimmten Jahr in Korinth, sodass wir wissen können, dass die Sache sich im Jahr 51, spätestens Anfang 52 zugetragen hat.

Danach fuhren Paulus und Silas zu Schiff nach Ephesus, von dort weiter nach Caesarea und Jerusalem und schlossen ihre Reise in Antiochien ab.

❀

Die dritte Missionsreise (Apostelgeschichte 18,23–21,14)

Im Jahr 52 verließ Paulus Antiochien zu seiner dritten Reise, die drei Jahre in Anspruch nahm. Sie führte ihn vor allem nach Ephesus und von dort gegen Ende der Reise hinüber nach Griechenland.

Von Ephesus aus schrieb er seine Briefe an die Galater, an Philemon und an die Philipper. Von Ephesus aus musste er auch die langwierigen Schwierigkeiten durchstehen, die ihm konkurrierende Prediger in der Gemeinde von Korinth bereiteten und von denen die beiden Korintherbriefe berichten.

Nach der langen Zeit in Ephesus verließ er die Stadt mit der Absicht, von Griechenland aus über Mazedonien nach Jerusalem zu reisen und von dort nach Rom und Spanien (vgl. Apostelgeschichte 19,21). So reiste er Ende 54 noch einmal nach Korinth und hielt sich dort drei Monate lang auf. Um aber seine Ankunft in Rom vorzubereiten, schrieb er Anfang 55 von Korinth aus seinen großen Brief nach Rom. Am Ende wollte er zu Schiff nach Judäa und Jerusalem fahren. Das wurde aber unmöglich, weil er erfuhr, es sei auf dem Schiff von einigen Juden ein Anschlag auf ihn geplant. So ging er zu Fuß oder »zu Esel« nach Mazedonien. Er gelangte über Troas nach Assos und wählte von dort ein Schiff, das ihn nach Milet brachte.

Dort spielte sich der erste Abschied von seinen Gemeinden ab. Er war sich bewusst, dass er in Jerusalem auf einen starken Widerstand nicht nur von Juden stoßen würde, sondern auch von der judenchristlichen Gemeinde. So rief er von Milet aus die Ältesten der Gemeinde in Ephesus zu sich (vgl. Apostelgeschichte 20,17–38) und verabschiedete sich von ihnen mit einer ergreifenden Rede:

»Am Ende kniete er mit ihnen allen nieder und betete. Sie alle aber brachen in lautes Weinen aus, fielen Paulus um den Hals und küssten ihn … und geleiteten ihn auf das Schiff.«
Apostelgeschichte 20,38

Die Reise fand ihren Abschluss in Caesarea, wo es zu einem ähnlichen Abschied kam. Ein Christ namens Agabus nahm den Gürtel des Paulus und band sich damit Füße und Hände mit den Worten:

»Das spricht der heilige Geist: ›Den Mann, dem dieser Gürtel gehört, werden die Juden in Jerusalem binden und an die Ungläubigen ausliefern.‹«
Apostelgeschichte 21,11

»Die Gemeinde beschwor den Paulus, nicht nach Jerusalem zu gehen, aber er antwortete: ›Was soll das Weinen? Was brecht ihr mir das Herz? Ich bin ja bereit, nicht nur mich binden zu lassen, sondern auch in Jerusalem zu sterben, Jesus, dem Herrn, zu Ehren.‹ Da er sich nicht überreden ließ, waren wir still und sprachen: ›Der Wille des Herrn geschehe.‹«
Apostelgeschichte 21,12–14

❀

Der Prozess in Jerusalem (Apostelgeschichte 21,15–26,32)
Wie schwierig für Paulus die Situation in Jerusalem war, zeigte sich bei seinem Empfang durch die christliche Gemeinde. Die einen erwiesen sich als ihm zugetan, sagten aber von den anderen:

»Bruder, du siehst, wie viele zehntausend Christen hier unter den Juden leben. Sie alle befolgen das jüdische Gesetz und setzen sich mit aller Kraft dafür ein, dass es auch unter Christen

eingehalten wird. Wir raten dir, etwas zu tun, womit du sie überzeugst, dass du das Gesetz achtest. Übernimm für vier Männer unter uns den Reinigungsritus, sodass man sieht, es sei nicht mehr so, dass du das Gesetz abschaffen willst.«
Apostelgeschichte 21,20

❀

Die Reise nach Rom (Apostelgeschichte 27–28)
Seine letzte Reise unternahm Paulus als Gefangener. Zu Schiff reiste er unter Bewachung durch einen Hauptmann und einige Soldaten, wobei der Bericht der Apostelgeschichte ein beredtes Zeugnis für die Gefährlichkeit der damaligen Seefahrt ist. Schließlich kamen sie nach einer Strandung an der Küste von Malta nach Rom. Dort wandte er sich zunächst wieder an die Juden, danach an die Christen und lehrte in einer Privatwohnung unter Aufsicht ungehindert alle, die zu ihm kamen, zwei Jahre lang.

Was danach geschah, wissen wir nicht. Er muss in der Zeit zwischen 62 und 64 auf irgendeine Weise ums Leben gekommen sein, sei es durch ein Urteil des kaiserlichen Gerichts, sei es durch die 64 in Rom stattfindende allgemeine Christenverfolgung unter Nero. Jedenfalls kam er nicht mehr frei, und auch zu der Reise nach Spanien kam es nicht mehr.

❀

Was wollte nun aber Paulus eigentlich mit seinem ungeheuren Einsatz und unter so viel Gefahr erreichen? Das Bild, das wir von ihm gewinnen, ist das eines Menschen, der zunächst die Befriedigung seines hochfliegenden Ehrgeizes einerseits, den Ausgleich seiner eigenen inneren Zerrissenheit andererseits in der Verfolgung von Feinden seines Glaubens sucht, sich dann aber freiwillig in die Reihen der Verachteten und Verfolgten begibt und von da an durch über dreißig Jahre das Schicksal eines Verfolgten erlebt. Von Stadt zu Stadt, von

Haus zu Haus, von Land zu Land. Ein Mensch, der das Heil seines Volks und der Menschheit von der Bewahrung der Tradition erwartet hatte, geht hinüber in die Reihen derer, die – wie er selbst von sich sagt – alles Überkommene *»für Schmutz halten«*.

Und dann sitzt er zwischen allen Stühlen. Er ist Jude, aber sein Volk hetzt ihn von Land zu Land. Er ist römischer Bürger, aber er wird von seinen eigenen Behörden wie ein Aufrührer und Landesfeind behandelt. Er ist Christ, aber die Angst vor ihm schwindet bei seinen Glaubensbrüdern nie ganz. Ob er wirklich Christ sei, bleibt vielen Christen über die Jahrzehnte hin fraglich. Heimatlos im äußeren wie im inneren Sinn zieht er als Wanderarbeiter, als Zeltmacher von Stadt zu Stadt, ein Abbild des großen Meisters, der gesagt hatte: *»Ich habe – um mich vor denen zu verbergen, die mir nachstellen – noch nicht einmal einen Platz, um mich schlafen zu legen, wenn es Nacht wird.«*

Er war Christus begegnet und war von der Überzeugung durchdrungen, das sei es, was die Menschheit brauche: Die Befreiung von ihren falschen Göttern und von den unzureichenden Gottesbildern seiner eigenen, der jüdischen Tradition. Die Befreiung von der Angst vor einer Welt von Dämonen, Mächten und Zwängen. Die Befreiung von allen künstlichen Ritualen und den Vorausgriff allein auf den Glauben an die Zukunft Jesu Christi. Die Veränderung der Gesellschaft, wie sie in der damaligen Welt noch war, und die Hoffnung auf die neue Welt, wie Jesus sie gezeichnet hatte. Die Befreiung des Menschen von sich selbst und sein Heil allein in der geschenkten Gnade Gottes. Was er selbst war, war er durch Christus. Was die Welt an Heil vor sich hatte, hatte sie allein durch Christus. Was die Menschheit an Zukunft gewinnen konnte, konnte sie allein durch Christus gewinnen. Und so wurde Paulus auf seinem opfervollen Wege zum Begründer der Kirche, die sich allein Christus zugehörig weiß.

19 Wir verdanken Paulus sieben Briefe, unter ihnen zunächst den nach Thessalonich, danach den an die Galater

Der erste Brief nach Thessalonich

Die Stadt, die wir biblisch Thessalonich nennen, wurde im 4. Jahrhundert vor Christus von dem makedonischen König Kassandros gegründet und nach Thessalonike, der Schwester Alexanders des Großen, genannt. Sie war die Hauptstadt Makedoniens. Heute heißt sie Thessaloniki.

Wenn wir den ersten Thessalonicherbrief lesen, so sind wir mit Paulus auf seiner zweiten Reise. Er hatte, von Philippi kommend, in Thessalonich eine Gemeinde gegründet und war nach längerer Zeit über Athen nach Korinth weitergereist. In Thessalonich hatte ihn eine fanatische Volksmenge aus der Stadt vertrieben (vgl. Apostelgeschichte 17,1–10). Danach kam ihm zu Ohren, die Gemeinde werde von der Bevölkerung bedrängt (vgl. 1. Thessalonicher 2,14; 3,3–4). Er konnte nicht zu ihr zurückkehren und schickte seinen Mitarbeiter Timotheus zu ihnen. Der war inzwischen mit guten Nachrichten zu Paulus nach Korinth zurückgekommen. So schrieb Paulus seinen Brief im Jahr 50 von Korinth aus.

In der Gemeinde hatte es ängstliche Gespräche darüber gegeben, ob zuletzt gestorbene Gemeindeglieder an der Wiederkunft des Christus teilhaben würden oder nicht. Hat, wer stirbt, kein Teil mehr an der großen Hoffnung? Die Antwort des Paulus lesen wir in 1. Thessalonicher 4,13–18. Vor allem aber stellt er klar, dass wir den Zeitpunkt des Wiederkommens des Christus nicht wissen können (vgl. 1. Thessalonicher 5,1–11).

Es ist nicht verwunderlich, dass eine Gemeinde, die nur den kurzen Unterricht weniger Wochen in der neuen Religion genossen hatte, Schwierigkeiten bekam, wenn die Menschen ihrer Umgebung sie befragten oder angriffen. Wie soll man sich denn weiter in den vielen Einzelfragen des täglichen Lebens verhalten (vgl. 1. Thessalonicher 4,1–12)? Was heißt es, mit der neuen Hoffnung zu leben (vgl. 1. Thessalonicher 4,12–18)?

Aber abgesehen von solchen und ähnlichen Fragen ist dringlich allein die Bewährung der Glieder der Gemeinde als »Kinder des Tages«, als »Kinder des Lichts«, und das, in ihrem Leben und Sterben, »ob sie wachen oder schlafen«, das heißt lebendig oder tot sind. Wichtig ist allein, was sie hoffen: nämlich, dass sie ewig bei ihrem Herrn sein werden. Wichtig ist, dass sie festhalten, sie seien Lichter (vgl. 1. Thessalonicher 5,4–8), sie kommen aus dem großen Tag wie die Funken aus dem Feuer. Dahinter steht das auch sonst gelegentlich erzählte Gleichnis von den »Kindern des Lichts«, den Funken nämlich, die aus dem Feuer hervorwirbeln und für wenige Augenblicke in der Nacht leuchten.

Der Brief in die Landschaft Galatien

Was für Orte, was für Menschen redet Paulus im Galaterbrief an? Wer sind die »Galater«? Was ist Galatien? Das ist nicht klar. Im 3. Jahrhundert vor Christus hatte es eine keltische Wanderbewegung von der unteren Donau aus nach Makedonien gegeben. Unter ihrem Heerführer Brennus (das ist nicht derselbe, der hundert Jahre früher Rom angriff!) setzten damals Kelten nach Kleinasien über und siedelten sich im mittleren Anatolien an, rund um das heutige Ankara, das unter dem Namen »Ankyra« die »Mutterstadt von Galatien« hieß. »Galater« ist also das gleiche Wort wie »Kelten«.

Später gründeten die Römer – im 1. Jahrhundert vor Christus – eine Provinz, die über das ursprüngliche Galatien weit hinausreichte, vor allem nach Süden, und nannten sie »Provinz Galatien«. Zu ihr gehörte das Siedlungsgebiet der Kelten, aber auch die Landschaft Lykaonien und Pisidien südlich davon, in denen Paulus auf seiner ersten Reise einige Gemeinden gegründet hatte.

Wenn nun in der Apostelgeschichte oder im Galaterbrief selbst Galatien erwähnt wird, ist nicht klar, welches Galatien gemeint ist. In Apostelgeschichte 19,1 werden die »oberen Länder« genannt, von denen aus Paulus nach Ephesus gelangte. Die »oberen Länder« können aber beide meinen. Es ist also anzunehmen, dass Paulus in seinem Brief die Gemeinden anspricht, die er auf seiner ersten Reise gegründet hat, darüber hinaus aber auch Gemeinden, die er auf seinen späteren Reisen durchzog. Wenn er freilich die Empfänger anredet mit *»Ihr törichten Galater«*, so dürfte diese Bezeichnung mehr die Volkszugehörigkeit meinen, die Kelten, und die Bewohner der südlichen Länder dürften sich so nicht angesprochen gefühlt haben (vgl. Galater 3,1).

Dieser Brief ist eine Kampfschrift. Paulus lebt während seiner dritten Reise in Ephesus und wendet sich an die Gemeinden in dem Land rund um das heutige Ankara, die er auf seiner zweiten Reise gegründet hatte. Die Zeit der Abfassung dieses Briefs fällt in die Zeit zwischen 53 und 55. Es geht dabei um den ersten urchristlichen Grundkonflikt, ob nämlich die Christen an die jüdische Tradition gebunden oder von ihr frei seien. Und Paulus schreibt diesen Brief, weil ihm mitgeteilt worden war, es seien judenchristliche Lehrer in Galatien aufgetreten, die den Gemeinden einredeten, es sei für Christen heilsnotwendig, die Riten und Gesetze des Judentums zu übernehmen.

Offenbar waren die neuen Lehrer bestrebt, die Treue zum Gesetz Moses auch mit den ekstatischen Grunderfahrungen der jungen Christengemeinde in Jerusalem zu verbinden. So spricht Paulus von seiner eigenen spirituellen Lebensgeschichte, die durchaus ekstatische Züge trug, und aufgrund derer er sich ja eben aus dem Judentum gelöst habe. Dabei macht er in Galater 1,10–2,14 deutlich, Jerusalem könne gegenüber den neuen Gemeinden in fernen Ländern kein Weisungsrecht in Anspruch nehmen.

Für Paulus steht hier alles Entscheidende am christlichen Glauben auf dem Spiel: Wären wir noch immer an das jüdische Gesetz gebunden, dann wäre Christus, der uns diese Freiheit gebracht hat, vergeblich gestorben, und es wäre, als sei er nie unter uns gewesen. Wir sollen aber, so will es Gott, Christus in uns bewahren und in uns weiterwirken lassen (vgl. Galater 2,19–21).

❀

Die Absicht des Paulus streift oder umreißt in diesem Brief mehrere Fragen:

Zum Ersten eine Rücksicht auf politische Gegebenheiten, denn wer Jude war, genoss vom römischen Staat einen gewissen besonderen Schutz, weil dieser Staat die besondere Empfindlichkeit der Juden gegenüber ihrer Religion kannte und fürchtete. Wer aber nun Christ wird, legt alle charakteristischen Merkmale des Judentums ab: die Beschneidung, die Speisegebote und den Festkalender. Er wird vom römischen Staat nicht mehr als Jude angesehen und hat diesen Rechtsschutz nicht mehr. Es galt deshalb für manche als sicherer, die Merkmale des Judentums zu bewahren und wiederzugewinnen. So schreibt Paulus in Galater 6,12:

> »Ihr habt es mit Leuten zu tun, die euch in die Traditionen des Judentums zurückzwingen, nur damit sie wegen des Kreuzes Christi nicht verfolgt werden.«

Zum Zweiten: Wer hat das Vorrecht – das Gesetz oder der Glaube? Die fremden Lehrer in Galatien betrachteten sich nicht notwenig als Gegner des Paulus, vielmehr wollten sie mit ihrem Rückgriff auf das Judentum sein Werk vollenden. Die Gemeinde hatte Boten zu Paulus gesandt, die dies so mitteilten. Ihnen antwortet Paulus: Ihr vollendet mein Werk nicht, ihr zerstört es. Das Gesetz ist doch viel weniger alt als der Glaube. Es ist erst 430 Jahre nach Abraham, dem Vater des Glaubens, in die Welt gekommen, und es gilt nur, bis der Messias kommt (vgl. Galater 3,6–18). Es ist nur durch Engel vermittelt, nicht durch den einen Beauftragten Gottes, den Messias. Es hat keine schöpferische Kraft und ist nur dazu da, die Sünde aufzudecken oder sie zu provozieren. Die Abhängigkeit von ihm ist Sklaverei (vgl. Galater 4,1ff. 21ff.).

Zum Dritten: Wie und womit vollendet man den Glauben? Dadurch, dass man in der Liebe lebt und mit der Liebe wirkt:

> »Jeder trage des anderen Last, so werdet ihr das Gesetz des Christus erfüllen.«
> *Galater 6,2*

Dies ist das einzige Gesetz, das Christus gegeben hat. So auch:

> »Der Sinn des ganzen Gesetzes kommt in dem einen Wort heraus: ›Liebe den, der neben dir lebt, wie dich selbst.‹«
> *Galater 5,14*

Zum Vierten: Das Gesetz ist auch wieder nicht etwa böse. Aber es hat zwei Seiten. Einerseits gewinnen wir, wenn wir es erfüllen, noch nicht das Heil. Andererseits bleibt es unverzichtbar, wenn wir das gemeinsame Leben von Menschen ordnen wollen und unser Handeln sinnvoll werden soll. Was wir aber danach tun, wenn uns das Gesetz angeleitet hat, das tun wir als freie Menschen. Wir gehören nicht dem Gesetz, sondern dem Christus. Wir glauben an ihn. Wir folgen ihm nach. Damit sind wir ein Teil von ihm. Damit stehen wir im Licht, erlöst und voll Hoffnung.

Wir lesen im Galaterbrief vor allem seine »Rechtfertigungslehre«:

»Wir wissen aber, dass der Mensch so lange mit Gott nicht ins Reine kommt, wie er sich seine Liebe mit Leistungen verdienen will, sondern erst, wenn er sich allein auf Christus beruft. Deshalb haben wir ja unser Vertrauen auf Christus gesetzt, um durch den Glauben an ihn so zu sein, wie Gott uns will, und nicht dadurch, dass wir den Vorschriften des jüdischen Gesetzes genügen. Wir wissen doch, dass kein Mensch mit seiner Leistung erreichen kann, dass Gott zu ihm Ja sagt. Wenn wir nun als Juden versuchen, durch Christus vor Gott zu bestehen, dann geben wir zu, dass wir Sünder sind wie die Menschen anderer Völker auch. Kommt es also auf Gut und Böse nicht mehr so genau an? Leistet Christus der Sünde Vorschub? Auf keinen Fall! Wenn ich nämlich, was ich niedergerissen habe, wieder aufrichte, ich meine das Gesetz, stelle ich mich selbst öffentlich als Übertreter des Gesetzes dar und gebe zu, dass ich als Christ dem Willen Gottes entgegen gehandelt habe!

Aber das Gesetz hat in Wirklichkeit
keinen Anspruch mehr auf mich.
Ich bin tot für das Gesetz, als wäre ich gestorben.
Ich lebe nur noch auf Gott hin.
Mit Christus bin auch ich gekreuzigt.
So lebe nun nicht mehr ich selbst,
sondern Christus lebt in mir.
Wenn ich nun noch eine kurze Zeit
leiblich lebe auf dieser Erde,
dann lebe ich im Glauben an ihn, Gottes Sohn.
Er hat mich geliebt. Er hat sich für mich geopfert.
Diese Gnade Gottes halte ich fest.
Denn hätte ich irgendeine Aussicht,
Frieden mit Gott zu finden dadurch,
dass ich das Gesetz erfülle,
so hätte Christus nicht zu sterben brauchen.«
Galater 2,16–21

20
Das dritte Schreiben ist der erste Brief an die Gemeinde in Korinth

Korinth, das ist – als Ort einer christlichen Gemeinde – nicht mehr das alte, berühmte, klassische Korinth, nicht mehr die Stadt der Isthmischen Spiele, der weitreichenden politischen Macht aus der Zeit des korinthischen oder achäischen Bundes, die Stadt der tausend Jahre alten Tradition. Zweihundert Jahre vor Christus hatte sie sich gegen die Römer erhoben und war von den Römern bis auf den letzten Rest zerstört worden, die Kunstschätze wurden verschleppt, die Einwohner in die Sklaverei verkauft. Hundert Jahre lang war das Trümmerfeld unbewohnt, bis Caesar 44 vor Christus eine neue Stadt aufbauen ließ, jene Stadt, die zur Zeit des Paulus, also hundert Jahre danach, ein blühendes Handelszentrum war und Sitz des Statthalters der Provinz Achaia, ein Umschlagplatz zwischen Morgen- und Abendland, Verbindungsstelle zwischen zwei Meeren.

In dieser Stadt gründete Paulus auf seiner zweiten Reise im Jahre 49 eine Gemeinschaft von Christen. Eineinhalb Jahre brachte er in der Stadt zu und hinterließ am Ende dieser Zeit eine blühende Gemeinde. Fünf Jahre später, da er den ersten Korintherbrief schreibt, befindet er sich auf seiner dritten Reise.

Während er sich nun in Ephesus aufhält, in den Jahren 54 bis 57, setzt ein Briefwechsel zwischen der korinthischen Gemeinde und ihm ein, aus dem uns sechs Briefe erhalten sind: Der erste Korintherbrief und die fünf Briefe, die die Gemeinde später zum heutigen zweiten Korintherbrief zusammengefasst hat. Darüber hinaus müssen aber noch einige Briefe mehr hin- und hergegangen sein, es müssen Boten von Korinth zu Paulus und von Paulus nach Korinth gereist sein, und Paulus selbst muss mindestens einmal in jener Zeit eine kurze Reise nach Korinth unternommen haben. Darüber geben unsere beiden Korintherbriefe Auskunft.

Aufgrund dieser Briefe können wir beobachten, wie es zuging, wenn eine christliche Gemeinde sich in einer Stadt der damaligen Welt bildete und entwickelte, worin ihre Schwierigkeiten nach innen und außen bestanden, was für eine Umwelt sie beeinflusste oder bedrohte, und wie es zuging, wenn ein Apostel eine solche Gemeinde formen und führen oder ihre Entwicklung korrigieren wollte. Das macht die Korrespondenz – soweit sie uns erhalten ist – für unsere Erkenntnis der frühen Geschichte des Christenglaubens so interessant.

❀

Mindestens einen Brief muss Paulus vor dem heutigen ersten Korintherbrief nach Korinth geschrieben haben. In Kapitel 5,9 bezieht er sich auf dieses Schreiben: »*Ich habe euch in meinem Brief geschrieben.*«

Danach muss ein Brief aus Korinth bei Paulus eingetroffen sein. Im ersten Korintherbrief bezieht er sich immer wieder auf ein Schreiben der Gemeinde, teils so deutlich wie in Kapitel 7,1: »*Ihr habt mich gefragt*«, teils auch weniger deutlich so, dass er offenkundig Themen aufnimmt, welche die Gemeinde angeschnitten hatte: »*Was die jungen Mädchen betrifft*« oder »*Was das geweihte Fleisch betrifft*«. Im Grunde ist der ganze Brief, Abschnitt für Abschnitt, eine Folge von Antworten, die der Apostel der Gemeinde auf ihre Fragen gibt.

In derselben Zeit erfährt Paulus »*durch die Leute der Chloë*«, offenbar einer Dame aus Korinth, in der Gemeinde gebe es parteienartige Gruppen, und es sei auch sonst eine Menge nicht, wie es sein sollte. Da lebe ein Christ in einem eheähnlichen Verhältnis mit der Frau seines Vaters, offenbar seiner Mutter oder Stiefmutter; etliche Gemeindeglieder pflegten Umgang mit Prostituierten, andere wieder sähen den Geschlechtsverkehr als etwas Sündiges an; es gebe immer wieder Prozesse, in denen Christen gegen Christen vor heidnischen Richtern klagten; man nehme Einladungen zu Opferfesten an, bei denen geweihtes Fleisch aus heidnischen Tempeln verzehrt werde; bei den Liebesmahlen lebten die Reichen mit Essen und Trinken herrlich und in Freuden, während die ärmeren Gemeindeglieder hungrig blieben; in Gottesdiensten gebe es Streit, weil jeder, der höhere Erkenntnisse zu besitzen meine, sich mit ekstatischen Rufen und Schreien hervortue, und so fort.

❀

In diesen ekstatischen Vorgängen ist wohl auch der Hintergrund für die seltsamen »Parteien« zu suchen, die sich in Korinth gebildet haben müssen. Es handelte sich wohl darum, dass ein Christ, der durch die Taufe in die Gemeinde aufgenommen wurde, nun in dem Mann, der ihn taufte, einen besonderen, »himmlischen Paten« sah. Er war also von da an eine Art »Kind« des Paulus, des Petrus, des Apollos oder wessen immer, jedenfalls seines Täufers, und behielt durch ihn die Gewähr für fortdauernden Zugang zur übersinnlichen Welt. Dazu mag es noch eine Anzahl Christen gegeben haben, die sich »christisch« nannten, die also in Anspruch nahmen, ohne Verbindung über einen Menschen unmittelbar von Christus inspiriert zu sein und unmittelbar Zugang zu ihm zu besitzen.

Hier ist auch der Hintergrund für das Durcheinander bei den Feiern des Abendmahls. Man beging das Mahl als Vorwegnahme des himmlischen Fests mit Jubel und in ekstatischem Rausch. Man fühlte sich nicht mehr auf der Erde, sondern schon im Himmel und von himmlischen Kräften erfüllt.

Und zuletzt ist hier wohl auch der Hintergrund für die merkwürdige Leugnung der Auferstehung, von der im 15. Kapitel die Rede ist. Nicht dass man als eine Gemeinschaft von aufgeklärten Menschen nicht mehr an so wunderhafte

Dinge wie eine Auferstehung der Toten hätte glauben können, man hatte es vielmehr gar nicht mehr nötig, von einer künftigen Auferstehung irgendetwas zu erwarten, weil man ja das Leben der Himmlischen schon teilte.

Auch die Erörterungen über die Kopfbedeckung der Frau und über das Verhältnis von Mann und Frau hängen vermutlich mit solchen Anschauungen zusammen. Wenn eine Frau in der himmlischen Welt lebte, wie kam sie dazu, sich an irdische Sitten zu halten wie die, dass sie dem Mann untertan sein solle und zum Zeichen dessen eine Kopfbedeckung zu tragen habe? Wie kam sie dazu, in der Gemeinde zu schweigen, wenn der Geist über sie kam? Wie sollte sie mit einem heidnischen Mann weiterhin zusammenleben, der doch so tief unter ihr stand, der so verstrickt war in die leibliche, sichtbare Welt, während sie schon in der Gemeinschaft der Engel verkehrte?

Diesen Meinungen gegenüber, die die zweifellos ungemein lebendige Gemeinde in Korinth zu zerreißen drohten, stellt Paulus klar, dass die Kirche Christi auf dieser Erde gebaut werde, dass zu ihr Menschen gehören, die auf der Erde leben und noch sehr viel mit ihr zu tun haben, dass wichtiger als der ekstatische Lärm das klare, verständliche Wort von Christus sei, dass die Kirche nicht sozusagen von oben nach unten, in diese Welt nur hereinhängend, gebaut sei, sondern auf dem Boden dieser Welt stehe: Christus das Fundament; die Apostel die Baumeister, die Gläubigen die Steine, der Glaube das Zeichen für den soliden Bau, die Liebe der Geist, in dem das Ganze leben soll, die Hoffnung die Kraft, mit der der Bau sich nach oben streckt. Der erste Korintherbrief zeichnet von Abschnitt zu Abschnitt diesen Bau nach, Strich um Strich.

Christus ist für Paulus, solange die Kirche auf dieser Erde lebt, in erster Linie der Gekreuzigte, erst dann der erhöhte Herr der Welt. Der Tod ist nicht beseitigt, sondern liegt noch immer vor uns allen. Die Taufe und das Abendmahl garantieren keineswegs das himmlische Leben, sondern sind Anfang und Zeichen für einen mühsamen, gefährdeten Menschenweg auf dieser Erde. Und wer den Geist Gottes hat, der zeigt das nicht in der Ekstase, sondern im liebenden, verantwortlichen, nüchternen Dienst am anderen Menschen.

Inzwischen, während Paulus seine Gäste aus Korinth bei sich hat und den ersten Korintherbrief für sie schreibt, ist Timotheus unterwegs nach Korinth, und zwar auf dem Landweg über Mazedonien. Paulus schickt seinen Brief aber auf dem näheren Weg, dem Seeweg, nach Korinth, sodass der Brief früher als Timotheus eintrifft und Paulus Zeit hat, die Gemeinde um eine freundliche Aufnahme des Timotheus zu bitten. Im Frühjahr 56 reist der Brief über das Ägäische Meer nach Korinth.

❀

Zwei unvergänglich schöne Stücke aus diesem Brief seien hier wiedergegeben. Einmal der Hymnus auf die Liebe, der sagt, sie sei die größte unter allem, was der Mensch in seinem Leben zu geben habe:

»Spräche ich in den Worten der Menschen,
ja, sänge ich mit den Stimmen der Engel und liebte nicht,
ich wäre eine tönende Glocke oder eine gellende Schelle.
Wüsste ich Gottes Gedanken,
schaute alle Geheimnisse,
hätte ich alle Einsicht,
hätte ich die Macht, Berge zu versetzen
mit der Macht meines Glaubens,
und liebte nicht, so wäre ich nichts.

Schenkte ich alle Habe den Armen,
gäbe ich meinen Leib in den Tod
als ein Märtyrer und liebte nicht, es wäre vertan.

Die Liebe ist langmütig und freundlich,
gütig und ohne Eifersucht,
sie prahlt nicht, sie bläht sich nicht auf.

Sie achtet auf das, was sich schickt.
Sie sucht keinen Vorteil,
sie wird nicht bitter durch bittere Erfahrung.
Sie rechnet das Böse nicht zu.
Sie trauert über das Unrecht
und freut sich über die Wahrheit.
Sie erträgt alles. Sie glaubt alles.
Sie hofft alles. Sie duldet alles.

Unvergänglich ist die Liebe.
Prophetische Rede verhallt,
ekstatische Rufe verwehen,
Erkenntnis wird zunichte.
Stückwerk ist, was wir wissen,
Stückwerk ist, was wir reden.
Wenn wir die Fülle schauen,
endet das Stückwerk.

Einst war ich ein Kind.
Ich sprach wie ein Kind.
Ich dachte wie ein Kind,
ich machte kindliche Pläne.
Als ich erwachsen war,
legte ich die Kindheit ab.

Heute ahne ich Gott,
wie mein eigenes Gesicht
im kupfernen Spiegel,
fremd und rätselvoll.
Morgen schaue ich ihn, nahe und klar,
von Angesicht zu Angesicht.

Heute ist Stückwerk, was ich verstehe,
dann aber werde ich erkennen,
wie Gott mich erkennt.

Nun aber bleiben Glaube, Hoffnung, Liebe.
Diese drei.
Aber die Größte unter ihnen ist die Liebe.«
1. Korinther 13,1–13

Zum anderen der Gesang auf die Auferstehung, mit der unser Glaube steht und fällt:

»Ich habe in erster Linie an euch weitergegeben,
was ich selbst empfangen habe:
dass Christus gestorben ist für unsere Sünden,
wie die Schrift es ansagte,
dass er begraben wurde und am dritten Tag auferstand,
wie die Schrift es voraussah.

Petrus sah ihn und nach ihm die Zwölf,
fünfhundert Brüdern erschien er danach,
viele davon leben noch, andere sind entschlafen.
Jakobus schaute ihn, nach ihm alle Apostel,
zuletzt aber ich, der viel zu spät zum Glauben
und zum Leben kam.

Ist aber dies die Botschaft,
Christus sei auferstanden vom Tode,
wie kommen einige von euch dazu zu behaupten,
die Auferstehung der Toten sei nichts?
Ist keine Auferstehung, so auch nicht für Christus.
Ist er nicht auferstanden, so ist unsere Rede sinnlos,
sinnlos auch euer Glaube.
Falsche Zeugen sind wir, wenn wir anders reden als Gott,
und sagen: ›Christus lebt‹,
den er doch nicht lebendig gemacht hat,
wenn die Toten tot sind?
Wenn die Toten nicht auferstehen, ist auch Christus tot.
Ist Christus aber nicht lebendig, so ist euer Glaube nichtig,
und eure Sünde hat euch noch im Griff.
Dann sind auch die verloren, die im Glauben entschlafen sind.
Hoffen wir nur in diesem Leben auf Christus,
so sind wir bemitleidenswert,
mehr als alle anderen Menschen.

Nun aber ist Christus auferstanden,
als Erster unter den Toten.
Wie nämlich durch einen Menschen
der Tod kam, so auch durch einen Menschen
die Auferstehung aus dem Tode.

Wie in Adam alle sterben,
so werden alle lebendig in Christus.
Wie ein Heer ziehen sie aus dem Tode ins Leben:
allen voraus Christus, dann die, die ihm schon angehören,
wenn er wiederkehrt. Dann kommt das Ende.
Er wird das Reich übergeben an Gott, den Vater,
und zunichte machen alle Herrschaft und alle Macht.
Er wird so lange herrschen,
bis alle Feinde ihm unterworfen sind.
Als letzten Feind wird er den Tod töten.

Denn alles hat Gott ihm unterworfen,
nur er selbst, Gott, bleibt über ihm.
Wenn dann aber der Sohn Macht hat über alles,
dann wird er selbst sich Gott unterstellen,
der ihm alles unterworfen hat,
und Gott wird alles in allem sein.

Nun könnte jemand fragen: ›Wie stehen die Toten auf?
Wie mag ihr Leib beschaffen sein?‹
Du Tor! Was du säst, wird nicht lebendig,
wenn es nicht stirbt.
Du säst nicht die Frucht, sondern den Samen
von Weizen oder etwas anderem.
Aber Gott gibt ihm einen neuen Leib,
jedem einen anderen. Es gibt vielerlei Fleisch,
das des Menschen, das der Tiere einer Herde,
das der Vögel oder das der Fische.
So gibt es himmlische Leiber und irdische.
Aber die Leuchtkraft der himmlischen
überstrahlt die irdischen.
Anders glänzt die Sonne als der Mond,
wieder anders glänzen die Sterne,
denn Stern unterscheidet sich von Stern an Leuchtkraft.

So ist die Auferstehung der Toten.
Gesät wird Vergängliches,
Unvergängliches ersteht zum Leben.
Wertloses legt man in die Erde,
Herrliches wird auferweckt.
Gesät wird das Schwache, in Kraft wird es auferstehen.

Gesät wird ein irdischer, auferstehen ein geistlicher Leib.
So wahr ein Leib ist, der von der Seele her lebt,
so wahr wird ein Leib sein, dessen Leben aus Gottes Geist ist.

Wenn aber das Vergängliche sich hüllt in Unvergänglichkeit
und das Sterbliche in Unsterblichkeit,
dann wird sich das Wort erfüllen:

›Der Tod ist verschlungen! Der Sieg ist unser!
Tod, wo ist dein Sieg? Wo ist dein Stachelstecken?‹
[Gemeint ist der Stachelstecken, mit dem man das Vieh trieb.]

Der Stachelstecken des Todes, mit dem er uns dahintreibt,
ist die Sünde. Sie aber hat ihre Kraft aus dem Gesetz.
Wir alle danken Gott, der uns am Sieg teilgibt,
den Jesus Christus, unser Herr, errungen hat.

Darum, liebe Brüder, steht fest,
unerschütterlich, und wirkt allezeit mit am Werk des Herrn,
und wisst, dass eure Arbeit nicht vergeblich ist.
Denn sie geschieht im Dienst des Herrn.«
1. Korinther 15,3–8.12–28.35–44.54–58

21
Das vierte Schreiben, der zweite Korintherbrief, ist eine kämpferische Auseinandersetzung in fünf Einzelbriefen

Paulus hatte mit keiner Gemeinde so viel Mühe und Sorge wie mit der in Korinth. Kaum war sie gegründet, drangen fremde Gedanken ein und verfälschten alles, was Paulus ihr gesagt und was sie von Paulus angenommen hatte. Gnostische Philosophie drang ein, Gedanken aus den Mysterienreligionen der Umgebung mischten sich dazwischen, in religiösen Wahn- und Rauschzuständen vermischte sich die Botschaft von Christus mit den seltsamsten Träumen und Fantasien. Vermeintliche Offenbarer göttlicher Geheimnisse traten auf und fanden willige Zuhörer. Mit Verachtung sprach man von der einfältigen Botschaft, die Paulus gebracht habe und über die es nun endlich gelte hinauszukommen. Der Sinn der Gemeinde stand nach himmlischer Glorie. Wie sollte man diesen Paulus noch als Autorität anerkennen, da man doch mithilfe ganz anderer Leute über seine arme Botschaft längst hinaus war und in der Gemeinschaft mit Engeln und in der Schau überirdischer Geheimnisse lebte? Es bedurfte einer langen Zeit des Werbens und Klärens, bis endlich zwischen dieser Gemeinde und Paulus wieder Vertrauen gedieh.

Nun muss aber Paulus zwischen dem Frühjahr 56 und dem Herbst 57 mehr Briefe nach Korinth geschrieben haben, als wir heute besitzen. Schon im ersten Korintherbrief lesen wir, Paulus habe »in seinem Brief« dies und jenes geschrieben. Im zweiten Korintherbrief erwähnt er ein anderes Schreiben, mit dem er nicht den ersten Korintherbrief meinen kann. Die beiden uns erhaltenen Briefe aber haben dem aufmerksamen Leser von jeher Rätsel aufgegeben. Vor allem im zweiten Korintherbrief wechselt die Stimmung, in der Paulus schreibt, manchmal von einem Satz zum nächsten so jäh, dass schwer vorstellbar ist, er hätte dies fortlaufend und an einem Stück geschrieben. Das eine Mal greift er mit einer Schärfe an, die nur möglich ist, wenn eine harte Auseinandersetzung zwischen ihm und den Korinthern im Gange ist, das andere Mal spricht er mit Dankbarkeit davon, dass nun endlich alles klar sei zwischen der Gemeinde und ihm. Der letzte Schluss, Kapitel 10–13, enthält eine ungewöhnlich harte Anklage. Wenn die Lage sich so sehr verändert haben sollte, dass der versöhnliche, freundliche und dankbare Ton vom Anfang und von der Mitte des Briefs nicht mehr möglich ist, warum sendet Paulus dann den ersten Teil mit dem letzten zusammen in einem Brief ab? Wer den zweiten Korintherbrief wieder und wieder liest und ein

Stück mit dem anderen vergleicht, wird an dem Eindruck nicht vorbeikommen, dieser Brief sei nicht ursprünglich in dieser Form und Zusammensetzung geschrieben worden. Die Schwierigkeiten lösen sich erst, wenn wir erkannt haben, dass es sich bei den beiden Korintherbriefen nicht um zwei, sondern um ursprünglich sechs Briefe handelt, im Grunde also um eine ganze Korrespondenz.

Man ist, wie schon gesagt, heute geneigt, sich Folgendes vorzustellen: Der erste Brief, den Paulus an die Korinther schrieb, ist nicht erhalten. Der zweite ist der Brief, der heute als der »erste Korintherbrief« in unserem Neuen Testament steht. Der »zweite Korintherbrief« des Neuen Testaments besteht aber aus fünf Einzelbriefen, die Paulus zwischen dem Herbst 56 und dem Herbst 57 abfasste. Aber warum hat man sie nicht in ihrem ursprünglichen Zustand überliefert? Warum hat man sie verändert? Der Grund dürfte gewesen sein, dass diese Briefe zum Teil sehr direkt an bestimmte Vorkommnisse anschlossen und gegen ganz bestimmte einzelne Personen gerichtet waren. Die Gemeinde aber muss den Eindruck gehabt haben, sie seien dennoch in ihren hauptsächlichsten Stücken für die ganze Kirche wichtig, nicht nur für die Gemeinde in Korinth. Man nahm also jeweils den Eingangs- und den Schlussgruß weg, trennte vielleicht auch das eine oder andere allzu situationsbedingte Stück ab und fügte das Wichtigste aus den fünf Briefen zu einem einzigen Brief zusammen, sodass er sich zum Lesen und Bedenken auch in der übrigen Christenheit eignete.

❀

Gehen wir nun den Ereignissen nach, die sich aus den beiden Korintherbriefen rekonstruieren lassen, dann ergibt sich uns etwa folgendes Bild:

Im Frühjahr 56 schreibt Paulus den ersten Korintherbrief. Inzwischen, während Paulus damit beschäftigt ist, diesen

Brief abzufassen, reist Timotheus, sein Mitarbeiter, nach Korinth, um im Auftrag des Paulus eine Spendensammlung für die verarmte Gemeinde in Jerusalem in Gang zu bringen. Nach der Rückkehr des Timotheus erfährt Paulus, der Brief habe den inneren Zustand der Gemeinde nicht bessern und auch die persönliche Beziehung der Gemeinde zu ihm nicht wieder ordnen können. Dabei scheint er auch zum ersten Mal erfahren zu haben, dass ihm ein Teil der Gemeinde in Korinth die Berechtigung absprach, sich einen Apostel zu nennen. Auf diesen Angriff antwortet Paulus, wohl im Laufe des Herbstes oder Winters 56/57, mit dem ersten im zweiten Korintherbrief erhaltenen Schreiben. Er stellt dar, worin das Amt eines Apostels bestehe, woran man es erkenne und auf welche Weise ein Mensch dazu komme, sich als »Apostel« zu bezeichnen. Wir nennen diesen Brief die »Apologie«, die Verteidigungsschrift des Paulus. Sie steht im zweiten Korintherbrief, Kapitel 2,14–7,4.

Danach dringen neue schlechte Nachrichten aus Korinth zu ihm, und er entschließt sich, selbst hinüberzufahren und nach dem Rechten zu sehen. Aber während dieses Besuchs kommt es zu einem für Paulus sehr bitteren und enttäuschenden Zusammenstoß mit den Gegnern. Paulus kann sich nicht behaupten und muss wieder abreisen. Das muss im Frühjahr 57 gewesen sein.

Nach seiner Rückkehr nach Ephesus schreibt er einen von leidenschaftlichem Schmerz bewegten zweiten Brief. In seinem darauf folgenden dritten Brief weist er selbst auf ihn zurück mit der Bemerkung: *»Ich habe euch in viel Sorge und Herzensangst geschrieben, unter vielen Tränen …«* Wir nennen ihn darum den »Tränenbrief«. Er ist im zweiten Korintherbrief, Kapitel 10–13, überliefert.

Auf Bitten des Paulus erklärt sich kurz danach Titus bereit, nach Korinth zu reisen (ob er selbst den »Tränenbrief« mit sich nahm oder ob der Brief vorausging, wissen wir nicht), um die alten, guten Beziehungen zwischen Paulus und der

Gemeinde wiederherzustellen. Titus verabredet mit Paulus, er werde auf dem Landweg über Makedonien zurückreisen und Paulus in Troas in Kleinasien treffen. Aber Paulus hat dann doch nicht die Ruhe, ihn zu erwarten, sondern reist ihm, wohl im Herbst 57, nach Makedonien entgegen. Dort trifft er Titus, und als Paulus von ihm hört, die Gemeinde habe ihre alte Liebe zu Paulus wiedergewonnen und bemühe sich um sein Vertrauen, schreibt Paulus den dritten Brief, den wir den »Versöhnungsbrief« nennen und der im zweiten Korintherbrief, Kapitel 1,3–2,13 sowie 7,5–16 erhalten ist.

Noch in Makedonien schreibt Paulus einen vierten und einen fünften Brief. Beide betreffen die Spendensammlung für Jerusalem. Es sind zwei sogenannte Kollektenbriefe, die in den heutigen Kapiteln 8 und 9 erhalten sind. Titus reist voraus nach Korinth und nimmt den fünften Brief mit.

Etwas später als Titus scheint Paulus selbst nach Korinth gekommen zu sein. Über den Winter 57/58 dürfte er sich dort aufgehalten und den Römerbrief geschrieben haben. Die gelassene Ruhe, die aus dem Römerbrief spricht, lässt vermuten, dass er während dieser Zeit in vollem Frieden mit der Gemeinde lebte.

Nun dürfte die Gemeinde in Korinth ganz gewiss gute Gründe gehabt haben, aus diesen fünf Briefen eine einzige Schrift zusammenzufügen, aber der heutige zweite Korintherbrief ist für den, dem die Ereignisse von damals nicht mehr so nahe und vertraut sind wie für die erste Christenheit, sehr schwer verständlich. Ich löse darum in diesem Buch die fünf Briefe voneinander, so genau mir das eben heute noch gelingen kann. Ich bin dabei nicht der Meinung, so solle man künftig den zweiten Korintherbrief abdrucken oder lesen. Ich gebe mit diesem Versuch lediglich dem Leser, der die geschichtlichen Hintergründe erfassen will, eine Hilfe, besser zu verstehen, was er liest.

❀

Beginnen wir also mit unserem Planspiel. Es ist Frühjahr 56, und der heutige erste Korintherbrief geht auf dem Seeweg von Ephesus nach Korinth. Er ist an eine Gemeinde gerichtet, die in mehr als einer Hinsicht den Boden unter den Füßen verloren hat. Aber er erfüllt die Erwartungen des Apostels nicht. Von Timotheus erfährt Paulus alsbald, dass die Gemeinde durch seine Darlegungen in gar keiner Weise in Ordnung kam, dass er vielmehr in Korinth mit entschlossenen Gegnern zu rechnen habe, die nicht nur seinen im ersten Korintherbrief geäußerten Argumenten widersprechen, sondern sich vor allem weigern, seine Autorität anzuerkennen. Mit welchem Recht, so fragen sie, tritt Paulus eigentlich auf? Wer hat ihn zum Apostel gemacht? Zum Kreis der zwölf Jünger Jesu hat er nicht gehört. Niemand, kein Apostel und keine Gemeinde, hat ihm diesen Titel verliehen oder bestätigt! Wenn Evangelisten aus anderen Gemeinden kamen, brachten sie Empfehlungsbriefe mit; wann aber ist Paulus jemals von irgendeiner Gemeinde empfohlen worden (vgl. 2. Korinther 3,1–3; 4,2)? Und was seine Botschaft betrifft, womit beweist er, dass es das wahre Evangelium ist, was er bringt?

Paulus zeigt in seiner Verteidigungsschrift, wie wenig an ihm selbst und an seiner Legitimation durch andere Menschen im Grunde gelegen ist, wie entscheidend es aber für die Gemeinde selbst sei, Jesus Christus, den Gekreuzigten, zu verstehen und gerade im Anstößigen des Kreuzes die göttliche Wahrheit und Kraft zu finden. Er weist darauf hin, dass das Leiden um Christi willen und mit Christus ja eben auch das Anstößige an ihm selbst sei (vgl. 2. Korinther 4,7–18) und dass eben aus diesem Leiden das Leben erwachse, nicht nur für ihn, sondern auch für die Gemeinde. Die Christen in Korinth nehmen in Anspruch, »das Heil« zu besitzen. Das Heil aber, so werden sie von Paulus korrigiert, offenbare sich in der Armut und Niedrigkeit der Liebe des Christus. Weil Christus – aus Liebe – gestorben sei, seien sie alle gestorben, und nur, weil der gekreuzigte Christus in ihnen lebe, seien sie neue Geschöpfe. Nur so allein auch verstehe die Gemeinde, wie und in welchem Geist ein Apostel sein Amt führe.

Der ganze Brief ist aber nun eigentlich keine Schelt-, sondern eher eine Trostrede. Er hat den Sinn, eine Gemeinde zu trösten, die an ihrer Armut leidet, an der Niedrigkeit und Unansehnlichkeit ihres Herrn, an ihrem eigenen unfestlichen Zustand und ihrem eigenen kargen geistlichen Leben. Aus welchem anderen Grunde sollte sie in die frommen oder unfrommen Träumereien und Fantasien ihrer gnostischen Heilbringer ausgewichen sein? Was anders suchte sie in den Reichen der Engel als den Trost einer Illusion? Und nun tröstet Paulus die Trostlosen, und zwar damit, dass er die Ähnlichkeit aufzeigt, die zwischen dem christlichen Leben auf dieser Erde und dem auf so ärgerliche, anstößige Weise leidenden Christus besteht und bestehen muss.

❀

Der erste Brief: eine Schrift zur Verteidigung

»Ich danke Gott! Er ist es, der uns führt, der uns Erfolg gibt und der durch unsere Arbeit der Sache des Christus Raum schafft. Er benützt unsere Arbeit, um sich den vielen Menschen überall kundzutun. Denn wenn wir uns für Christus verzehren, dann sagt Gott Ja zu unserem Opfer. Er scheidet unter den Menschen, die uns hören: Er rettet die einen, die uns hören, und überlässt die anderen, die nicht hören wollen, sich selbst. Die einen empfangen durch uns den Tod, die anderen das Leben. Wer ist einer solchen Verantwortung gewachsen? Das können nur die von sich behaupten, die, wie viele, aus dem Wort Gottes ein Geschäft machen. Ich jedenfalls sage, was ich zu sagen habe, aus lauterem Herzen. Ich lasse mir, was ich weitergebe, von Gott geben. Ich sage es als ein Werkzeug des Christus.

Soll das heißen, dass ich von mir selber rede, als wäre ich so wichtig? Oder heißt es, dass ich Empfehlungen nötig habe wie

einige andere, die Empfehlungsbriefe brauchen für euch oder von euch? Nein, mein Empfehlungsschreiben seid ihr selbst, eingeschrieben in mein Herz, und alle Menschen können es lesen und verstehen.«
2. Korinther 2,14–17; 3,1f.

»Wir weisen aber nicht auf uns selbst hin, sondern auf Jesus Christus und sagen: Der ist der Herr! Wir sind eure Diener und dienen damit ihm. Denn Gott, der sprach: ›Licht soll leuchten aus der Finsternis!‹, der ließ es in unseren Herzen licht werden, damit die Menschen erkennen: Hier ist die Herrlichkeit Gottes am Werk! Im Angesicht Jesu Christi ist sie zu schauen!

Diesen kostbaren Schatz haben wir nun freilich in tönernen Gefäßen. Das ist auch gut so, denn man soll nicht meinen, die Wirkung, die von uns ausgeht, gehe auf uns zurück. Von allen Seiten bedrängt, aber nicht erdrückt, ratlos, aber nicht verzweifelt, verfolgt, aber nicht verlassen, überwältigt, aber nie verloren, so tragen wir das Sterben Jesu an unserem Leibe mit uns, damit auch das Leben Jesu an uns sichtbar wird.«
2. Korinther 4,5–10

»Darum werden wir nicht müde.
Wenn wir auch äußerlich zugrunde gehen,
erneuert uns doch Gott innerlich
von einem Tag zum anderen.
Denn unser Leiden geht vorüber und wiegt leicht.
Es bringt uns aber eine Herrlichkeit,
die alle Vorstellungen übersteigt,
wenn wir nicht auf das Sichtbare sehen,
sondern uns an das Unsichtbare halten.
Denn das Sichtbare ist vergänglich, das Unsichtbare ewig.«
2. Korinther 4,16–18

»Die Liebe Christi drängt uns, so zu denken:
Ist einer für alle gestorben, so sind alle gestorben.
Für alle aber starb er, damit die Lebenden
nicht mehr sich selbst leben, sondern ihm,
der für sie gestorben und auferstanden ist.

So ist uns gänzlich unwichtig,
was ein Mensch aus sich selbst ist und durch eigene Kraft.
Und wenn wir Christus kannten
in seiner menschlichen Gestalt,
so ist uns seine menschliche Erscheinung
nun unwichtig geworden.
Wer aber in Christus ist, ist eine neue Schöpfung.
Das Alte ist vergangen. Öffne die Augen und schau!
Alles ist neu geworden!

All das aber geschieht aus Gott.
Denn Gott sandte Christus, um uns mit sich zu versöhnen,
und gab uns das Amt der Versöhnung.
Denn Gott war in Christus
und versöhnte die Welt mit sich selber,
er rechnete den Menschen ihre Sünden nicht zu
und gab uns den Auftrag, für diese Versöhnung zu wirken.
Nun sind wir Botschafter, ausgehend von Christus,
und Gott mahnt durch uns. So bitten wir im Auftrag des Christus: ›Lasst euch versöhnen mit Gott!‹
Denn er hat den, der keine Sünde kannte, an unserer Stelle zum Schuldigen gemacht, damit wir ihm, Gott, gerecht werden und er uns gerecht macht durch ihn.«
2. Korinther 5,14–21

Aber das Echo auf die Verteidigungsschrift, das ihn aus Korinth erreicht, ist nicht gut. So beschließt Paulus, wohl im Frühjahr 57, selbst einzugreifen und von Ephesus nach Korinth hinüberzufahren. Wir wissen über den Verlauf dieses Besuches nichts, wir können nur aus dem später geschriebenen »Tränenbrief« schließen, dass Paulus eine Niederlage erlitten haben muss. Nicht nur, dass er die Gemeinde nicht von sich und seiner Legitimation überzeugen konnte, sondern es scheint, als hätten seine Gegner eine Art Triumph gefeiert. Die Stimmung in der Gemeinde scheint etwa von folgenden Eindrücken beherrscht gewesen zu sein:

Was ist dieser Paulus doch für ein armseliger Mensch! Dieser kranke, kleine, unansehnliche Besucher, der noch nicht einmal versteht, eine Rede zu halten, die den Hörer beeindruckt! Wie viel besser überzeugen jene anderen, wie viel mehr haben sie anzubieten, wie viel mehr lohnt es, ihnen sich anzuschließen! Insbesondere muss ein bestimmter Einzelner aufgetreten sein und auf böse, verletzende Weise das Vertrauen zwischen Paulus und der Gemeinde zerstört haben. In seinem dritten Brief, nachdem die Sache bereinigt ist, spricht er von ihm mit der Wendung *»der, der jenes Unrecht getan hat«*, und empfiehlt, ihn nun, nachdem er von der ganzen Gemeinde bestraft worden sei, wieder freundlich anzunehmen. Auch er, Paulus, habe ihm vergeben.

Paulus ist also gezwungen, seinen Besuch abzubrechen und unverrichteter Dinge und geschlagen wieder abzureisen.

❀

Der »Tränenbrief«

Nach seiner Rückkehr nach Ephesus schreibt er, zornig und betrübt, den folgenden Brief, dessen Höhepunkt die berühmte »Narrenrede« ist.

Nach einem nicht mehr vorhandenen Eingangsgruß beginnt er so:

> »Ich, Paulus, ermahne euch kraft der Huld und Güte des Christus. Man behauptet offenbar bei euch, ich stelle mich, wenn ich bei euch sei, ängstlich und demütig, aus der Ferne aber spiele ich den starken Mann. Ich bitte euch: Zwingt mich nicht, an Ort und Stelle bei euch als ›starker Mann‹ aufzutreten. Es würde mir durchaus nicht schwer fallen, das zu tun, etwa Leuten gegenüber, die behaupten, meine Lebensführung sei ›weltlich‹, ›menschlich‹, ›ungeistlich‹. Also verdammungswürdig. Selbstverständlich lebe ich wie ihr alle in der Welt. Selbstverständlich bin ich ein Mensch mit Fleisch und Blut, aber das heißt noch lange nicht, dass meine Arbeitsweise und meine Lebensführung, dass die Beweggründe für meinen Kampf ›weltlich‹, dass sie ›fleischlich‹ seien. Die Waffen, mit denen ich kämpfe, sind anders als die, die man sonst in der Welt führt. Sie sind von Gott, und sie sind stark genug, im

Kampf für Gott die Befestigungen niederzulegen, in denen sich die Menschen gegeneinander verschanzen, und die Gedankengebäude von Menschen zu zerstören. Sie sind stark genug, menschliche Behauptungen, die sich wie Burgen erheben und die Erkenntnis Gottes versperren, niederzureißen. Sie reichen aus, alle klugen Gehirne, die sich darin vermauert haben, gefangen zu nehmen und zum Gehorsam zu zwingen, zum Gehorsam Christus gegenüber. Ich bin entschlossen, alle Widerspenstigkeit und Eigenmächtigkeit auszuräumen, sobald ihr willens seid, zu gehorchen.«
2. Korinther 10,1–6

Es folgt die berühmte »Narrenrede«:

»Ich möchte es wiederholen: Seht mich bitte nicht als dummen Jungen an! Und wenn ihr mich wirklich so anseht, dann lasst es euch gefallen, dass ich euch mit meiner Dummheit komme. Es ist ja bei euch Sitte, dass man große Dinge von sich redet. Lasst mich da ein wenig mittun! Was ich jetzt sage, sage ich nicht, weil der Herr es mir aufgetragen hätte, sondern weil ich gerne ein Weilchen dumm sein möchte mit den Dummköpfen. Wenn schon das allgemeine Selbstlob der Egoisten erschallt, dann lasst mich ein wenig mitlärmen. Ihr habt es doch gerne, die Einfältigen zu hören! Umso klüger seid ihr selbst. Ihr habt es doch gerne, wenn euch einer wie die Sklaven dahintreibt, wenn euch einer mit Haut und Haar verspeist, euch einsteckt, untertritt oder ins Gesicht schlägt! Das allerdings habe ich nicht zuwege gebracht, dazu war ich, das muss ich zu meiner Schande gestehen, nicht stark genug.

Wenn sich aber einer in die Brust wirft und sagt: ›Seht her! Das bin ich!‹, dann kann ich noch lange mithalten. Ich schwätze also mit im Gelärme der Schaumschläger: Hebräer sind sie? Ich bin es auch. Israeliten sind sie? Ich auch. Kinder Abrahams? Ich auch. Mitarbeiter des Christus sind sie? Da muss ich etwas ganz besonders Törichtes sagen: Ich noch mehr! Ich habe mehr Mühe gehabt als irgendein anderer Apostel. Ich bin öfter im Gefängnis gewesen. Ich bin öfter gegeißelt worden und in Todesnot gekommen. Von den Juden habe ich fünfmal die Höchststrafe erhalten, nämlich neununddreißig Geißelhiebe.

Dreimal bin ich mit Stöcken geschlagen und einmal gesteinigt worden. Dreimal habe ich Schiffbruch erlitten, Nacht und Tag habe ich in den Wellen zugebracht. Viele mühselige Reisen habe ich hinter mir. Auf Flüssen bin ich in Gefahr gewesen, in Gefahr durch Räuber, in Gefahr durch mein eigenes Volk und in Gefahr durch fremde Menschen, in Gefahr in den Städten, auf einsamen Wegen und auf dem Meer, und immer wieder auch in Gefahr durch falsche Brüder. Mühe und Arbeit habe ich gehabt, Schlaflosigkeit, Hunger, Durst, Entbehrung, Frost und Mangel an Kleidern. Und dabei ist all das nicht eingerechnet, was täglich dazukommt, nämlich dass ich ständig angelaufen werde und mir die Sorge für alle Gemeinden auf der Seele liegt. Wer wird schwach, und ich werde nicht schwach? Wenn jemand an Gott irre wird, brenne ich nicht wie Feuer? Wenn ich irgendetwas habe, dessen ich mich rühmen kann, dann ist es meine Schwäche.«
2. Korinther 11,16–30

»Es kommt zwar nichts dabei heraus, wenn einer von sich selbst spricht, aber es lässt sich wohl nicht umgehen. So will ich denn doch auf die Visionen und übersinnlichen Erfahrungen kommen, die der Herr mir geschenkt hat.

Ich kenne einen Menschen, der in Christus ist, der wurde eines Tages in Gottes Welt hinaufgerissen, sodass er sich plötzlich im dritten Himmel befand, in seiner Nähe. Das ist jetzt vierzehn Jahre her. Ob man sagen soll, er sei dabei in einem ›normalen‹ Zustand gewesen, oder er habe seinen Leib verlassen und sei ›außer sich‹ gewesen, weiß ich nicht. Gott weiß es. Ich weiß von demselben Menschen, dass er ins Paradies entrückt wurde. Ob man sagen soll, er sei im Leibe gewesen oder außerhalb seines Leibes, weiß ich nicht. Gott weiß es. Der hörte unaussprechliche Worte, die kein Mensch nachsprechen kann.

Wenn ihr an mir unbedingt etwas Besonderes sehen wollt, dann seht auf diesen Menschen und auf das Einzigartige, das Gott mit ihm getan hat. Ich selber möchte dabei bleiben, dass das einzig Besondere an mir meine Schwäche ist.

Denn Gott hat neben allem, was er mir geschenkt hat, noch etwas anderes getan, damit ich mir ja nichts auf meine besondere Nähe zu ihm zugute tue: Er hat meinen Leib an einen Pfahl gebunden, ein Engel Satans schlägt mich mit Fäusten, damit ich mich ja nicht überschätze. Dreimal habe ich den Herrn angefleht: Nimm ihn weg! Treib ihn fort! Er aber hat zu mir gesagt: ›Lass dir an meiner Gnade genug sein, denn die Kraft kommt zur Vollendung in der Schwachheit.‹ So möchte ich mich am liebsten meiner Schwachheiten rühmen, damit die Kraft Christi bei mir Wohnung nehme. Darum freue ich mich in den Stunden der Müdigkeit und der Misshandlungen, in Notlagen, Verfolgungen und Bedrängnissen. Dann weiß ich: Hier bin ich am engsten mit Christus verbunden. Wenn ich schwach bin, bin ich stark.«
2. Korinther 12,1–5.7–10

❀

Paulus sagt, Gott habe ihm einen »Pfahl« zugemutet. Man hat das oft so gedeutet, als meine er: In meinem Körper ist ein Leiden, eine Krankheit, die in mir steckt wie ein Pfahl. Vermutlich aber meint er: Gott hat meinem Leib einen Pfahl zugemutet. Dieser Ausdruck wird sonst von dem Pfahl gebraucht, an dem man Menschen hinrichtet. Auch gerade das Kreuz wird häufig als Pfahl bezeichnet.

Aber ich will weiter nichts, fügt Paulus hinzu. Ich will weiter nichts, als dass der Pfahl, an dem ich sterben soll, neben dem Kreuz meines Herrn steht. Im Schatten des Kreuzes. Unter demselben Zeltdach, sagt er einmal. Dort ist er geborgen. Dort ist Christus bei ihm:

»Er hat zu mir gesagt: Lass dir an meiner Gnade genug sein, denn die Kraft kommt zur Vollendung in der Schwachheit.«
2. Korinther 12,9

Mehr braucht er nicht. Was liegt noch an seiner übrigen Lebensgeschichte? Was liegt noch an seiner Persönlichkeit oder an den Scherben seiner Persönlichkeit? Christus ist bei ihm. Damit ist er bei Gott. Und damit ist – durch Christus – alles erreicht, was der Schriftgelehrte in ihm am Anfang seines Lebens im Gesetz der Väter gesucht hatte: nämlich das Leben, das bleibt.

❀

Nach dem »Tränenbrief« schreibt Paulus den dritten, den »Versöhnungsbrief«

Der ist bestimmt durch die Worte »Trost« und »trösten«. Paulus berichtet von der schweren Gefahr, der er eben in Kleinasien mit knapper Not entgangen war, und spricht vom Sinn des Tröstens, der darin liege, dass jeder, der von Gott getröstet worden sei, diesen Trost weitergebe und dass die gemeinsam Getrösteten Gott gemeinsam dankten.

Gegen Ende des Briefes, in dem er sich auch für den einsetzt, der ihm bei seinem zweiten Besuch so schweres Unrecht getan hatte, spricht er über den guten Sinn selbst eines so schweren Zerwürfnisses. Er bestehe darin, dass Menschen dazu kämen, sich über sich selbst Gedanken zu machen und neu und intensiv nach dem gemeinsamen Weg zu suchen, vor allem aber darin, dass dabei möglicherweise eine offene Situation entstehe, in die hinein etwas von Gott her, ein neuer Anfang, geschehen könne.

»Paulus,
von Gottes Willen eingesetzt zum Apostel,
zum Botschafter für Jesus Christus,
und Timotheus, der Bruder,
an die Gemeinde Gottes in Korinth
und alle Christen in ganz Achaia.

Gnade und Frieden euch allen
von Gott, unserem Vater,
und von Jesus Christus, unserem Herrn.

Gepriesen sei Gott,
der Vater unseres Herrn Jesus Christus,

der barmherzig ist und von dem aller Trost kommt.
Er tröstet mich in meinem Elend,
sodass ich wiederum die trösten kann,
die im Elend sind, mit dem Trost,
den ich selbst von Gott empfange.
Denn so viel Leiden auch über mich kommt,
so reich ist der Trost, den ich empfange.
Wenn ich im Elend bin, geschieht es
zu Trost und Heil für euch.
Wenn ich getröstet werde,
so geschieht es zu eurem Trost,
damit ihr fähig werdet,
dasselbe Leiden geduldig zu ertragen,
das ich erdulde.
Ich bin fester Hoffnung für euch,
dass ihr, die ihr zu leiden habt wie ich,
auch wie ich Trost findet.«
2. Korinther 1,1–7

»Als ich nach Mazedonien kam, war ich voll Sorge und Unruhe und hatte Schwierigkeiten von allen Seiten: von außen Kämpfe, von innen Ängste. Aber Gott, der die Niedergeschlagenen tröstet, tröstete mich durch das Wiedersehen mit Titus und noch mehr durch die gute Nachricht, die er von euch mitbrachte. Denn Titus erzählte mir, wie sehr ihr euch nach mir sehnt, wie tief ihr über das Vorgefallene betrübt seid und wie entschieden ihr auf meiner Seite steht. Ich bin sehr froh geworden, als ich das hörte.«
2. Korinther 7,5–7

»So sehr mir das alles wohl getan hat, meine Freude war noch größer, als ich sah, wie sehr Titus von seinem Besuch bei euch erfüllt war, wie erquickt er zurückkam, wie viel er von euch allen empfangen hat. Ich hatte ihm in den höchsten Tönen von euch erzählt und bin froh, dass ich nun nicht als Prahler dastehe. Es hat sich ja gezeigt, dass ich euch gegenüber nichts als die Wahrheit gesagt habe, und ebenso hat sich nun erwiesen, dass mein hohes Lob über euch Titus gegenüber berechtigt war. Ja, mit großer Liebe denkt er an euch, wenn er sich erinnert, wie bereitwillig ihr euch alle seinen Weisungen gefügt

und wie ihr ihn mit Furcht und Zittern aufgenommen habt. Ich freue mich, dass ich euch in allen Dingen vertrauen darf.«
2. Korinther 7,13–16

❀

Der vierte und der fünfte Brief: Paulus spricht über die Kollekte für Jerusalem

Es ist schwer zu entscheiden, ob zwischen dem »Versöhnungsbrief« und den anschließenden beiden Kapiteln 8 und 9 »Über die Spende für die verarmte Gemeinde in Jerusalem« ein ursprünglicher Zusammenhang besteht oder nicht.

Man vermutet, dass die beiden Kollektenschreiben kurz nach dem »Versöhnungsbrief« geschrieben wurden und dass Paulus sie abgesandt hat, kurz nachdem der »Versöhnungsbrief« von Mazedonien nach Korinth abgegangen war. Als Überbringer nennt Paulus den Titus und zwei andere Brüder, die ihn begleiten und mit ihm das Geld sammeln sollten, damit sich hinsichtlich der Verwaltung und sinnentsprechenden Verwendung des Geldes keine Zweifel einstellen können.

Kurz nach diesen beiden Briefen muss auch Paulus selbst in Korinth eingetroffen sein. Den Winter über blieb er in der Stadt, mit der Abfassung des Römerbriefes beschäftigt (vgl. Apostelgeschichte 20,1–2).

22
Das fünfte Schreiben ist der Brief nach Philippi, das sechste der Brief an Philemon

Philippi, die Stadt im Nordosten des heutigen Griechenland, war der erste Ort, an dem Paulus seinen Fuß auf europäischen Boden setzte. Was er dort antraf, war harte Realität: eine Soldatenstadt, in der schon Alexander sein Heer gesammelt hatte, ehe er gegen Persien marschiert war, und in der später die Römer die Familien alt gewordener Soldaten als Bollwerk gegen Asien ansiedelten. Mit der Gemeinde allerdings, die Paulus dort gegründet hatte, blieb er in all den folgenden Jahren in besonderer Liebe verbunden.

Als Paulus diesen Brief schrieb, saß er in Ephesus im Gefängnis und wartete auf seinen Prozess, der durchaus mit seinem Todesurteil hätte enden können. In dieser Zeit gab es einen regen Austausch zwischen ihm und der Gemeinde. Epaphroditus war mit einem Geldbetrag für Paulus aus Philippi gekommen. Er war in Ephesus erkrankt und nach seiner Genesung von Paulus mit einem Dankesbrief zurückgesandt worden. In ihm spricht Paulus von seiner Hoffnung, er werde vielleicht bald einmal selbst nach Philippi kommen. Das alles fiel vermutlich in den Winter 54/55.

Der Philipperbrief hat vor allem zwei Themen: Einmal die Gefangenschaft und die Nähe des Todes, in der Paulus lebt. Die Hoffnung vor allem, er werde nach seinem Tod unmittelbar bei Christus sein. Ihn stellt er in Kapitel 2,5–11 den Menschen in Philippi als Leitbild vor Augen. Zum Zweiten die Antwort auf die Nachricht, es seien in Philippi jüdische Missionare aufgetreten, welche die Gemeinde zur Einhaltung der Beschneidung und der Speisegebote drängten.

Mit ihnen setzt sich das 3. Kapitel auseinander. Wir lassen diesen Part, der ja auch sonst immer wiederkehrt, aus.

Die alles beherrschende Mitte aber bleibt auch bei diesen Fragen das Bild des absteigenden Christus, der sein Leiden übernahm *»bis zum Tod am Kreuz«* und der von Gott über alle Mächte und Kräfte in der Welt erhoben wurde.

❀

Der Brief an Philemon

Der Brief an Philemon spricht davon, dass derjenige, der glaubt, mit seinen Mitmenschen anders umgehe.

Paulus befindet sich noch immer in Ephesus und in Gefangenschaft. Da kommt Onesimus, der Sklave eines Mannes namens Philemon, zu ihm. Er war, vielleicht nach einem Diebstahl, seinem Herrn entlaufen und wird nun für eine Weile ein Diener des Paulus. Der gewinnt ihn lieb. Da er Onesimus aber nicht bei sich behalten kann – der Mann ist ja das Eigentum des Philemon –, schickt er ihn zu seinem Herrn zurück. Dieser Weg zurück ist für Onesimus lebensgefährlich, denn häufig wurden entlaufene Sklaven gekreuzigt. So gibt Paulus ihm ein Schreiben an seinen Herrn mit, in dem er sich für ihn einsetzt und in dem er zugleich zusagt, falls Onesimus einen Schaden verursacht haben sollte, wolle er selbst, Paulus, diesen dem Philemon ersetzen. Vermutlich hat Philemon den Onesimus wieder aufgenommen, denn in Kolosser 4,9 ist danach tatsächlich ein Onesimus genannt, den der Schreiber dieses Briefs als »treuen und lieben Bruder« bezeichnet.

Onesimus' Fall ist für Paulus kein Grund, über die sozialen Ordnungen seiner Zeit hinauszudenken. Das erschien ihm angesichts des erwarteten nahen Endes der Welt von untergeordneter Bedeutung. Paulus zeigt aber, wie sich die gegebenen Verhältnisse von innen her verändern lassen, ohne Gewalt und Umsturz, einfach durch die Kraft des Glaubens, der sich in der Liebe ausdrückt.

23
Der Brief an die Römer schließt die Reihe

Es ist um das Jahr 40 nach unserer Zeitrechnung, acht oder zehn Jahre nachdem Christus am Kreuz gestorben und in Jerusalem ein Kreis von Christen, eine Gemeinde entstanden war. Der rege Reiseverkehr zwischen den Juden in Rom und in Palästina bringt auch die Nachricht nach Rom, ein kleiner Teil des jüdischen Volks beharre darauf, dass Jesus von Nazaret der ersehnte und erwartete von Gott gesandte Herrscher des heiligen Volks und der Welt sei. Römische Juden, die aus irgendeinem Grunde nach Jerusalem kommen, lassen sich von den Christen überzeugen und gründen nach ihrer Rückkehr in Rom eine besondere Gruppe. Sie bleiben zunächst einfach Juden wie alle anderen und fühlen sich nach wie vor der Synagoge zugehörig. Es scheint aber, als habe ihre Wendung zum christlichen Glauben unter den Juden Roms Unruhe, Streit, vielleicht sogar öffentliche Auseinandersetzungen provoziert, denn Kaiser Claudius erlässt im Jahre 49 ein Edikt, wonach alle Juden Rom zu verlassen hätten, weil sie »auf Anstiften eines gewissen Chrestus ständig Unruhe stifteten«. Der Kaiser ist mangelhaft informiert: Nicht ein gewisser Chrestus stiftet Unruhe, vielmehr bietet das Für und Wider um Christus den Anlass zum Streit.

Im Jahre 50 dürfte die Gemeinde in Rom – nach der Auflösung der Synagogengemeinde – aus einem Rest von Christen bestanden haben, die nichtjüdischer Herkunft waren, aber dem Judentum nahestanden, aus Menschen aller Rassen und Völkerschaften, wie sie eben in der damaligen Welthauptstadt zusammenlebten.

Im Jahre 54 wird das Edikt des Claudius aufgehoben, und zwar durch Poppaea, die Gattin des Kaisers Nero. Die Juden strömen allmählich, im Laufe von Jahren, nach Rom zurück und bemühen sich wohl, verlorenen Boden wiederzugewinnen. Das heißt: Jüdische Kräfte versuchen, in der Gemeinde die Einhaltung des jüdischen Gesetzes zu erzwingen, während nichtjüdische Gegenkräfte, denen das Gesetz der Juden fremd ist, sich um ihre Freiheit wehren. Was ist nun christlich?

Im Frühjahr 57, als sich Paulus drei Monate lang in Korinth aufhält, schreibt er an diese Gemeinde in Rom einen Brief. Er hatte im Lauf von mehr als zehn Jahren die Länder um das östliche Mittelmeer durchreist und, wohin er kam, christliche Zellen und Hausgemeinschaften gebildet, aus denen sich Gemeinden, schließlich Kirchen entwickelten. Diese Arbeit scheint ihm nunmehr abgeschlossen. Er strebt nach Italien. Rom ist aber der entscheidende Punkt im westlichen Mittelmeer. Kann er sich auf Rom stützen, so hat er Aussicht, in Gallien und Spanien Fuß zu fassen. Er schreibt, in langen Gedankenreihen und großen Bögen die Zusammenhänge ausmalend, was ihm das Neue, das Große und Entscheidende am christlichen Glauben sei. Er grenzt ihn ab gegen den Glauben der Juden einerseits, menschliche Religiosität sonst andererseits, und schildert die Klarheit, die Freiheit und Standfestigkeit, die den Christen auszeichnet. Er schickt gleichsam seinen Glauben nach Rom voraus, um seinen Besuch vorzubereiten.

Die christliche Gemeinde in Rom scheint gespalten gewesen zu sein in Menschen, die das Gesetz ängstlich einhielten, und Menschen, die jede gesetzliche Ordnung auf schwärmerische Weise verachteten. Nun zeigt Paulus in seinem Brief, wie Christus aus Liebe zu den Menschen das Gesetz erfüllte, wie er ihnen aber gerade dadurch die Freiheit verschafft habe, die die Kinder Gottes auszeichnet.

Im Jahre 60, also drei Jahre später, kommt Paulus tatsächlich nach Rom, freilich nicht als freier Mann, sondern als Häftling. In den Gefängnissen von Jerusalem und Caesarea hatte er den größten Teil der Zwischenzeit zugebracht, und wir haben Grund anzunehmen, dass er die Freiheit bis zu seinem Tod um das Jahr 63 oder 64 nicht mehr erlangt hat. Die Reise nach Spanien bleibt ein Traum. Aber sein Brief ist erhalten. Er ist, wie wir ohne jeden Vorbehalt behaupten dürfen, einer der wichtigsten Briefe geworden, die in der Geschichte der Menschheit jemals geschrieben worden sind.

❀

Es liegt nahe, diesen Brief zu gliedern in die Kapitel 1–8, die Kapitel 9–11 und die Kapitel 12–15, und es scheint so, als verteidige Paulus sich in diesen drei Teilen gegen drei Angriffe.

In Kapitel 1–8 wehrt Paulus sich gegen den Vorwurf, er löse alle Moral auf und fordere mit seiner Kritik am Gesetz zu einem gesetzlosen Handeln auf. Er stellt dagegen: *»Das Gesetz ist heilig, gerecht und gut.«* Aber es wird durch den Menschen und seinen Umgang mit ihm zu einer todbringenden Unheilsmacht. Nun hebt die Taufe sowohl das Gesetz auf als auch die Gesetzesfeindschaft des Menschen. Sie öffnet die Seele des Menschen dem Wirken des Geistes Gottes.

In Kapitel 9–11 wehrt Paulus sich gegen den Vorwurf, er sei ein Gegner des jüdischen Glaubens und des jüdischen Volks. Er schneide dem Judentum die Zukunft ab. Nein, sagt er, im Ziel der Geschichte steht auch die Rettung Israels. Wie er selbst trotz seines Kampfes gegen die Christen von Jesus Christus berufen worden sei, so könne und werde Gott auch die Feindschaft des Judentums gegen die Christen aufheben und es zum Heil führen.

In Kapitel 12–15 wehrt Paulus sich gegen den Verdacht, er sei persönlich für die Gemeinden ein politisches Risiko. Paulus erklärt sich hier in einem Maß dem Staat gegenüber loyal, das ihm danach immer wieder zum Vorwurf gemacht wurde: *»Jedermann sei untertan der Obrigkeit.«* Daneben zeigt er am Beispiel der »Starken« und der »Schwachen«, wie Konflikte im Frieden gelöst werden können.

Insgesamt können wir am Römerbrief ablesen, wie in diesen Jahren die Wanderbewegung der Christen allmählich zu Ende geht und die Bedürfnisse ortsansässiger Gemeinden wichtiger werden.

❀

Zu Kapitel 1–3

Paulus sieht, nüchtern und illusionslos, dass der Tod im Grunde der heimliche Herrscher dieser Welt ist. Und er fragt, wie man dazu komme, das Leben zu finden, und zwar das wahre, nicht das scheinbare, das dauernde, nicht das vorübergehende, das erfüllte, das freie, das sinnvolle Leben. Er nimmt damit die uralte Frage seines Volks Israel auf, aber darüber hinaus auch die Urfrage unzähliger Religionen und Philosophien.

Nun findet Paulus im Alten Testament ein Schlüsselwort, das in konzentrierter Form alles ausspricht, was er sucht. Da sagt ein Prophet namens Habakuk – mit anderen Worten: *»Leben wird, wer mit Gott im Reinen ist. Und wer ist mit Gott im Reinen? Der sich ihm anvertraut.«* (Habakuk 2,4)

Aber die Juden, stellt Paulus fest, tun das ja eben nicht. Sie vertrauen sich Gott nicht an. Sie sichern sich einen Anspruch oder versuchen es. Sie meinen, mit leeren Händen könne der Mensch Gott nicht unter die Augen kommen. Er müsse nachweisen können, dass er etwas geleistet, dass er die göttlichen Forderungen erfüllt habe. Und die Nichtjuden? Sie vertrauen sich Gott ebenfalls nicht an. Sie kennen ihn nicht oder wollen ihn nicht kennen. Wie sollten sie mit Gott ins Reine kommen?

Mit einer erbarmungslosen Analyse beginnt der Brief an die Römer in seinen ersten drei Kapiteln. Seinen ersten Höhepunkt erreicht er mit dem berühmten Satz:

»Wir sind der Überzeugung, dass der Mensch mit Gott ins Reine komme, ohne dass er religiösen Forderungen genügt, einfach dadurch, dass er sich ihm anvertraut und damit empfängt, was Gott ihm gibt.«
Römer 3,28

Dies ist der Hauptsatz der sogenannten Rechtfertigungslehre, die geschichtlich eine ungeheure Bedeutung erlangt hat.

❀

Zu Kapitel 4

Nun fürchtet Paulus einen Vorwurf, nämlich den, dass alles, was er über die Gerechtsprechung des Menschen allein auf Grund der Gnade und des Glaubens sagt, seine Erfindung sei. Er greift darum ins Alte Testament zurück und weist nach, dass schon dort von dem Glauben die Rede sei, der sich auf das freie Geschenk der Gnade Gottes verlasse.

Er knüpft bei Abraham an, dem Erzvater Israels, mit dem Gott jenen »Bund« schloss, der von da an für Israel konstitutiv war. Er zitiert 1. Mose 15,6: *»Abraham hat Gott geglaubt, und das wurde ihm als Gerechtigkeit angerechnet«*, und verbindet dieses Wort unmittelbar mit der Situation nach Christus:

Abrahams Gemeinschaft mit Gott war nicht auf einen religiösen Ritus gegründet. Gewiss, die Beschneidung ist für den Juden das Zeichen der Zugehörigkeit zum von Gott erwählten Volk. Aber Abraham war in den Augen Gottes gerecht, längst ehe er die Beschneidung empfing, einfach deshalb, weil er »Gott glaubte« (Römer 4,9–12). Abrahams Gemeinschaft mit Gott war auch nicht auf das Gesetz gegründet, weder auf das religiöse noch auf das moralische. Denn Abraham war »gerecht«, längst ehe es ein Gesetz gab (vgl. Römer 4,13–15).

Zu Kapitel 5

Das Kapitel 5 beginnt mit einem Triumphlied: Wir haben Frieden mit Gott! Friede! Das ist das Urwort Israels und bedeutet Lebenskraft, Lebensraum, Schutz, Geborgenheit. Es bedeutet Freiheit von Angst, Hunger und Schuld. In Römer 8,31–39 setzt sich das Lied fort, in Römer 11,33 erreicht es seinen Höhepunkt und in Römer 16,27 endet es mit einer Art Abgesang.

Von Vers 12 an vergleicht Paulus die Chancen, die die Menschheit vor Christus und ohne ihn hatte und die sie nun durch ihn hat, indem er einen Vergleich zwischen Adam und Christus zieht.

Nun ist Adam keine geschichtliche Figur, sondern verkörpert die Menschheit überhaupt. Adam heißt »Mensch«. Mit »Adam« kam zugleich die Eigenmächtigkeit in die Welt, der Wille, zu sein wie Gott, der Wille, selbständig und von Gott unabhängig zu sein. Mit ihm kommt also immer erneut die Urschuld der Menschheit in die Welt, und das heißt der Tod. Denn Leben gibt es ja nur im Einvernehmen mit Gott.

Was »Adam« nicht möglich ist, hat Christus getan: Er fügte sich dem Willen Gottes bis zum Tod, er opferte sein Leben und seine Lebenschance und begründete dadurch den »neuen Bund«. Er eröffnete den Menschen, die ihm zugehören, den Zugang zum Leben. Christus ist der neue Typus des Menschen, wie »Adam« der alte Typus ist. Und wer Christus nun angehört, der soll ihm ähnlich werden, wie Paulus an anderer Stelle sagt, er soll den Weg Christi in das Opfer und den Gehorsam nachvollziehen. Er hat die Chance dazu, denn wer »in Christus« ist, ist ein neues Geschöpf, wie »Adam« das alte Geschöpf war und ist.

Zu Kapitel 6

Aber wie komme ich dazu, »in Christus« zu sein und also mich mit ihm identifizieren zu können? Paulus erinnert an die Taufe, die ja auch an den Christen in Rom vollzogen worden war.

Was ist in der Taufe geschehen? Gemeinhin sieht man eine »Waschung« in ihr, eine Reinigung von der Sünde. Aber Paulus spricht von etwas ganz anderem: In der Taufe ist der Tod Christi abgebildet. Das Wasser ist das Element des Todes. Wer ins Wasser fällt, ist in tödlicher Gefahr. Ihn muss ein anderer herausziehen. Indem nun ein Mensch getauft wird, wird sein eigener Tod vorweggenommen und mit dem Tod Christi verbunden. So sind wir nicht nur mit dem Tod Christi, sondern mit Christus selbst verbunden und glauben, dass wir auch mit ihm auferstehen werden. Wir sind »in Christus«. Wir sind neue Geschöpfe. Wir sind »Kinder Gottes«, wie Paulus in Römer 8 fortfährt, oder genauer übersetzt: Wir sind mit Christus Söhne Gottes.

❀

Zu Kapitel 7

Hier stellt Paulus eine schauerliche Diagnose. Da ist der Mensch geschildert, der sozusagen täglich die Geschichte vom Fall des ersten Menschen nachvollzieht. Er hat – wie Adam – ein Gebot einzuhalten. Das Gebot hat den Sinn, ihm das Leben zu sichern. Aber nun entdeckt er, dass man möglicherweise mehr Leben, intensiveres, stärkeres Leben gewinnt, wenn man das Gebot umgeht. Die »Schlange« – die ihren Sitz durchaus in ihm selbst hat – verspricht ihm einen Gewinn an Erkenntnis, verheimlicht ihm aber, dass hinter dieser Erkenntnis der Tod steht. Adam will also durch eine bewusste Tat das Leben an sich reißen und reißt in Wahrheit den Tod an sich. Der Betrug der Schlange ist keine Fabel aus einer sagenhaften Vergangenheit, er geschieht täglich. Wenn aber der Mensch nun entdeckt, dass er gespalten ist, dass er, der nichts will als das Leben, sich selbst immerfort durch seinen eigenen Willen und Wunsch den Tod verschafft, sucht er unwillkürlich nach einem Heilmittel für sich selbst, vermutet es in der moralischen oder religiösen Bemühung und entdeckt auch dabei wieder, dass durch solche Bemühung der Riss nicht geheilt, sondern vertieft wird. Er wird eben durch seine Suche nach dem Leben sein eigener Mörder. Diese Gedanken legt auch Shakespeare seinem Richard III. in den Mund:

»Was fürcht' ich denn? Mich selbst?
Sonst ist hier niemand.
Richard liebt Richard: Das heißt: Ich bin ich.
Ist hier ein Mörder? Nein.
Ja, ich bin hier!
So flieh!
Wie? Vor dir selbst?«

❀

Zu Kapitel 8
Wo liegt die Heilung? »Sonst ist hier niemand«, sagt Richard III. Und Paulus würde ergänzen: Genau das ist es. Wenn der gespaltene, gehetzte Mensch glauben und fassen könnte, dass hier jemand ist, nicht der ferne, fahle Gedanke, es gebe wohl irgendeinen Gott, sondern ein wirklicher naher Vater seiner Kinder, dann könnte er sich von sich selbst abwenden und im Gegenüber zu seinem Vater das Leben und den Frieden finden. Er käme mit Gott ins Reine. Wie sagt Habakuk? *»Das Leben hat der, der mit Gott im Reinen ist. Und wer ist mit Gott im Reinen? Der sich ihm anvertraut.«* Das 8. Kapitel des Römerbriefs sagt: Wenn wir Kinder sind, dann haben wir ein »Erbe«, das heißt festen Grund unter den Füßen. Dann haben wir eine Zukunft. Dann sind wir hindurch und haben das Leben.

Dann ist auch das Gelärme zu Ende, das vor dem großen Gerichtshof hin- und herging: die Anklagen, die Vorwürfe, die Ansprüche, die Verteidigungsreden und die Urteile. Wer will verdammen?, fragt Paulus. Christus ist hier! Und niemand sage, der sogenannte moderne Mensch sei dieser seiner Situation inzwischen entlaufen oder diesem Glauben entwachsen.

In Kapitel 8 liegt die starke Mitte des Römerbriefs. Hier spricht Paulus von der Beauftragung des Menschen zum Bevollmächtigten Gottes, zur Tochter oder zum Sohn Gottes, vor allem – erstaunlicherweise – zum Beauftragten gegenüber der außermenschlichen Natur und ihrem Schutz. Er spricht vom Geist Gottes, der uns treibe und der uns im Gebet Gott gegenüber vertrete. Er spricht von unserer neuen Menschengestalt, welche die Gestalt des Christus spiegele. Und er fasst alles zusammen in seiner Gewissheit, wir seien von Gott erwählt und könnten seiner Liebe niemals verlustig gehen.

❀

Zu Kapitel 9–11

In Kapitel 9–11 spricht Paulus von dem Judentum, dem er selbst angehöre, das er liebe, mit dem er gegen seinen Willen im Streit lebe, dem er aber eine Zukunft in der Gemeinschaft mit den Christen und mit Christus wünsche.

Der zweite Vorwurf, der Paulus zu schaffen machte, war ja der des »Antijudaismus«. Paulus wehrt das ab. Sein ganzes Herz hänge am Schicksal Israels. Allerdings muss er sich gefallen lassen, dass er der Urheber jener ersten Krise des entstehenden Christentums war, die wir die judaistische nennen. Dennoch war Paulus im Judentum verwurzelt und blieb es Zeit seines Lebens. Auf der anderen Seite gewann er die Energie seines Christenglaubens aus dem Bruch, der mit dem Urteil des Hohen Rates geschehen war, Jesus sei aus dem Judentum zu verstoßen. Aber wiederum: Er wünscht sich, dass sein Volk an Jesus Christus wach wird und den Weg geht, den er selbst gewählt hatte, und dass sein Volk der Neuorientierung, wie er sie darstellt, zustimmen und dadurch leben kann.

❀

Zu Kapitel 12–15

Noch einmal setzt Paulus zu einem neuen Bogen an, wenn er in Kapitel 12–15 zu Tagesfragen Stellung nimmt. Es gibt keinen Glauben, den ein Mensch für sich allein auf die Seite schaffen könnte – das ist seine Voraussetzung dabei. Es gibt keine religiöse Bildung oder Entfaltung eines Einzelnen für sich allein. Immer wird er nach kurzer Zeit entdecken, dass das gemeinsame Leben der Menschen, das gemeinsame Leid, die gemeinsame Angst, das gemeinsame Geschick der Boden ist, auf dem seine Füße zu stehen haben, so gewiss der Geist Gottes ein Leben auf der harten Erde meint. Wie findet man das Leben? In der Hingabe an die kleinen Dinge, an die armseligen Menschen und die harten, handfesten Aufgaben. Leben hat, wer sich von sich selbst wegwendet und also glaubt. Leben hat, wer sich von sich selbst wegwendet und also liebt. Wer die Gnade Gottes weitergibt, indem er den anderen Menschen »begnadigt«. Niemand sonst. Aber wer dies tut, wer dazu den Geist Gottes empfing, der gewinnt das Leben gewiss.

❀

Zu Kapitel 16

Der Brief nach Rom endet mit dem 15. Kapitel. Paulus ließ offenbar eine Abschrift davon nach Ephesus senden. Glieder der korinthischen Gemeinde, vor allem Phoebe, brachten sie dorthin, und Paulus schrieb für die Gemeinde in Ephesus einen eigenen Gruß dazu. Er ist im Kapitel 16 erhalten. Wir erkennen ihn daran, dass die Namen, denen der Gruß gilt, uns größtenteils bekannt sind als Glieder der Gemeinde in Ephesus. Es scheint so zu sein, dass der Brief an die Römer seitdem auch in Ephesus aufbewahrt wurde und von da aus, zusammen mit dem Gruß des Paulus an die dortige Gemeinde, in die Literatur der alten Kirche gelangte.

24
Die Rechtfertigung macht mich zu einem freien Menschen, der in der Lage und berechtigt ist, die Fülle aufzunehmen, die ihm von der mystischen Erfahrung angeboten wird

Die Rechtfertigungslehre ist so einfach, dass sie sich mit wenigen Sätzen schildern lässt. Und sie ist so abgründig und komplex, dass kaum ein Theologe, den ich danach fragte, sie wirklich vorzeigen konnte. Sie ist die schmale Tür, die zu einem evangelischen Glauben führt, das heißt, zu einem Glauben, der auf das Evangelium antwortet. Sie ist ein Inbegriff der Wahrheit Gottes und des Menschen, die entscheidende Kostbarkeit, die uns geschenkt ist. Sie ist der Grundgedanke, mit dem die christliche Kirche steht und fällt und an dem nichts abzumarkten ist. Sie kann sich in ein paar Sätzen ausdrücken, die wir bei Paulus finden.

Zunächst: Der Mensch ist der Sünde verfallen und damit dem Tod:

»Da ist kein Gerechter! Nicht einer.
Da ist kein Wissender.
Da ist keiner, der nach Gott fragt!
Alle sind sie abgewichen. Alle sind sie unbrauchbar.
Es ist keiner, der das Gute tut. Auch nicht einer.«
Römer 3,10–12

Oder:

»Das steht fest: Mit Leistungen, wie das Gesetz sie fordert,
kann kein Mensch vor Gott als gerecht bestehen.
Denn durch das Gesetz lernen wir uns selbst
erst als Sünder kennen.«
Römer 3,20

Weiter: Die ursprüngliche Würde und Schönheit des Menschen ist verborgen:

»Alle sind schuldig geworden
und haben die Schönheit und Würde, die ihnen zugedacht war,
als Gott den Menschen nach seinem Bilde schuf, verloren.
Nun aber lässt Gott sie als gerecht gelten,
ohne dass sie es verdient hätten, aus reiner Gnade,
und Jesus Christus war es,
der die Befreiung von der Schuld,
die Erlösung bewirkt hat.«
Römer 3,23

Und schließlich: Was Gott von uns erwartet, ist allein unser Glaube:

»Wir sind überzeugt,
dass ein Mensch mit Gott ins Reine kommt
nicht durch das, was er leistet,
sondern dadurch, dass er glaubt.«
Römer 3,28

So spricht Paulus auch von der »Gerechtigkeit Gottes«, und was er damit meint, ist uns zunächst sehr fremd. Wenn wir von Gerechtigkeit sprechen, so meinen wir sehr verschiedenartige Werte oder Tugenden, je nachdem, ob wir ein ethisches, ein juristisches oder ein soziales Problem im Auge haben. Wir sprechen von gerechten staatlichen, wirtschaftlichen oder sozialen Ordnungen. Wir sprechen von subjektiver Gerechtigkeit, wenn wir das Wissen und die Fähigkeit eines Menschen meinen, anderen das Gleiche, das Verdiente oder den Ausgleich eines erlittenen Unrechts zukommen zu lassen. Wir meinen, ein Lohn habe gerecht zu sein oder ein Kaufpreis. Wir meinen die Gerechtigkeit eines richterlichen Urteils oder einen Ausgleich zwischen konkurrierenden Interessen, Ansprüchen oder Pflichten oder auch eine gerechte Konfliktlösung. So ist es verwurzelt in der Jahrtausende alten Kultur, aus der wir kommen.

Nun tritt diesem Denken in der Bibel eine Kulturüberlieferung an die Seite, die ganz anders denkt oder empfindet, die Kultur eines nahöstlichen Volks. Sie spricht nicht so sehr von einem Rechtssystem, sondern von Gemeinschaftsbeziehungen. Auch von Gemeinschaftsbeziehungen zwischen Gott und den Menschen. Spricht Paulus von der »Gerechtigkeit Gottes«, so meint er nicht, Gott gebe jedem Menschen das gleiche Maß an Glück oder Auskommen, sondern an dieser Stelle ist Gott in Wahrheit extrem »ungerecht«. Spricht er von der Gerechtigkeit des Menschen, so meint er ebenfalls nicht irgendeine Art von zuteilender oder urteilender Gerechtigkeit, sondern er lebe so, dass er dem gemeinsamen Leben »gerecht wird«, so, dass das gemeinsame Leben gelingt.

So erklärt es sich, dass Paulus sagt: *»Die Liebe ist des Gesetzes Erfüllung.«* Liebe ist Ausdruck nicht eines Gesetzes, sondern einer Gemeinschaft. So wird es auch verständlich, wenn ein Pharisäer zu Jesus kommt und fragt, welches das wichtigste Gebot im Gesetz sei, und wenn Jesus antwortet: *»Du sollst lieben.«* Das wichtigste Gesetz ist also eines, dass das Wesen jedes Gesetzes sprengt.

Vor diesem Hintergrund verstehen wir aber auch, warum Paulus sagt: *»Da ist keiner, der gerecht wäre.«* Oder: *»Mit Leistungen, wie ein Gesetz es fordert, kann kein Mensch vor Gott als gerecht gelten.«* Oder: *»Nun lässt Gott sie als gerecht gelten, ohne dass sie es verdient hätten, aus reiner Gnade.«* Oder: *»Wir sind überzeugt, dass ein Mensch mit Gott ins Reine kommt nicht durch das, was er leistet, sondern dadurch, dass er glaubt.«*

❀

Wir können die Rechtfertigungslehre auch in den folgenden fünf Sätzen beschreiben:

Der erste Satz: Alles steht und fällt mit Jesus Christus. Nichts geht ohne ihn, nichts an ihm vorbei. Er ist für uns gestorben. Mit ihm gelten wir alle als gestorben. Er ist auferstanden. Mit ihm werden wir von unserer Sünde frei und leben. Gerechtigkeit und damit das Leben vor Gott erlangen wir allein durch Jesus Christus.

Der zweite Satz: Von der Person, dem Wort, dem Werk und Weg des Jesus Christus erfahren wir durch das Evangelium. Im Evangelium gründet die Predigt der Kirche. Der Grund für unsere Gewissheit ist allein das Wort der Heiligen Schrift.

Der dritte Satz: Der Glaube bestimmt uns, auf die Gewinnung von Leben und Gerechtigkeit mithilfe unseres eigenen Tuns zu verzichten. Auch der Glaube selbst ist keine Wirkung unseres Wollens oder Tuns. Er ist reines Geschenk. Alles, auf das es ankommt, gelingt allein durch den Glauben. Das heißt dadurch, dass wir in vertrauender Gemeinschaft mit Gott leben.

Der vierte Satz: Wir Menschen sind von unendlichem Wert. Diesen Wert empfangen wir aus der Liebe Gottes. Wir sind mit Gott versöhnt. Wir haben Frieden. Wir sind so, dass wir Gott als unserem Gegenüber »gerecht werden«. Diese Gerechtigkeit empfangen wir nicht durch irgendein Anrecht, sondern allein durch die Gnade. Und zwar so, dass uns Gott seine Gerechtigkeit, seine Treue zuwendet.

Der fünfte Satz: Wir werden von Gott nicht nur als gerecht angesehen, wir sind es wirklich. Wir sind neue Geschöpfe. Es ist uns nun möglich, auf dieser Erde Verantwortung zu übernehmen und liebend zu wirken. Aber den Sinn und das Maß unseres Handelns, die Kraft und Wirksamkeit unseres Glaubens – damit kehren wir zum Anfang zurück – gewinnen wir allein aus Jesus Christus.

❀

Diese Rechtfertigungslehre des Paulus zeichnet sich zuvor schon in der Weise ab, wie Jesus auf Menschen zugeht oder sie bei sich aufnimmt. Er sagt ihnen ein aufrufendes, ein helfendes Wort und entlässt sie geheilt und in Frieden mit Gott und mit sich selbst. Heilung geschieht bei Jesus teils so, dass der von seiner Schuld in sich Gespaltene sich mit sich selbst aussöhnen kann, wie es der »großen Sünderin« geschah (vgl. Lukas 7,36–50), zu der Jesus sagt: *»Geh in den Frieden!«*; teils so, dass sie über die Kluft, die sie von Gott trennt, hinübergehoben werden wie jener Gichtbrüchige (vgl. Matthäus 9,1–7); teils so, dass der Leidende seinen schwachen Willen in den stärkeren Willen dessen, der ihm gegenübersteht, hinübergibt wie der Mann am Teich Betesda (vgl. Johannes 5,1–9); aber auch so, dass die Macht eines dunklen Geistes und seines Zwanges von ihm genommen wird wie jenem Mann in den Gräbern bei Gerasa (vgl. Lukas 8,26–39). Jesus war für die Menschen seiner Zeit ein »Heiler«. Oder wie wir in einem heute unverständlichen Wort sagen, ein »Heiland«. Das war die Arbeit, die er täglich tat. *»Wohin er kam«*, so wird erzählt, *»warf man ihm die Kranken vor die Füße, und er heilte sie.«* (Matthäus 15,30) Und wenn er sich aus dieser Arbeit lösen konnte, trat er in ein Schiff oder stieg auf einen Berg und erzählte Gleichnisse, in denen er den Sinn solcher Heilungen, solcher Neuanfänge deutete als Anfänge des Gottesreiches in den Menschen.

Immer wieder geschieht aber etwas, worauf es uns hier ankommt. Ich stelle mir vor, wie Jesus von Matthäus zum Essen eingeladen wird und wie mit ihm seine Jünger und seine Freunde, aber auch allerlei andere Leute ins Haus drängen, Arme und Reiche, krumme Gestalten und Korrekte, wie sie zu den Sündern oder den Gerechten zählen. Ich stelle mir vor, wie er diesem Zustrom nicht widersteht, sondern sie alle willkommen heißt zu dem Fest, das er mit ihnen feiern will. Wen lässt Jesus zu? Jeden, der kommt. Er stellt keine Bedingungen. Er verlangt keine Gesinnungsänderung, kein Bußbekenntnis, keine Beichte, keine Wiedergutmachung, keine Bestrafung. Er sagt zu jedermann: Lass, was dich belastet, vor der Tür liegen und komm! Lass, woran du verzweifeln willst, vor der Tür. Leg ab, was du getan hast, Gutes und Böses. Es spielt keine Rolle. Nichts, was du getan hast, interessiert mich. Was mich interessiert, bist du selbst. Komm, ich will mit dir feiern! Wenn dich dein Gewissen belastet oder deine Vergangenheit, dann höre auf die Einladung. Die Einladung zum Mahl, die ich ausspreche, ist die Vergebung der Sünden. So einfach ist das – und so unmöglich für eine geordnete Religion. Zu sagen: Komm, es ist alles gut, ist der Anfang, von dem aus alles gut wird. Zu sagen: Es ist alles gut, es wird alles gut sein – das und nichts anderes ist das Evangelium. Dieser »Rechtfertigung« aber folgt nun bei Jesus das Fest. Die Mahlzeit. Das Zusammensein mit ihm. Es folgt, dass der Gast hört, wie Jesus ihn anspricht, wie er Geschichten erzählt oder vom Gottesreich spricht.

Was folgt daher bei Paulus auf die Rechtfertigungslehre? Es folgt die Schilderung einer inneren Wandlung und Neuschöpfung des Menschen. Es folgt eine Mystik von Erleuchtung, von Geistempfang, von der Wandlung des Menschen in die Gestalt Christi, vom Leib Christi, der Kirche, und von der Gegenwart Christi im Sakrament des heiligen Mahls. Wer nach der Rechtfertigungslehre Schluss macht und sagt: Dies ist das Evangelium!, lebt an viel entscheidend Wichtigem vorbei. Die Rechtfertigungslehre beschreibt ja nur die enge Pforte, durch die wir in das Haus eintreten dürfen, in dem das Fest gefeiert werden soll.

25
Die zentrale Botschaft des Paulus liegt in seiner Christusmystik und in seiner Lehre von der Wandlung des Menschen in das Bild des Christus

In der Rechtfertigungslehre setzt Paulus sich mit seiner Lebenszeit und Denkweise vor seiner Bekehrung auseinander, und sie wird ihm zu einem Inbegriff für den ersten Schritt, den wir vor Gott tun sollen und dürfen, den Schritt in die Wahrheit unserer Person und in die Wahrheit des wirklichen Gottes. Sie sagt: Wenn du den christlichen Glauben verstehen und annehmen willst, dann musst du hier anfangen und darfst dir ihm gegenüber keine Ausflüchte, aber auch keine Erleichterungen oder Vereinfachungen gestatten. Die Rechtfertigung durch Christus ist eine harte Sache und sie will in ihrer ganzen Härte durchgestanden werden. Sie ist etwas wie das enge Tor oder der schmale Weg, von dem Jesus spricht, durch die wir einmal gegangen sein müssen, wenn in unserem Leben etwas wie Wahrheit aufscheinen soll. Sie sagt: Lass alle Illusionen über dich und deinen Zustand fahren und wirf dich ohne jede Sicherung Gott in die Arme. Seine Gnade ist nicht zu verdienen. Aber verlass dich darauf, sie wird dich auffangen.

Wenn Paulus aber nun über die Zeit seines Lebens nach seiner Berufung spricht, so spricht er in mystischen Bildern. Die evangelische Theologie tut gut daran, diese Bildersprache und ihre zentralen Aussagen neu zu entdecken. Denn nicht die Rechtfertigungslehre ist die Mitte des christlichen Glaubens, sondern es ist die Fülle unseres mystischen Seins in Gott. In Christus.

Wichtig ist allerdings, dass wir die Besonderheit dieser Mystik klar abheben gegen das, was man allgemein als Mystik bezeichnet. Bei fremden Religionen mystischer Prägung geht es zentral um das Ein-, Auf- und Untergehen des Menschen in die Gottheit. Bei Paulus liegt aller Ton auf einer Einswerdung des Menschen mit der Gestalt des Christus.

❀

Wenn wir nun einen kurzen Weg durch die mystische Auslegung der Christusgeschichte bei Paulus gehen, so finden wir in acht Schritten acht bestimmte Zuspitzungen dieser Auslegung.

Der erste Schritt: die Mystik des schlichten In-Seins

Die mystische Auslegung der Christusgeschichte beginnt damit, dass Paulus nicht wie Jesus sagt, in uns, inwendig in uns wachse das Reich Gottes, sondern in uns lebe, wachse und reife Christus. Und so sagt er, wo er auch sagen könnte »Gott ist in mir« oder »Das Reich Gottes ist in mir«, lieber »Christus ist in mir«. Wo er auch sagen könnte »Ich bin in Gott«, sagt er lieber »Ich bin in Christus«. Seine Mystik ist durch und durch Christusmystik.

»Durch Gottes Berufung seid ihr in Christus Jesus.«
1. Korinther 1,20

»Ist jemand in Christus, so ist er ein neues Geschöpf.«
2. Korinther 5,17

»Es gibt kein Todesurteil mehr für die, die in Christus Jesus sind.«
Römer 8,1

»Bei uns gilt einer nicht als Jude oder Grieche,
als Mann oder Frau,
ihr seid vielmehr alle miteinander ein Gesamtmensch,
weil ihr miteinander in Christus seid.«
so die Aussage von Galater 3,28

Paulus spricht so an etwa sechzig Stellen. Er sagt aber auch das scheinbar Gegensätzliche, nämlich: Christus sei in uns, und diese reziproke Redeweise des »Christus in uns« und des »Wir in Christus« ist die charakteristisch mystische Redeweise. Sie erscheint in jeder theistischen Mystik. So etwa redet Jesus auch bei Johannes:

> »An jenem Tag werdet ihr erkennen, dass ich in meinem Vater bin, dass ihr in mir lebt und ich in euch.«
> *Johannes 14,20*

❀

Der zweite Schritt: die Mystik der Teilhabe an Tod und Auferstehung des Christus

Manchem Mystiker mag man eine genießerische Passivität vorwerfen. Ein weltloses Glück der Gottesnähe. Paulus macht uns das von Anfang an unmöglich. Er sagt: Christusmystik hat das Besondere an sich, dass wir sein Schicksal erfahren, sein Leiden und seine Auferstehung, und dass dieses Schicksal der Schrecken und der Erlösung sich ein Leben lang an uns vollzieht:

> »Ich bin mit Christus gekreuzigt.«
> *Galater 2,19*

> »Ständig werden wir, die leben,
> in den Tod gegeben um Christi willen,
> damit auch das Leben Jesu
> an unserem sichtbaren Leibe sichtbar werde.«
> *2. Korinther 4,11*

> »Ihn möchte ich erkennen und die Kraft seiner Auferstehung,
> ich möchte verstehen,
> wie unser Leiden uns mit dem seinen verbindet,
> und so seinem Tode ähnlich werden,
> damit ich zur Auferstehung von den Toten gelange.«
> *Philipper 3,10–11*

Er sagt also: Ich durchlebe den Tod. Ich denke durch ihn hindurch. Ich schaue hindurch. Ich finde meine eigene Gestalt, und die ist die Gestalt des leidenden Christus. Die aber ist durchscheinend auf das neue Leben seiner Auferstehung. Und damit meint er: Wir sind in Christus und leiden mit ihm. Er ist in uns und leidet mit uns. Wir werden in ihm zu unserer eigentlichen Gestalt aufgerichtet. Er ist in uns und feiert in uns seine Auferstehung. Es ist ein Alles-Hingeben und ein Alles-Gewinnen. Es ist die äußerste Nähe zur Welt mit ihrem Leidens- und Todesschicksal, zugleich aber eine äußerste Distanz zu ihrer Gewalt, ihrem Unrecht und ihrer Hoffnungslosigkeit. Es ist die Begegnung mit dem Bild, das mir Jesus Christus von sich und von mir selbst zugleich zeigt.

❀

Der dritte Schritt: Geistmystik

Ein anderer mystischer Gedankenkreis zeigt uns das Wirken des heiligen Geistes:

> »Die Liebe Gottes ist ausgegossen in unsere Herzen,
> durch den heiligen Geist, der uns verliehen ist.«
> *Römer 5,5*

> »Wisst ihr nicht, dass ihr der Tempel Gottes seid
> und dass Gottes Geist in euch wohnt?«
> *1. Korinther 3,16–17*

Dieser Geist aber stellt die Nähe und die Dichte unseres Gesprächs mit Gott her. Er spricht an unserer Stelle mit Gott, und dieses Reden des Geistes in uns zu Gott gehört zu den grandiosesten Gedanken des Paulus:

> »Der Geist hilft unserer Schwachheit auf.
> Denn wir wissen nicht, was wir beten sollen.
> Der Geist aber vertritt unsere klagende Stimme
> ohne Worte vor Gott.

Gott aber, der die Herzen erforscht,
versteht, was der Geist sagen will.«
Römer 8,26–27

Umgekehrt wiederum verschafft uns der Geist Einsicht in die tiefsten Geheimnisse Gottes:

»Was kein Auge gesehen und kein Ohr gehört hat
und in keines Menschen Herz gekommen ist,
hat Gott uns offenbart durch seinen Geist.
Denn der Geist erforscht alle Dinge,
auch die Tiefen der Gottheit.
Denn wer kann wissen, was im Menschen ist,
als allein der Geist des Menschen, der in ihm ist?
So auch weiß niemand, was in Gott ist,
als allein der Geist Gottes [in uns!].«
so die Aussage von 1. Korinther 2,9–11

❀

Der vierte Schritt: Mystik der Erleuchtung
Wie das eben zitierte Wort 1. Korinther 2,9–11 es schon gesagt hat, redet Paulus immer wieder von »Erleuchtung«, wie wir es auch in Epheser 5,14 als Erbe aus der Theologie des Paulus vorfinden:

»Wach auf, der du schläfst, so wird dich Christus erleuchten.«

Er wird, heißt das, seine göttliche Herrlichkeit dir offenbar machen:

»Gott, der sprach, Licht soll aus der Finsternis hervorleuchten,
ist als heller Schein in unseren Herzen aufgegangen
und hat uns erleuchtet,
so dass wir die göttliche Herrlichkeit erkennen,
die uns auf dem Angesicht des Jesus Christus erscheint.«
2. Korinther 4,4–6

Das heißt: Wir werden durch die Anwesenheit und Wirksamkeit des Geistes Gottes in uns fähig, Licht als Licht zu erkennen.

Die mystische Frömmigkeit wird oft dahingehend missverstanden, dass sie das Dämmerlicht liebe, das Dunkel gar; sie mache die Welt künstlich dunkel, auch wo sie für den normalen Menschen hell und klar sei. Aber die Zeugnisse der großen Mystiker sprechen eine ganz andere Sprache. Dem religiösen Visionär ist der Tag nicht hell genug. Im Spiegel des Lichtes, das er eigentlich sucht, ist der Tag auf dieser Erde Dämmerung und ist der Weg des Menschen ein Weg durch die Nacht. Und wenn er ans wirkliche Licht gerät, spricht er von der »Überhelle« dieses Lichts. Und er sagt, was wir mit unseren irdischen Augen nicht wahrnehmen können, weil es unserem Auge zu hell ist, das sei das »göttliche Dunkel« oder, was dasselbe ist, das »überhelle Licht«.

Gotteserfahrung ist eine Erfahrung der Helligkeit, die über dem Dasein liegt. Und wir werden fähiger, sie zu schauen in dem Maß, in dem wir von uns absehen und den Menschen in uns ins Auge fassen, den Gott in uns neu angefangen hat.

❀

Der fünfte Schritt:
die Mystik der Wandlung in die Gestalt Christi

In ihrem Kern ist die Mystik des Paulus eine Wandlungsmystik. Er will sagen: Dadurch, dass uns der Geist Gottes gegeben ist, haben wir die Klarheit des Schauens. Die Augen gehen uns auf. Was wir schauen, verwandelt uns. Schauen verbindet den, der schaut, mit dem, was oder wen er schaut. So entsteht in uns, wenn wir Christus schauen, der neue Mensch, der das Bild des Geschauten in sich trägt. Das Bild des Christus prägt uns um – zu unserer eigenen, eigentlichen Gestalt:

»Wo der Geist des Christus ist, da ist Freiheit.
Nun schauen wir die Herrlichkeit Gottes wie in einem Spiegel;
wir werden von ihm in sein Bild verwandelt
und gehen von einer Verwandlung in Licht in die andere.«
2. Korinther 3,17–18

Die Wandlung in das Bild Christi, die in dieser Welt anfängt zu geschehen, verweist uns auf unser zukünftiges Bild. Wir erwarten die Stunde, in der wir durch das Licht, das uns in dieser Welt aufgeht, in unsere eigentlichen Gestalt hinübergehen in ein anderes, ein von Licht, von Sinn und Schönheit erfülltes Dasein. Wir lesen:

»Gott erleuchte die Augen eurer Herzen so,
dass ihr schauen könnt,
was die Zukunft für euch bereithält
und welche Fülle von Licht sich in euch,
den Heiligen, spiegelt.«
so die Aussage von Epheser 1,18

»Denn Gott hat uns bestimmt
zu der Gemeinschaft des Lebens in ihm
und hat uns eine neue Gestalt,
das Bild seines Sohnes, zugedacht.
Am Ende wird Christus der Älteste sein
unter vielen Geschwistern.«
Römer 8,29

Wir sind vergehende Menschen und leben in einer vergehenden Welt. Aber Christus zeigt uns, indem er uns durchscheinend wird auf das Licht Gottes hin, dass sich etwas Festliches vorbereitet. Wenn die Sonne aufgeht, tut sie es ohne Lärmen. In großer Stille schafft sie den neuen Tag. Wir aber, die in ihrem Licht leben, erwarten die Stunde, in der wir durch das Licht, das uns in dieser Welt aufgehen kann, hinübergehen in ein anderes, ein von Licht erfülltes Dasein.

❀

Der sechste Schritt: die mystische Struktur der Kirche

»Ihr seid als Kirche der Leib Christi
und jeder von euch ist eines seiner Glieder.«
so die Aussage von 1. Korinther 12,27

»Das Brot, das wir brechen –
ist das nicht die Gemeinschaft des Leibes Christi?
Es ist ein Brot, so sind wir vielen ein Leib.«
1. Korinther 10,16–17

Das meint nicht: Ihr gehört irgendwie zusammen, sondern: Dadurch, dass wir in Christus sind und Christus in uns, wird Christus zu einem neuen Bild dessen, was wir werden sollen. Wir sind danach sein »Leib«, das heißt, seine sichtbare Person.

❀

Der siebte Schritt: Ausstrahlung in die Ethik
Christliches Handeln ist Handeln »im Geist«, wie Paulus sagt. Es ist Handeln, vom Geist geführt. Hier findet seine Mystik ihr praktisches Ziel:

»Wenn wir aus dem Geist leben,
so lasst uns auch aus dem Geist handeln.«
Galater 5,25

»Die Liebe Gottes ist ausgegossen in unsere Herzen
durch den heiligen Geist, der uns verliehen ist.«
Römer 5,5

❀

Der achte Schritt: das Bild des neuen Menschen
Insgesamt ergibt sich ein Leben, das Sinn hat, auch, wenn es schwer zu tragen ist. Wenn Paulus über sein Leben und das Leiden spricht, das es ihm zumutet, dann so:

»Ich bin glücklich und preise Gott auch in Bedrängnissen,
denn ich weiß:
In den Bedrängnissen wächst die Geduld.
In der Geduld festigt und bewährt sich der Glaube.
Aus der Bewährung erhebt sich Hoffnung.
Die Hoffnung aber enttäuscht nicht.
Wie kann ich das behaupten?
Ich kann es sagen, weil uns Gottes Geist gegeben ist
und die Liebe, die von Gott ausgeht,
unsere Herzen erfüllt.«
Römer 5,3ff.

Er sagt: Ich habe erfahren, dass sich mitten in Bedrängnis und Verfolgung so etwas einstellte wie ein langer Atem, und als ich mich ihm überließ, wuchsen die Kräfte; und in dem Maß, in dem die Kräfte wuchsen, war mir die Zukunft nicht mehr so bedrohlich; sie weitete sich, mein Weg wurde klarer, ich gewann die Zuversicht, dass ich ihn bestehen würde, und ich bin überzeugt, diese Zuversicht wird sich bewähren.

Er meint also: Ich denke durch den Tod hindurch. Ich glaube hindurch. Ich lebe hindurch. Ich liebe hindurch. Ich habe Zuversicht und Gelassenheit. In mir kommt eine Bewegung in Gang, ein Prozess nicht nur hin zu mehr Kraft und Klarheit, sondern auch zu mehr Friedenswillen, Güte und Weisheit. Ich finde meine eigene Gestalt, und die ist die Gestalt des Christus. Ich wandle mich zu einem Instrument der befreienden und beglückenden Liebe Gottes und spiele zu dem Fest auf, das den Geschöpfen Gottes und mit ihnen auch uns Menschen zu feiern bevorsteht.

❀

All dies zusammen nennen wir die »Mystik des Paulus«. Sie ist die eigentliche Botschaft, die der Rechtfertigungslehre folgt. Aber wie ist es denn zu verstehen, dass wir, was wir hier hören, so sehr in den Hintergrund oder ins Abseits verdrängen, als handelte es sich dabei nicht um das Innerste und Wesentlichste des christlichen Glaubens? Und wie mag es geschehen, dass Paulus bei uns missachtet wird als der, der uns Menschen klein macht und zu Sündern erklärt, während er Dinge sagt, die uns Menschen eine Würde und eine Größe geben, wie sie kaum je ein Philosoph oder religiöser Denker in der Welt zu entwerfen gewagt hat?

Was wir nach Paulus auf den inneren Wegen der mystischen Einheit mit Christus gewinnen können, ist jener »Mut zum Sein«, den Jesus als »Sorglosigkeit« bezeichnet: Mut, in der Welt zu stehen. Sich dem unberechenbar Lebendigen auszusetzen. Mut, zu widerstehen, wo deformiert oder zerstört wird, Mut, seinen Glauben dem Anspruch von Mächten aller Art entgegenzustellen. Mut, ein »Liebhaber des Lebens« zu sein in dem Sinn, in dem der Dichter des Buches der »Weisheit Salomos« dies von Gott sagt (vgl. Weisheit 11,26). Es ist jene überlegene Leichtigkeit, die Jesus auch mit »Seligkeit« bezeichnet: das freie Gehen auf einem zukunftsgewissen Weg, der uns lehrt, etwas davon »zu merken«, dass Christus in uns und wir in Christus sind (vgl. 2. Korinther 13,5).

VI

Drei Schwierigkeiten, die die Christen nach innen und außen zu bestehen hatten

26
Die ersten siebzig Jahre brachten dem jungen Christentum drei Konflikte

Der erste dieser Konflikte beherrschte die apostolische Zeit. Er begann sofort mit dem ersten Anfang, unmittelbar nach Ostern und Pfingsten. Er setzte ein mit der Feststellung des Stefanus, der Tempel der Juden sei für die Christen entbehrlich geworden. Daraufhin wurde Stefanus als erster christlicher Märtyrer gesteinigt. Der Konflikt setzte sich zehn Jahre später fort in der Auseinandersetzung zwischen den jüdischen und den nichtjüdischen Christen um die Heiligkeit des Ritualgesetzes mit Beschneidung und Speisegeboten, und er wurde auf dem sogenannten Apostelkonvent im Jahr 48 in Jersusalem ausgetragen. Im Kampf des Paulus um die evangelische Freiheit seiner Gemeinden zeichnet sich eine erste Lösung des Konflikts ab. Er wird einigermaßen bewältigt in den Kapiteln 9–11 des Römerbriefs. Nach der Zerstörung Jerusalems in der Auseinandersetzung des Matthäusevangeliums mit der entstehenden Synagoge um 90 wird er noch einmal aktuell und schließt ab in der völligen Ablösung von der jüdischen Überlieferung im Evangelium des Johannes um 100.

Der zweite dieser Konflikte, der in der nachapostolischen Zeit zu bestehen war, ergab sich mit den Vorstellungen von der Wiederkunft Christi: ob sie denn nun unmittelbar bevorstehe oder erst im Lauf einer langen Zeit des Wartens und des Leidens eintreten werde. Man war überzeugt, dass Christus in naher Zukunft wieder in Erscheinung treten werde als Herr der Welt und als derjenige, welcher der Geschichte der Menschen auf dieser Erde, dieser Geschichte der Verbrechen und der Katastrophen, ein Ende setzen werde. Aber wann würde das sein? Heute oder morgen oder doch so bald, dass die jetzt Lebenden ihm noch den Empfang bereiten werden? Und schon früh erhob sich die Frage, was denn aus den Menschen werde, wenn Christus nicht zu deren Lebzeiten komme. Müssen sie ihre Hoffnung aufgeben? Sollen sich die Menschen in ihrer Zeit einrichten? Dieser »prophetische« Konflikt hatte zudem seine Brisanz im Verhältnis der Kirche zu den Mächten dieser Welt: Wenn Christus kommt, so wird er der Herr der Welt sein. Und was bedeutet das für die Konflikte mit den Trägern der weltlichen Macht, die sich immer bedenkenloser als »Herr und Gott« verehren ließen? Hier wirkt sich ein altes jüdisches Erbe aus, das darin bestand, dass Gott allein der Herr und jede Vergöttlichung eines Menschen absurd und verwerflich sei. Kommt also dieser Herr, so hat der Kaiser neben ihm keinen Raum. Solange aber der Kaiser die Macht hat, wird der Weg der Christen ein Weg des Leidens sein.

Den dritten Konflikt beobachten wir in seinen Anfängen schon weniger als vierzig Jahre nach dem Tod Christi, schon in der apostolischen Zeit. Er wird zum ersten Mal spürbar in den Briefen des Paulus an die Korinther, als in der dortigen Gemeinde plötzlich der Wunsch nach mehr Erkenntnis, mehr Einblick in die Geheimnisse Gottes und der Welt erwachte, mehr jedenfalls, als Paulus anbieten konnte. Man suchte den Sinn des Weltgeschehens in fantastischen geistigen Erfahrungen zu fassen, und Paulus hatte große Mühe, diese Gemeinde auf den Boden des schlichten Evangeliums zurückzuholen. Es war der Konflikt um eine breit aufkommende Zeiterscheinung, die »Gnosis«. Er fand seinen stärksten Ausdruck um 100 im Evangelium des Johannes, als es darum ging, Gedanken, in denen die Gnosis und das Evangelium übereinstimmten, aufzunehmen und andere Gedanken abzuwehren, die dem Evangelium fremd oder feindlich waren.

❀

Noch einmal, anders gefasst:

Der erste dieser Konflikte ging um die Vergangenheit, als die Christen sich fragten: Sind wir mit dem, was wir erfahren haben, nun dem noch verpflichtet, was seit tausend oder mehr Jahren gültig war? Oder hat sich uns etwas Neues, Anderes kundgetan? Was gilt es zurückzulassen, wenn gelten soll, was wir an Jesus gesehen und von ihm gehört haben?

Der zweite hatte mit der Zukunft zu tun: Was wird die Zukunft bringen? Wie werden wir dem, was die Zukunft bringt, gewachsen sein? Was wird von dem, was wir gegenwärtig erleben, in und nach dieser Zukunft noch von irgendeiner Bedeutung sein? Und können wir unserer Aufgabe gerecht werden, wenn alles anders geworden sein wird?

Der dritte Konflikt kam dadurch zustande, dass etwa in der zweiten Hälfte des 1. Jahrhunderts sowohl die Fragen nach der Vergangenheit wie auch die nach der Zukunft ihre Dringlichkeit verloren. Die Spiritualität, die die Gnosis fand, sagte: Alles Entscheidende geschieht heute. Das Gericht zum Beispiel geschieht heute. Das Kommen Christi im Geist Gottes geschieht heute. Und mit dem, was heute geschieht, stehen wir Gegenwärtigen der Wahrheit unmittelbar gegenüber, wir stehen hoch über allem, was die Geschichte gebracht hat und was sie in Zukunft noch bringen kann.

27
Der erste Konflikt: die Auseinandersetzung mit dem Judentum und seiner Überlieferung, also mit einer großen, aber an ihr Ziel gekommenen Vergangenheit

Der erste Konflikt begann unmittelbar nach Pfingsten. Er stellte sich die Frage: Soll man, wenn Jesus das Maß wurde, noch immer nur das jüdische Volk für auserwählt halten? Soll man den Tempel, die Priesterschaft, den Opfergottesdienst, das Ritual der Beschneidung und die Speisegesetze ablegen oder bewahren? Und was soll auf dem Feld des moralischen Handelns gelten?

Die Gemeinschaft, die vor und nach Ostern und Pfingsten bestanden hatte, war vermutlich sehr klein. Sie bestand aus den Aposteln, einigen Frauen und vielleicht dem einen oder anderen bisherigen Anhänger Jesu. Und sie waren vermutlich alle Juden. Nachdem sie, die in einem normalen Wohnhaus Platz fanden, auf die Pfingsterfahrung hin den Schritt an die Öffentlichkeit gewagt hatten, kam ein größerer Kreis von Bewohnern Jerusalems hinzu. Er bestand einerseits aus Bürgern der Stadt und angereisten jüdischen Festpilgern, andererseits aus griechisch sprechenden Bewohnern der Stadt, die man Hellenisten nannte. Es wird ja berichtet, an Pfingsten seien Menschen aus vielen Ländern zusammengekommen, sie hätten in verschiedenen Sprachen geredet und hätten einander dennoch verstanden. Die christliche Gemeinde, die danach entstand, war daher von Anfang an mehrsprachig und mindestens bikulturell, vielleicht auch multikulturell.

❀

Mir scheint deutlich zu sein, dass Jesus selbst nicht daran gedacht hatte, das Judentum zu verlassen. Die Bewegung, die er ins Leben gerufen hatte, gehörte in die Reihe der Erneuerungsbewegungen, die in den beiden Jahrhunderten vor ihm für das Judentum kennzeichnend waren. Er hatte zwar auf der rituellen Ebene einige Änderungen gefordert, aber in all dem griff er über ein besser verstandenes Judentum nicht hinaus.

Erst die Kreuzigung, das heißt die Ausstoßung Jesu aus der Gemeinschaft des Judentums, führte zu der Frage, wo denn nun, innerhalb oder außerhalb des heiligen Volks, der Platz für die Christen sei. Erst der Geistempfang, der über die Grenzen des Judentums hinauswies, das heißt zu einem Bekenntnis zur Gegenwart Gottes ohne rituelle Bedingungen führte, weckte die Frage, was dieser Jesus Christus über das Judentum hinaus für das weitere Geschehen auf dieser Erde bedeute.

Nach Pfingsten scheint das Bedürfnis erwacht zu sein, nach den beiden Sprachgruppen getrennt in gesonderten Gemeinschaften verbunden zu sein. Der führende Kopf unter den Hellenisten, Stefanus, brachte in der Öffentlichkeit rasch die Sprache auf die Bedeutung des Tempels. Er bezeichnete ihn und die ganze Priesterschaft als entbehrlich und als Relikt einer vergangenen Religiosität. Er wurde von der am Tempel orientierten Obrigkeit festgenommen, des Verrats an Tempel und Gesetz angeklagt und nach einem Schnellverfahren gesteinigt. Seine hellenistische Gruppe wurde aufgespürt und aus Jerusalem vertrieben. Sie zerstreute sich nach Samarien und Syrien, vor allem in die Großstadt Antiochien. Überall wirkte ihr Auftreten auf die jüdischen Synagogengemeinden erregend und verwirrend. In Antiochien aber nannte man sie zum ersten Mal »Christen«.

Die beiden Gruppen blieben gesondert bestehen. Die jüdische feierte die Gottesdienste am Tempel mit, die anderen strebten in die Unabhängigkeit. Jakobus, der Jünger, später der andere Jakobus, der Bruder Jesu, standen von Jerusalem aus für die jüdische, judenchristliche Gruppe und für ihr Verbleiben innerhalb der jüdischen Religion. Ihnen gegenüber stand Paulus für die Lösung von Gesetz und Kult. Die Differenzen ergaben sich vor allem bei den Speisegesetzen und bei der Frage, ob neue Mitglieder der christlichen Gemeinde bei der Aufnahme zu beschneiden seien. Als es zwischen den Gemeinden in Jerusalem und Antiochien zum Streit kam, reiste Paulus, wie er in seinem Brief an die Galater erzählt, aus Antiochien nach Jerusalem:

»Später, nach vierzehn Jahren, reiste ich zum zweiten Mal nach Jerusalem hinauf, diesmal mit Barnabas zusammen, und nahm auch Titus mit mir. Dort legte ich der Gemeinde die Botschaft vor, die ich unter den fremden Völkern ausbreitete. Auf besonderen Zusammenkünften aber besprach ich mich vor allem auch mit den Leitern der Gemeinde. Ich fürchtete nämlich, meine ganze Arbeit und alle meine Reisen könnten vergeblich gewesen sein. Damals wurde nicht einmal Titus, der ja ein Grieche ist, gezwungen, sich beschneiden zu lassen. Es hatten sich zwar einige falsche Brüder eingedrängt, die auskundschaften wollten, was wir uns mit unserem Christenglauben an Freiheiten erlaubten, und hatten uns wieder in die Sklaverei des jüdischen Gesetzes zurückzwingen wollen. Aber keinen Augenblick habe ich ihnen nachgegeben oder Autorität zugestanden, denn ich wollte, dass die Wahrheit des Evangeliums für euch bestehen bleibe. Damals waren die versammelt, von denen man sagte, sie seien die Autoritäten der Kirche. Mich geht dabei nichts an, was sie im Übrigen für Leute waren, denn Gott richtet sich nicht nach den besonderen Vorzügen, die einer mitbringt, wenn er ihm ein Amt überträgt. Sie haben mir keine Bedingungen gestellt und keine Vorschriften auferlegt. Im Gegenteil: Sie sahen, dass mir die Botschaft an die fremden Völker anvertraut war, ebenso wie Petrus die an die Juden. Denn er, der Petrus befähigt hat zu seiner Arbeit an den Juden, hat mich befähigt zu meiner Arbeit an den anderen Völkern. Sie sahen, dass Gott mir die Gnade verliehen hatte, sein Wort unter den fremden Völkern

auszubreiten, und Jakobus, Petrus und Johannes, die als Säulen der Kirche galten, gaben mir und Barnabas die rechte Hand zum Zeichen der Gemeinschaft und der Zusammenarbeit. Wir verabredeten, dass wir zu den fremden Völkern gehen sollten, sie aber zu den Juden.«
Galater 2,1–9

Dieses Treffen, der so genannte Apostelkonvent, fand im Jahr 48 statt. Danach machte Petrus einen Gegenbesuch in Antiochien. Hier zeigte sich das andere Identitätsmerkmal des Judentums als Auslöser des Streits. Denn offen war noch immer, ob und wie die Speisegebote gelten oder nicht gelten sollten. Paulus schreibt darüber:

»Als Petrus später nach Antiochia kam, trat ich ihm Auge in Auge entgegen, denn er war sichtbar im Unrecht. Ehe nämlich einige Abgesandte von Jakobus gekommen waren, hatte er mit den griechischen Christen Tischgemeinschaft gehalten. Als sie aber ankamen, zog er sich von ihnen zurück und sonderte sich ab, weil er die Kritik der jüdischen Christen fürchtete. Die übrigen Juden in der Gemeinde fingen nun auch an, ihre Tischgemeinschaft mit den Griechen zu verleugnen, sodass sogar Barnabas sich schließlich an dem falschen Spiel beteiligte. Als ich aber sah, dass sie nicht wahr blieben, dass ihr Verhalten der Klarheit und Eindeutigkeit des Evangeliums nicht entsprach, trat ich Petrus vor der ganzen Versammlung entgegen:

›Du bist ein Jude! Du lebst aber nicht jüdisch, sondern so frei, wie auch die Christen aus den fremden Völkern leben. Wieso zwingst du durch dein Verhalten die nichtjüdischen Christen, nun umgekehrt jüdisch zu leben?‹«
Galater 2,11–14

Diesmal aber unterlag Paulus den Abgesandten aus Jerusalem. Er löste sich von der Gemeinde in Antiochien und ging auf seine eigenen Reisen, die ihn vor allem in die heutige Türkei und nach Griechenland führten.

❀

Mit alledem verlor die christliche Wanderbewegung ihre Heimat. Sie war gezwungen, ihre eigenen Rituale auszubilden, sie hatte keinen Tempel mehr und keine Opferfeste. So gewann danach der Tod Jesu den Rang des kultischen, versöhnenden Opfers, und die Taufe trat an die Stelle der Beschneidung.

❀

Noch eine weitere Folge machte sich bemerkbar auf dem Feld der politischen Einordnung der Christen: Kaiser Caligula hatte verfügt, der Glaube der Juden sei staatlicherseits zu respektieren, aber nur unter der Bedingung, dass er exakt am Glauben der jüdischen Tradition festhalte und keinerlei Veränderungen an ihm vorgenommen würden. Als nun die Christen in der jüdischen Gemeinde Roms auftraten, galten sie als ein verfälschtes Judentum, ihr »Judentum« verlor seinen staatlichen Schutz und die Juden samt den Christen wurden aus Rom ausgewiesen. Sie machten, wie das Edikt der Ausweisung im Jahr 49 sagte, Unruhe »unter einem Chrestus«. Den Christen wurde damals geraten, sich doch wieder in die jüdischen Gemeinden einzufügen. Gegen diese nun unter den Christen erwachende Tendenz trat Paulus danach an vielen Orten im Römischen Reich auf, auch mit der Reihe seiner Briefe, in denen er darlegte, warum für die Christen mit einer Rückkehr zum Judentum nichts zu gewinnen, aber alles zu verlieren sei. Aus dem Kampf des Paulus um die Unabhängigkeit der christlichen Gemeinden folgte praktisch die Entwicklung des Christentums zur selbständigen Religion.

Überall aber, wohin die Wanderer kamen, bestimmt durch ihre Auslegung des Alten Testaments, bestimmt durch ihr Bild von Christus und geleitet von ihren ekstatischen Erfahrungen, nahm der christliche Glaube die besondere Färbung an, die ihm diejenigen mitgaben, die ihn ausriefen. Wir müssen uns deshalb von der Vorstellung freimachen, die Urgemeinde sei »ein Herz und eine Seele« gewesen in dem Sinne, dass es in ihr keine Differenzen gegeben habe, keine Auseinandersetzungen und keinen Streit. Es gab sie. Aber die entscheidende Frage war danach nicht die, ob man sich gestritten, sondern die, ob man aus dem Streit herausgefunden hatte. Unser Bild von der ersten Gemeinde wandelt sich heute in die nüchterne Vorstellung von einer realen Gemeinschaft zwischen lebendigen Menschen. Die Meinung, am Anfang habe eine »reine« Gemeinde gestanden, die leider später einer verwaschenen, bürgerlichen Kirche Platz gemacht habe, hat sich bei genauem Nachfragen der Forschung als irreführend erwiesen.

❀

Eine besondere Färbung nahm der Konflikt zwischen Judentum und Christentum später im Werk des Matthäus an, also um das Jahr 90. Davon wird im Abschnitt »Matthäusevangelium« die Rede sein. Er spielte sich ab zwischen der nach dem Untergang Jerusalems neu entstehenden Bewegung des jüdischen Rabbinats einerseits und Matthäus andererseits, dem Erben und Verfechter der besonderen Färbung, welche die christliche Lehre für die Wanderbewegung angenommen hatte.

Den Abschluss und das Ende dieser Kontroversen mag man bei Johannes ausgeprägt finden. Johannes steht einerseits im harten Gegensatz zum Judentum, andererseits ist die Auseinandersetzung für ihn beendet und abgeschlossen.

❀

Die Grundfrage in diesem ersten Konflikt war: Wo kommen wir her? Was legt uns fest? Was will uns auf den bisherigen Glauben verpflichten? Kann es die lange Vergangenheit, die lange Geschichte unseres Volks sein? Aber die läuft doch für die Klarsicht wacher Zeitgenossen auf eine Katastrophe zu! Ist es das Gewesene? Es hat uns zwar eine genau geordnete Lebensform, aber weder Heil noch Freiheit gebracht! Man fragte also: Was ist alt? Was ist neu an der neuen Botschaft? Und was müssen wir vom Alten loslassen, wenn das Neue unser Leben prägen soll? Und so lesen wir:

»Das Alte ist vergangen. Alles ist neu geworden.«
1. Korinther 5,17

»Indem Gott von einer neuen Ordnung spricht, erklärt er die bisherige für veraltet. Was aber alt und verbraucht ist, ist seinem Ende nah.«
Hebräer 8,13

»Ihr wisst, dass zu den Alten gesagt ist ... – ich aber sage euch ...«
Matthäus 5,21

»Man flickt nicht ein altes Kleid mit einem neuen Lappen.«
Matthäus 9,16

»Nun dienen wir Gott, so anders und neu, wie sein Geist es will, und nicht mehr in der alten Art, die das Gesetz vorschrieb.«
Römer 7,6

Immer wieder und mit zunehmender Entschiedenheit löste sich das anfängliche Christentum aus den Bindungen durch das umgebende Judentum. Und dennoch: Weil das Alte Testament Prophetien auf Christus hin enthielt, bewahrten die Christen die Jahrtausenddokumentation des »Alten Testaments« unter ihren heiligen Schriften.

28
Der zweite und wichtigste Konflikt zwischen den Jahren 50 und 80 war der um die Wiederkunft des Christus

Die Propheten des Alten Testaments sind uns mehrheitlich bekannt, ihre Namen, ihre Zeit, ihre Botschaft vertraut. Im Neuen Testament spielen die Stimmen der Propheten eine erhebliche Rolle, aber wir wissen keinen einzigen Namen. Das prophetische Bewusstsein ist hier wohl nicht das einzelner Personen, vielmehr könnte es sinnvoll sein, den Geist und die Atmosphäre mindestens im 1. Jahrhundert überhaupt als »prophetisch« zu bezeichnen, das heißt einer nahen, aktuellen Zukunft zugewandt.

Christus wird wiederkommen, so war man überzeugt. Diese Wiederkunft kann heute oder morgen, sie wird auf alle Fälle in baldiger Zukunft geschehen. Als sich diese seine Ankunft hinauszog, hatte man große Mühe, den Gedanken, dass Christus wiederkehren werde, überhaupt festzuhalten.

Wir sind nicht Teil der Gesellschaft, in der wir leben. Wir sind auf dieser Erde nicht zu Hause, das war vielen unter den aktiv wirkenden Christen der ersten Zeit klar. Es gilt, Haus und Hof zu verlassen, ohne Besitz zu leben und es wehrlos mit anderen, feindlichen Kräften aufzunehmen. Die Wanderbewegung dachte so. Ein hartes, strenges Ethos, wie Jesus es verkündet hatte, beherrschte die Szene. Wir sind anders, und diese Fremdheit in der Welt ist ein Merkmal des christlichen Glaubens. Sie kommt im »Buch der Reden« am stärksten zum Ausdruck.

Dritte zogen daraus die Konsequenz, der politischen Macht gegenüber gelte die Grundregel: Gott und der Kaiser sind zu trennen. Wer Gott dienen will, kann nicht den Kaiser göttlich verehren. Niemand kann zwei Herren dienen.

Wenn die politische Macht über uns herrschen will, gibt es für uns nur das willige Leiden.

All dies ist begründet im prophetischen Geist und führt zum zweiten, breiten und tiefen Konflikt, mit dem die Christen der ersten Zeit zu tun hatten.

❀

Wenn es zum Ende des 1. Jahrhunderts zur Abfassung von Apokalypsen kam, das heißt zu Darstellungen des Weltendes, des Gerichts und der Aufrichtung des Gottesreichs, dann waren sie charakterisiert durch die Darstellung von Entrückungen und Himmelsreisen wie 2. Korinther 12,1–4, von Visionen und Auditionen oder von prophetisch inspirierter Deutung von Bildern der Heiligen Schrift. Es kam zur Deutung einer universalgeschichtlichen Hoffnung auf den neuen Äon oder einer individuellen Aussicht auf die Auferstehung, das Endgericht über den Einzelnen und sein ewiges Leben. Es kam zu Spekulationen über das Jenseits, zur Schwarz-Weiß-Zeichnung der guten und der satanischen Mächte. Die Offenbarung des Johannes wird all dies wie ein Modell darbieten. Es ist fast selbstverständlich, dass es angesichts so beliebiger Varianten der Zukunftshoffnung auch zu Meinungsverschiedenheiten zwischen den einzelnen Gruppen oder Flügeln der Jesusbewegung kam, wie sie etwa an der Gemeinde in Korinth anschaulich werden.

Man nennt diesen Ausgriff auf die Zukunft »Apokalyptik«. Es gab vor Jesus schon eine jüdische Apokalyptik, deren Absicht es war, das Erbe der alttestamentlichen Prophetie weiterzutragen und sie dabei neu zu formen und zu deuten. Dass die Welt unter furchtbaren Katastrophen zugrunde gehen werde, ist kein Gedanke der Christen allein, sondern zu jener Zeit eine verbreitete Befürchtung. So sprachen die jüdischen Gelehrten von den »messianischen Wehen«, die dem Ende vorausgehen. Auch dass die Toten auferstehen, alle Menschen vor dem Richtstuhl Gottes erscheinen werden, ist damals ein verbreiteter Glaube, der für das tägliche Leben der Einzelnen manchmal erhebliche Folgen hatte.

❀

Christus wird wiederkommen

Als die Wanderbewegung aufbrach, nahm sie eine große, weit gespannte und dringende Hoffnung mit sich auf ihre Straßen. Aber auch die am Ort bleibende Gemeinde in Jerusalem lebte von Ostern und Pfingsten aus in eben dieser nahen und dringenden Erwartung: Jesus wird wiederkommen! Und das wird sehr bald sein.

Die Apostelgeschichte berichtet mit einiger Bewunderung:

> »Die Gemeinde aber war ein Herz und eine Seele, und nicht einer sagte von seinem Besitz, er gehöre ihm, vielmehr war ihnen alles gemeinsam. Mit großer Kraft predigten die Apostel die Auferstehung des Herrn Jesus, und die Freundlichkeit Gottes war sichtbar mit ihnen allen. Es gab auch keinen Armen in der Gemeinde, denn wer immer ein Grundstück oder Haus besaß, verkaufte es, brachte den Erlös für sein Gut und legte ihn den Aposteln zu Füßen, die davon jedem gaben, was er eben brauchte.«
> *Apostelgeschichte 4,32–35*

Aber dieser mutige Idealismus trug nicht weit. Als die Wiederkehr des Christus sich hinauszögerte, hätte man eine normale wirtschaftliche Basis für das Gemeindeleben gebraucht. Aber die Produktivmittel waren weggegeben und so fiel die Gemeinde in Not und Armut und musste durch Sammlungen in den Gemeinden des Paulus und vieler anderer unterstützt werden.

Das war zwanzig Jahre nach jenem großen Entwurf einer wartenden Gemeinschaft, die für ihre Zukunft nicht mehr zu sorgen brauchte, und nach der großen Ernüchterung.

❀

Es ist gut, dass solche Texte ins Neue Testament aufgenommen worden sind, auch die apokalyptischen Texte in den Evangelien, zum Beispiel Markus 13, ein Kapitel, das die sehr frühe Naherwartung bewahrt hat, oder viele Stellen aus den Briefen, die mit großen Erwartungen in die Zukunft hinaussahen. Wenn aus dem Christentum nicht eine bloße Moral werden soll oder eine Philosophie, so wird für Christen immer wichtig sein, was sie denn damit meinen, wenn sie auf das Zeichen des kommenden Christus hin gespannt leben. Was erwarten wir denn? Eine Weltgeschichte bis zum fernen Erlöschen des Kosmos? Oder sehen wir in eine Welt, die sich vom Wort Jesu verändern lässt? Ist unser Leben überhaupt veränderbar oder nicht? Und was bedeutet es, wenn wir nicht in allem dem Geist unserer jeweiligen Zeit gehorsam sind, sondern anders in die offene Zukunft blicken in der Erwartung, dass nicht alles immer so bleibt, wie es eben läuft, sondern Kräfte in Anspruch nehmen, die der bewusste Weg auf das Gottesreich hin uns verleiht?

Die ersten Christen sahen eine dem Untergang geweihte Welt, hinter ihr aber die Entstehung einer neuen Wirklichkeit, des »Reiches Gottes« und als dessen König Jesus Christus. Dass aber der Glaube an ein dringend nötiges Ereignis aus einem fernen Gedanken in eine nahe Zukunft gerückt wird, ist legitim. Dass dabei die Realität verfehlt wird, spricht nicht dagegen. Es bleibt Ziel und es bleibt die Kraft, das Ziel zu gewinnen. Es ist ein schlichtes Hinübertreten aus einer Dimension der Dringlichkeit in eine Dimension der nahen Zukunft.

❀

Als aber diese Erwartung sich während ihrer Lebenszeit nicht erfüllte, trat an die Stelle der Erwartung die Enttäuschung, wie sie etwa der zweite Petrusbrief ausdrückt:

»So wisst, dass in den letzten Tagen der Welt
Spötter kommen werden, die ihren eigenen Gedanken folgen
und sagen: ›Wo bleibt die Verheißung seines Kommens?
Denn nachdem die Väter entschlafen sind, blieb doch alles,
wie es von Anfang der Schöpfung gewesen ist.‹«
2. Petrus 3,3f.

Die Enttäuschung weitete sich zu einer ernsten Krise aus. Das Lukasevangelium sieht noch eine lange Geschichte ablaufen, ehe von der Wiederkunft Christi die Rede sein kann. Das Johannesevangelium deutet die Naherwartung so um, dass der Ton auf der Heimkehr Jesu zum Vater liegt und auf unserem Hinübergelangen dorthin. Nicht Christus kommt wieder, sondern wir werden zu ihm hinübergelangen:

»In meines Vaters Haus sind viele Wohnungen.
Wäre es nicht so, würde ich dann zu euch sagen:
›Ich gehe hin, euch eine Wohnung zu bereiten‹?«
Johannes 14,2

Diese Auseinandersetzung verlief fast geräuschlos, vor allem deshalb, weil das Ausbleiben der Wiederkunft auch ganz anders interpretiert wurde, etwa so, dass dies Ausbleiben bedeute, es sei uns noch eine Chance, noch eine Frist gegeben, unser Leben finde im Übergang statt.

❀

Wir sind nicht Teil der Gesellschaft, in der wir leben
Eine weitere Auseinandersetzung der prophetischen Art entstand zwischen der Wanderbewegung mit ihrem radikalen Ethos und der Entstehung ortsansässiger Gemeinden, die eines weithin andersartigen Ethos bedurften.

Die Wanderbewegung, ausgelöst durch die Anweisungen Jesu, wie Matthäus 10 sie bewahrt hat, hatte als Ethos einen ausgesprochenen Radikalismus des Unterwegsseins. Sie hörte: Verlass deinen Vater und deine Familie, dein Haus und deinen Besitz. Geh arm, auf die Güte deiner Mitmenschen angewiesen, und wehrlos deinen Weg zu den Menschen, wohin immer du kommst. Wandere aus der Gesellschaft aus, in der du lebst, und aus den ethischen Normen, die in ihr gelten. Lebe arm. Reiche haben kein Teil am Reich Gottes. Lebe nach der Weise, in der Jesus lebte, der, wenn die Nacht kam, nicht hatte, wohin er sein Haupt legen konnte. Und fürchte dich nicht vor denen, die den Leib töten oder misshandeln und die Seele nicht zu töten vermögen. Es liegt nahe, dass die Differenz der ethischen Vorstellungen zwischen Wandernden und Sesshaften bisweilen zu Unverständnis oder Missverstehen führte.

❀

Gott und der Kaiser sind zu trennen

Eine letzte, deutliche Auseinandersetzung der prophetischen Art erwuchs aus einzelnen Zusammenstößen mit staatlicher Gewalt. So in der Krise um das Bild des Kaisers im Tempel. Caligula, römischer Kaiser, hatte im Jahr 39 versucht, sein Standbild im Tempel in Jerusalem aufstellen zu lassen. Dieser das Judentum tief aufwühlende Affront gegen die Würde des Tempels und den Glauben der Juden spiegelt sich im »Buch der Reden«: Obwohl dort ansonsten nur Reden überliefert sind, beginnt es mit der Versuchungsgeschichte Jesu durch den Teufel, in der es um den Gehorsam gegenüber dem Staat geht. Damit ist dieses Thema auch für die Christen gestellt. Das prophetische Ethos wendet sich nicht nur gegen Mehrheitsmeinungen und die innere Erschlaffung in den christlichen Gemeinden, sondern ausdrücklich auch gegen die politische Macht. Gott *oder* der Kaiser: Der kompromisslose

Monotheismus drückt sich in dieser Alternative aus. Damit aber, dass man glaubte, Christus werde wiederkommen und das bedeute das Ende des Kaiserkults und aller menschlichen Macht, gewann die Alternative dieses Bekenntnisses »Gott oder der Kaiser« seine dichte Notwendigkeit.

29
Der dritte Konflikt: der christliche Glaube sah sich gefährdet durch die Zeiterscheinung »Gnosis«

Etwas später tritt, von der Mitte des ersten Jahrhunderts an und über das ganze zweite hin, der dritte große und schwere Konflikt in Erscheinung. Er wird zuerst spürbar in den Briefen des Paulus nach Korinth. In ihnen wird deutlich, dass in der dortigen Gemeinde plötzlich eine Sehnsucht nach mehr Erkenntnis erwacht ist, nach mehr Einblick in die Geheimnisse Gottes und der Welt, und dass sie der Auffassung war, diese Erkenntnisse nur durch fantastische esoterische Erfahrungen erreichen zu können. Paulus hatte große Mühe, die Gemeinde von Korinth auf den Boden des schlichten Evangeliums zurückzuholen. Er schreibt in 1. Korinther 8,1–3:

> »Wir sind uns darin einig, dass jeder von uns Gott kennt. Das Wissen und Kennen allein freilich schafft nur Dünkel. Die Liebe aber baut die Gemeinde auf. Wenn jemand meint, er sei ein ›Wissender‹, hat er noch nicht begriffen, in welchem Sinne er ›wissend‹ sein soll. Wenn aber jemand Gott liebt, ist er mit ihm verbunden dadurch, dass Gott von ihm weiß.«

Später, kurz vor 100, wird dieser Konflikt sehr klar in der Auseinandersetzung des Johannesevangeliums mit der wichtigen und weit verbreiteten Zeitströmung, die wir die »Gnosis« nennen, den »Weg der Erkenntnis«.

❀

Aber was ist das, die Gnosis? Wollen wir dieser Zeiterscheinung gerecht werden, so müssen wir sehen, dass die alten Religionen, die in aller Regel auf mehrtausendjährige Überlieferung zurückgehen, im immer einheitlicher werdenden späthellenistischen Kulturraum ihr spezielles Profil verloren. Die Religionen des Mittelmeerraums und des Nahen Ostens berührten sich, durchdrangen sich gegenseitig und vermischten sich. Ihre Gedanken und ihre kultische Praxis wurden immer ähnlicher. Was sollte nun gelten?

Dazu kam, dass Rom bestrebt war, das Leben in seinem Machtbereich immer einheitlicher zu gestalten, so dass Resignation und Skepsis zunehmend zur kulturellen Grundstimmung wurden. Das religiöse Leben folgte weniger den Institutionen oder den Überlieferungen, sondern immer mehr den geistigen Interessen der Einzelnen, die sich ihren religiösen oder philosophischen Privatraum schufen.

Im ganzen Nahen Osten, in Europa und Ägypten entstand im 1. Jahrhundert nach Christus vor allem unter den Gebildeten der Neuentwurf einer Religion, durch die sich endlich die wirklichen Geheimnisse Gottes, der Welt und der Menschen öffnen sollten. Sie kam ohne Tempel und ohne Priesterschaft aus, sie vollzog sich mehr nach Art lehrender Gurus und hörender Schüler. Sie übte als Zufluchtsraum für viele Menschen jener Zeit eine starke Faszination aus. Man distanzierte sich von der brutalen Welt, in der man zu leben hatte, und suchte sein Heil anderswo. Man erwartete auch von der Zukunft nichts, da es keine Wege gab, der immer weiter ausgreifenden Macht Roms zu entrinnen.

Man suchte Rat in der klassischen Philosophie der Griechen und stellte zwei Welten gegeneinander: die sichtbare und die ganz andersartige unsichtbare, und man gab der unsichtbaren immer mehr Glanz und Bedeutung.

»Gnosis« heißt Erkenntnis, Wissen, Verstehen. Man sah, dass diese Welt nicht nur qualitativ zweitklassig, sondern insgesamt minderwertig war, böse, verflucht. Man konnte sie nicht mehr auf einen guten Gott oder gute Götter zurückführen, sondern sah als ihren Urheber einen minderwertigen bis bösen Untergott an, der auch die Züge eines Teufels annehmen konnte, den »Demiurgen«. Das Wort bedeutet so viel wie »der Macher«.

Im Gegensatz zu ihm stand, wie man glaubte, über ihm und hinter seiner Welt ein Reich des Lichts, der Gerechtigkeit und der Güte, in dem ein guter, lichter Himmelsgott regierte, der unter Christen, die sich gnostischen Gedanken öffneten, die Züge des Vaters Jesu Christi annahm. Die Welt wird also geteilt. Geteilt wird aber auch der Mensch. Er besteht aus einem Kern, der aus Licht ist und unendlichen Wert hat. Dieser lichte Kern gerät – durch irgendeinen bösen Zufall oder durch irgendein leidvolles Schicksal – in diese dunkle Welt und nimmt einen Körper an, der dunkel, wertlos und böse ist wie die Welt, aus der er dem Menschen zugemutet wird und von dem sich zu lösen die Lebensaufgabe der Frommen ist. Indem der Fromme die Welt, seinen Körper und alle organisierte Religiosität hinter sich lässt, gelangt er auf den Heimweg in das Reich des Vaters, aus dem er gefallen war. Diese Heimkehr kann gelingen auf dem Wege des Erkennens, der Gnosis.

Die Gnosis trat aber nun in harten Gegensatz zu dem, was die Religionen den »Glauben« nennen. Der Glaube, genauer der »bloße Glaube«, hat keine Antworten auf die bedrängenden Welträtsel des Bösen, des Sinnlosen und des Absurden, die sich dem nachdenkenden Menschen in der Erfahrung der geteilten Welt, des geteilten Menschen und des geteilten Gottes aufdrängen. Es scheint, als habe eine tiefe Verunsicherung und Angst vor der realen Wirklichkeit und auch vor der Innenwelt des Einzelnen nach den Menschen gegriffen. Sie fühlten sich in der Welt nicht mehr zu Hause, sie sehnten sich über sie hinaus und hinauf in das Reich des Lichts. Da aber auch alle moralischen Ordnungen Teil dieser dunklen Welt waren, galt für Gnostiker in der Regel keine moralische Vorschrift mehr. Sie waren frei. Diese Verachtung des Ethischen und die Verachtung derer, die über ihren Glauben nicht hinauskommen wollten oder konnten, begann die christlichen Gemeinden zu zerreißen.

So entstand eine jüdische Gnosis unter den Juden, die sich ihr öffneten. Eine christliche unter den Christen. Und weitere, auf irgendeine andere Religion aufbauende. Es entstanden so Teilsysteme der allgemeinen Gnosis, und die christlichen Gemeinden begannen sich zu teilen: in diejenigen, die den bisherigen Glauben an den Gott, der die Welt erschaffen hat, und an das schlichte Evangelium von seiner Liebe festhielten; und diejenigen, die oft aufgrund ihrer besseren Bildung diesen schlichten Glauben überwunden hatten, die durch ihre erweiterte Kenntnis mit Engeln und anderen Himmelsmächten lebten und durch ihr Wissen in alle Geheimnisse eingeweiht zu sein glaubten. Die Korintherbriefe haben sehr konkret mit den Anfängen dieser Spaltung zu tun, und in den späteren Briefen ist das Thema »Abwehr der Gnosis« überall spürbar.

30
Was Gnosis ist, zeigt besonders schön das »Perlenlied«, eine gnostische Fabel

Das »Perlenlied« erzählt in der Bildsprache der Gnosis vom Schicksal der Seele und von ihrer Erlösung und Heimkehr; von ihrem Weg aus der himmlischen Herrlichkeit in das Elend dieser Welt und von dort zurück in ihre Heimat. Es ist überliefert in der »Apostelgeschichte des Thomas«, einer Schrift des 2. Jahrhunderts. Es sei hier gekürzt wiedergegeben.*

Ein Königssohn (der eigentliche geistige Mensch) erzählt: *»Als ich ein Kind war, als ich im Reich meines Vaters lebte und mich am Reichtum und an der Pracht seines Hauses erfreute, schickten meine Eltern mich auf eine Reise in die Fremde. Sie zogen mir mein prächtiges Kleid aus und schlossen mit mir einen Vertrag, den ich nicht vergessen dürfe. Darin stand: ›Wenn du nach Ägypten hinabsteigst und die eine Perle suchst, die dort in dem von der schnaubenden Schlange umschlossenen Meer liegt, sollst du dein prächtiges Gewand wieder bekommen und mit deinem Bruder zusammen Erbe unseres Königsreichs werden.‹«*

[Die Perle war offenbar von der Schlange geraubt und musste ihrem Eigentümer, dem König, zurückgebracht werden.]

»Ich verließ also den Osten und zog hinab nach Babylon und Ägypten. Ich ging geradewegs zur Schlange und wartete bei ihrer Herberge, dass sie einschliefe, sodass ich die Perle nehmen könne. Da ich mich anderen Menschen gegenüber verschloss, blieb ich ihnen fremd. Doch sah ich einen schönen Jüngling, den ich zu meinem Vertrauten und Gefährten

* »Das Perlenlied«, in: Klaus Berger/Christiane Nord (Hrsg.), Das Neue Testament und frühchristliche Schriften. © Insel Verlag, Frankfurt am Main und Leipzig 1999.

machte und dem ich von meiner Sendung erzählte. Er warnte mich aber vor dem Umgang mit den Unreinen, und so kleidete ich mich wie sie, damit sie nicht merkten, dass ich die Perle nehmen wollte, und sie die Schlange weckten. Aber auf irgendeine Weise bemerkten sie, dass ich nicht ihr Landsmann sei, und sie mischten mir eine Speise und gaben sie mir zu essen. Da vergaß ich, dass ich ein Königssohn war, und begann, ihrem König zu dienen. Ich vergaß die Perle, die ich hatte suchen sollen, und sank in einen tiefen Schlaf.

All das sahen meine Eltern. Sie waren betrübt und schrieben mir einen Brief, der lautete: ›Von deinem Vater, dem König der Könige, und von deiner Mutter, die den Osten beherrscht, Gruß! Erwache und steh auf von deinem Schlaf! Erinnere dich, dass du ein Königssohn bist. Sieh, wessen Knecht du geworden bist! Denke an die Perle!‹ Wie ein Gesandter war der Brief. Er erhob sich wie ein Adler, er flog und ließ sich bei mir nieder. Beim Klang seiner Stimme erwachte ich, nahm ihn, küsste ihn, löste sein Siegel und las. Ich erinnerte mich, dass meine frei geborene Seele sich nach ihresgleichen sehnte. Ich begann, die schnaubende Schlange zu bezaubern. Ich schläferte sie ein damit, dass ich den Namen meines Vaters und meiner Mutter über ihr nannte. Ich ergriff die Perle und kehrte um, sie meinen Eltern zu bringen. Ich ließ das schmutzige Gewand zurück. Meinen Brief fand ich wieder vor mir auf dem Weg, und er führte mich mit seinem Licht.

Meine Eltern aber sandten mir das prächtige Gewand entgegen. Als ich es sah, schien es mir plötzlich wie ein Spiegelbild meiner selbst zu sein. Ich sah es ganz in mir und sah mich ganz in ihm. Das Bild aber des Königs leuchtete auf dem Gewand. Ich sah, dass es sich zum Sprechen anschickte, und hörte den Klang seines Liedes. Ich streckte mich nach ihm aus, nahm es, schmückte mich mit der Schönheit seiner Farben und hüllte mich ganz ein. So bekleidet stieg ich empor zum Tor der Begrüßung. Ich neigte mein Haupt und betete die Herrlichkeit meines Vaters an. Er aber empfing mich voll Freude, und ich blieb in seinem Königreich, und alle seine Diener sangen ihm zur Ehre mit Stimmen, die wie Orgeln klangen.«

❀

Das Lied bedarf keiner Erklärung. Es spricht für sich selbst. Wenn wir danach das Johannesevangelium lesen, so werden wir eine hintergründige Ähnlichkeit bemerken zwischen dem Weg des Königssohns und dem Weg Jesu Christi, wie ihn Johannes seinem Evangelium zugrunde legt. Wir werden aber auch erkennen, wie anders der Weg Jesu Christi verläuft, denn Christus stieg nicht ab, um ein königliches Erbe anzutreten oder eine Perle zu gewinnen, sondern um sich für die Menschen, die in der Fremde leben, zu opfern. Der Christus des Johannes tritt seinen Heimweg zum Vater an mit seinem Leiden und Sterben für die Menschen.

Zugleich dürfen wir nicht vergessen, dass das Perlenlied nicht das Vorbild für das Johannesevangelium war, sondern eher eine späte Nachzeichnung des Johannesevangeliums durch die Gnosis. Es wurde wohl mehr als hundert Jahre nach dem Johannesevangelium geschrieben. Das Johannesevangelium nimmt in der Anfangszeit der gnostischen Bewegung das Gespräch mit ihr auf und zeigt, wie dieser damaligen Modeerscheinung zu antworten sei.

Dass der Schöpfergott nicht der Demiurg sei, sondern der Vater Jesu Christi, sagt unüberhörbar schon der Prolog Johannes 1,1–18. Aber wir haben zu diesem Gott keinen Zugang, der von unseren geistigen Fähigkeiten abhinge. Nur im Kommen Christi wird der Gott fassbar, von dem niemand sonst weiß. Das Kommen Christi geschieht nicht durch einen unglücklichen Zufall oder aufgrund einer pädagogischen Maßnahme seines Vaters, sondern aus Liebe zu uns Menschen. Aber solche Gedanken zeigen eben gerade, wie nah und wie akut die gnostische Gefahr für Johannes in Wahrheit gewesen ist.

Denn es ist begreiflich, dass die Sehnsucht, nach Hause zu kommen, die aus dem Perlenlied spricht, für die Christen durchaus nachfühlbar war. Wie sollten sie nicht ein tiefes Verständnis dafür haben, wenn da von einem anderen Zuhause als dieser Welt die Rede ist, dass es etwas Besseres gibt als das Dasein in dieser rätselvollen Welt und in diesem notvollen Geschick?

Vielleicht auch erkennen wir die Ähnlichkeit, aber auch die Gegensätzlichkeit der Bildersprache des Perlenliedes zu 1. Petrus 1,1–12.

❀

Dieser dritte Konflikt fand seinen Abschluss in den Auseinandersetzungen der Kirche des 2. Jahrhunderts, als sie begann, die Schriften, die inzwischen auf den verschiedenen Flügeln der Jesusbewegung entstanden waren, zu prüfen und zu werten, und zu entscheiden, was davon mit dem Evangelium zusammenstimme; als sie begann, den für die Zukunft verbindlichen Kanon heiliger Schriften zusammenzustellen und dabei neben anderen Fremdeinflüssen die Merkmale der gnostischen Philosophie und Religion abzuwehren.

VII

Die Zeit um das Jahr 70 wird als der Beginn der nachapostolischen Zeit angesetzt

31
In der Zeit nach 70 hatte sich der christliche Glaube in vier Richtungen verzweigt

Ich fasse noch einmal zusammen: Was wir heute die »Wanderbewegung« nennen, entstand sehr bald nach der Erfahrung von Pfingsten. Schon früh kamen Christen nach Damaskus, andere wanderten nach Akko, Sidon und Tyrus, wieder andere nach Syrien und von da in die Großstadt Antiochien. Wieder andere müssen früh nach Ägypten gekommen sein und dort eine eigengeprägte Überlieferung gebildet haben. Nach zehn Jahren, um 40, muss der syrisch-palästinensische Raum von kleinen, familienähnlichen christlichen Zellen durchsetzt gewesen sein. Begeisterte Künder, charismatische Prediger reisten von Dorf zu Dorf, von Stadt zu Stadt. Die Apostelgeschichte nennt uns viele ihrer Namen. Die Wanderbewegung griff immer weiter aus, früh schon zum Beispiel nach Rom. Und sie wirkte bis etwa zum Jahr 60 oder 70. Danach kam sie in den Städten und an den dort entstehenden übergeordneten Ämtern zum Stehen.

Aus der Wanderbewegung heraus bildeten sich auch innerhalb und außerhalb der vielen Synagogengemeinden der jüdischen Diaspora christliche Gemeinden. Sie lebten so, wie man in den Synagogen lebte: beschäftigt mit den heiligen Schriften, aus denen sie versuchten, die Sendung, die Botschaft, das Leiden und die Auferstehung Christi zu begreifen. Die einen fühlten sich durch das jüdische Gesetz gebunden, andere ließen es bewusst hinter sich in der Erkenntnis, was Christus gebracht habe, das bedürfe eines anderen Maßes als des jüdischen Gesetzes.

Und so bildeten sich in den verschiedenen Städten und Ländern Kirchen sehr verschiedenen Gepräges, von den stark durch die Gnosis bestimmten Gemeinden Ägyptens bis zu den Gemeinden des Apostels Paulus in Kleinasien und Griechenland, die sich als bewusste Gegenbewegung gegen die jüdische Überlieferung verstanden.

Je nachdem, in welcher Umwelt eine Gemeinde lebte, formulierte sie, was ihr wichtig war. Je nachdem, was für Fragen in ihrer Umgebung erhoben wurden, gab sie ihre Antworten. Je nach dem Land, in dem sie lebte, bildete sich der Stil und die Arbeitsweise ihres gemeinsamen Lebens und ihre Tätigkeit in der Öffentlichkeit. Es war nicht dasselbe, ob eine Gemeinde in der syrischen Steppe lebte oder in einer griechischen Hafenstadt, in einem abgelegenen Dorf im anatolischen Hochland, in der Bildungsatmosphäre des Nildeltas oder im Sumpf der Weltstadt Rom.

❀

Später, nach 50, hatten sich vier deutlich verschiedene Strömungen im ersten Christentum herausgebildet:

Die erste Strömung war eine fest im Judentum gebundene Gruppe von christlichen Gemeinden, die das Gesetz und Ritual des Judentums strikt heilig hielten und für die zunächst Petrus, dann Jakobus – die stärkste Führergestalt im ersten Christentum – standen. Die schriftlichen Aufzeichnungen, die in diesen Kreisen entstanden, sind nicht isoliert erhalten, sie gingen in den späteren, nach 70 entstandenen Schriften auf. Der Jakobusbrief könnte das einzige Zeugnis einer original judenchristlichen Literatur sein.

Die zweite Strömung war eine Gruppe von Gemeinden, die über das Judentum hinausgriff und sich mit mehr oder weniger Freiheit in den Kulturraum der umgebenden Länder hinauswagte. Zu ihr gehörten später Barnabas und Markus. Die Evangelien des Markus, des Matthäus und des Lukas sowie die Apostelgeschichte entstanden im Umkreis dieser Wanderbewegung.

Die dritte Strömung war ein Kranz von Gemeinden rund um das östliche Mittelmeer, die von Paulus geprägt waren, sich mit Entschlossenheit vom Judentum trennten und der Christusgeschichte ein Gepräge gaben, das ihnen später erlaubte, sich zu einer eigenen Religion, nämlich zum Christentum, zu entwickeln.

Die vierte Strömung bestand in Gemeinden, die Johannes – wir wissen nicht, wo – gebildet hatte. Sie entwickelten ihre sehr eigenen, vom Judentum getrennten Vorstellungen, teils durch die zeitgenössische gnostische Bewegung bestimmt, teils in leidenschaftlicher Abwehr gegen eben diese Gnosis stehend. Das Johannesevangelium und die Johannesbriefe kommen aus dieser Richtung.

❀

Die erste Gemeinde der Augen- und Ohrenzeugen Jesu, seiner Auferstehung und des Einbruchs seines Geistes wurde früh auseinandergerissen durch die Vertreibung der Hellenisten um Stefanus. Stefanus wurde wegen seiner ablehnenden und abwertenden Äußerungen gegenüber der Bedeutung des Tempels von den Autoritäten in Jerusalem zu Tode gesteinigt. Seine griechisch sprechende Gemeinde floh aus der Stadt und verstreute sich weit in die umliegenden Länder. Die Gemeinde, die in Jerusalem verblieb, bestand danach vorwiegend aus Juden. Von ihrer konservativ-jüdischen Grundstimmung erzählt unter anderem der »Brief des Jakobus«. Von ihrer Erwartung der baldigen Wiederkunft Jesu wissen wir aus dem 13. Kapitel des Markus, noch in der dritten Generation aus dem Buch der »Offenbarung des Johannes« und wohl zu einem starken Anteil aus dem »Buch der Reden«. Diese Gemeinde blieb bis zur Zerstörung Jerusalems die mehr oder minder bindende Autorität. Mit ihr hatte sich jede neue Gruppe auseinander zu setzen, die diesen zentralen Führungsanspruch nicht mittragen wollte.

Nach dem Jahr 70 verliert sich diese zentrale Gruppe aus der Geschichte.

❀

Die zweite Gruppe von Gemeinden wird zunächst so geschildert, dass sie in enger Verbindung mit der Gemeinde in Jerusalem gestanden habe und sich erst allmählich von ihr löste. In Apostelgeschichte 8 wird aus der ersten Zeit berichtet. Danach breitete sich diese Form des ersten Christentums auf den viel begangenen Handelswegen des damaligen Mittelmeerraums rasch in viele Städte und Länder aus. Die Gemeinden lösten sich allmählich aus der Richtlinienkompetenz der Gemeinde in Jerusalem, waren dabei aber sehr verschieden geprägt von den Predigern oder Propheten, die an den verschiedenen Orten auftraten. Es war ein fluktuierendes Christentum, teils durch den regen Reiseverkehr verbunden, teils isoliert und selbständig an einzelnen Orten oder Regionen, wie zum Beispiel in der Weltstadt Antiochien. Barnabas war einer der führenden Köpfe.

In diesem Fluktuieren lag wohl in der ersten Zeit die stärkste Wirksamkeit dieser Bewegung. In ihrem Zusammenhang dürfte die Sammlung des »Buchs der Reden« mit ihren rigorosen Forderungen und Maßstäben und ihrem strengen Christusbild vorwiegend entstanden sein.

❀

In eine dritte Richtung blickten die Gemeinden, die auf den Reisen des Paulus und durch seine Wirkung entstanden. Paulus hatte seine eigenen Offenbarungen des Christus erlebt und seine ganz eigenständige Verantwortung übernommen. Er hielt zwar Verbindung mit Jerusalem, aber verfolgte doch eine scharf profilierte neue Linie, nämlich die seiner Freiheit von Tempel und Gesetz. Er wurde zwar von der Ge-

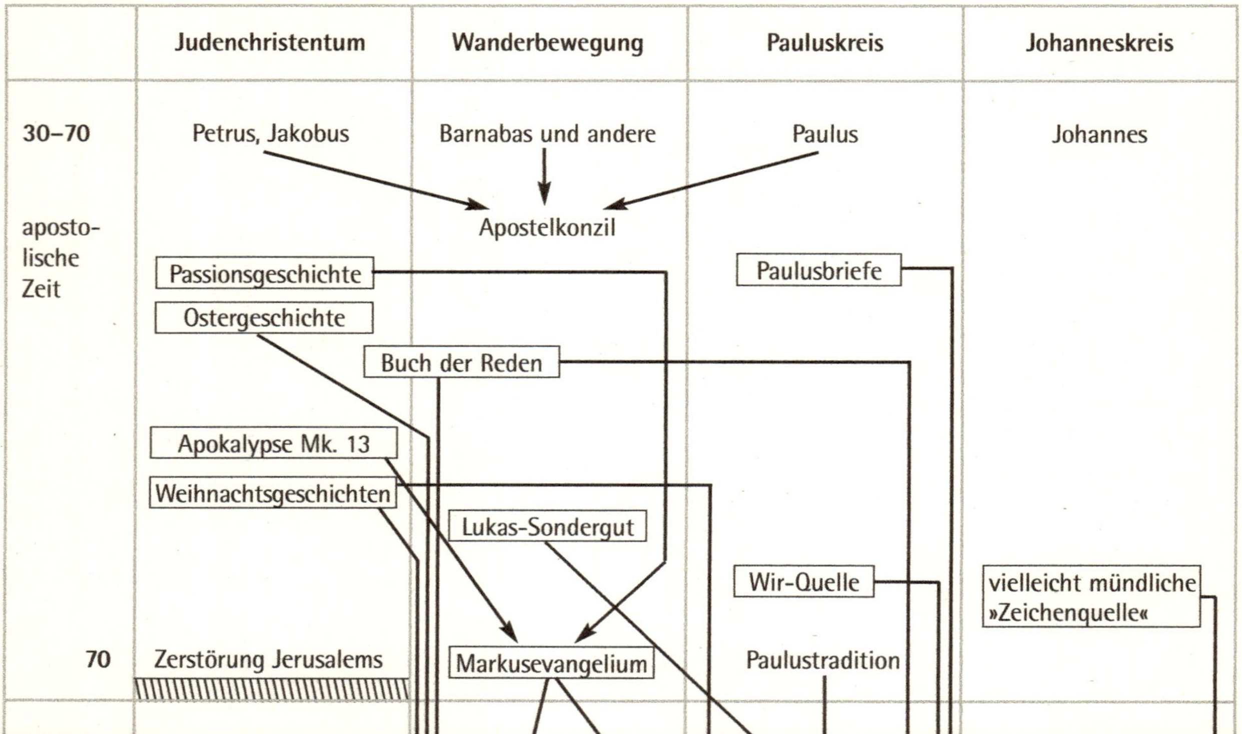

Judenchristentum
Wanderbewegung
Pauluskreis
Johanneskreis
30–70
Petrus, Jakobus
Barnabas und andere
Paulus
Johannes
aposto-
lische
Zeit
Apostelkonzil
Passionsgeschichte
Paulusbriefe
Ostergeschichte
Buch der Reden
Apokalypse Mk. 13
Weihnachtsgeschichten
Lukas-Sondergut
Wir-Quelle
vielleicht mündliche
»Zeichenquelle«
70
Zerstörung Jerusalems
Markusevangelium
Paulustradition

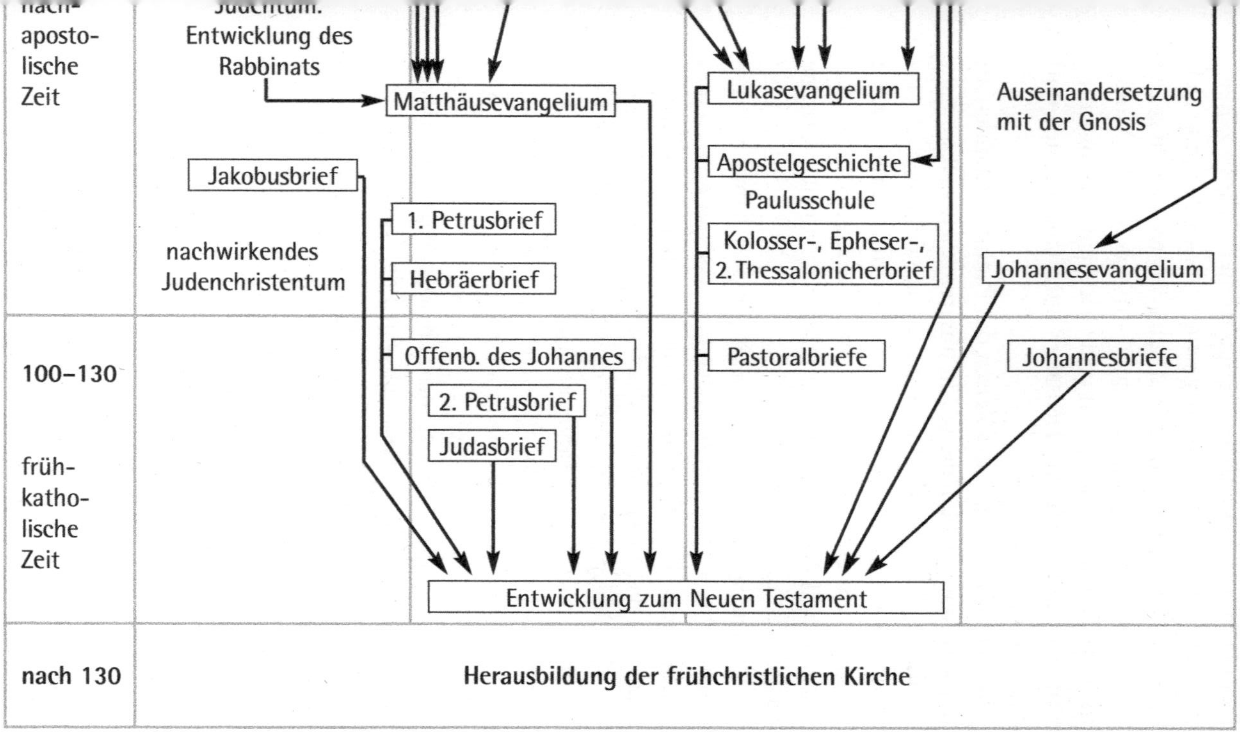

aposto-
lische
Zeit
Entwicklung des
Rabbinats
Matthäusevangelium
Lukasevangelium
Auseinandersetzung
mit der Gnosis
Apostelgeschichte
Jakobusbrief
Paulusschule
1. Petrusbrief
Kolosser-, Epheser-,
2. Thessalonicherbrief
nachwirkendes
Judenchristentum
Hebräerbrief
Johannesevangelium
100–130
Offenb. des Johannes
Pastoralbriefe
Johannesbriefe
2. Petrusbrief
Judasbrief
früh-
katho-
lische
Zeit
Entwicklung zum Neuen Testament
nach 130
Herausbildung der frühchristlichen Kirche

meinde in Antiochien, die wir zur zweiten Gruppe zählen, feierlich auf seine Reisen ausgesandt, aber er befreite sich auch von dieser Bindung und ging seinen ganz eigenen Weg. Durch ihn bildete sich rund um das östliche Mittelmeer, vor allem in Kleinasien und Griechenland, ein Kranz von Gemeinden, die von Jerusalem unabhängig lebten und sich entwickelten.

Im Zusammenhang der Reisen des Paulus entstanden an literarischen Quellen, die wir in unserem Neuen Testament vorfinden, zunächst die Briefe nach Thessalonich, nach Galatien, nach Korinth, nach Philippi, an Philemon und nach Rom, die uns einen Einblick geben in die dramatischen Ereignisse und Auseinandersetzungen dieser dritten Gruppe nach innen und außen.

Aus den späteren Zeiten dieser Gruppe haben wir die Briefe unbekannter Autoren nach Ephesus und Kolossä und die Briefe an Timotheus und Titus, an denen wir wahrnehmen, wie diese Gemeinden des Paulus sich allmählich mit der vielfältigen Lebens- und Glaubensweise der zum Stillstand kommenden Wanderbewegung verbanden. Diese Briefe werden Paulus zugeschrieben, was aber in der damaligen Kultur nicht als Fälschung galt, sondern üblich war, wenn ein Autor sagen wollte, in wessen Schule er gelernt habe. Es war eine Ehrung. Innerhalb der zweiten und dritten Strömung entstanden ferner die ersten drei Evangelien.

❀

Eine vierte Gruppe von Gemeinden berief sich später auf Johannes, den Apostel und Lieblingsjünger Jesu. Sie geht vielleicht auf frühe Gründungen in Samaria zurück, wird aber danach von niemandem aus den anderen Gruppen erwähnt oder ins Gespräch gezogen. Diese Gemeinden tauchen rund 70 Jahre nach Jesu Tod überraschend am Rand der entstehenden Kirche auf. Sie standen in Auseinandersetzung mit der allgemeinen Kulturbewegung der Gnosis, befreiten sich von ihr, blieben aber mit ihr im Gespräch. In ihrer Mitte kam es zu einer völlig neuen Deutung der Gestalt Jesu, und sie berichten von Reden, die er gehalten habe, die wir von den übrigen Evangelien her nicht kennen. Im Zusammenhang der Debatten, in denen nach 130 der Kanon der christlichen Schriften entstand, muss die Frage aufgetaucht sein, ob in dieser Weise von Christus zu reden in den Rahmen des Christlichen gehöre oder ihn sprenge, bis sich schließlich nach langen Auseinandersetzungen die Bereitschaft durchsetzte, das Johannesevangelium allgemein zu akzeptieren. Wir kennen diese Gruppe nicht aufgrund irgendeines geschichtlichen Vorgangs, sondern ausschließlich aus dem Evangelium des Johannes und seinen drei Briefen mit ihrem sehr eigenwüchsigen Gepräge.

Gegen Ende des ersten Jahrhunderts vermischen sich die zweite und die dritte Gruppe. Die erste verliert ihre Bedeutung, und das Johannesevangelium bringt sich in die entstehende Kirche ein. Nach 130 entsteht in respektvoller Auseinandersetzung zwischen den verbliebenen drei Gruppen das gemeinsame Neue Testament und die gemeinsame Großkirche.

32
Das folgenreichste Ereignis im 1. Jahrhundert war der Untergang Jerusalems im jüdisch-römischen Krieg

Im Jahr 64 kam es zum Aufstand der Juden gegen die römische Weltmacht. Es folgte ein mehrjähriger blutiger Krieg, der mit der Zerstörung Jerusalems und der Vernichtung der Tempelkultur des Judentums zu Ende ging. Er entbrannte am Ende einer langen Zeit immer schärferer Kontroversen zwischen dem Volk von Judäa und Galiläa einerseits und der römischen Besatzungsmacht andererseits. Er entstand aus einem fanatisch sich steigernden politischen Nationalismus ebenso wie aus einem sich ständig steigernden religiösen Fanatismus vieler verschiedener, auf den Aufstand hin drängender Gruppen des damaligen Judentums.

Der erste Anlass war, dass im Jahr 64 Gessius Florus, ein Mensch von ungewöhnlicher Gewissenlosigkeit, Habgier und Grausamkeit, als später Nachfolger von Pontius Pilatus sein Amt als Prokurator Judäas antrat. Wer will, kann ihm die Schuld an jenem Krieg anlasten. Er hatte eine Anklage zu fürchten wegen seiner Misswirtschaft in einer anderen Provinz, und um ihr zu entgehen, schien er die Juden zur Revolte provozieren zu wollen. Mit ungerechten Urteilen, Beleidigungen der jüdischen Religion und mit einem Griff in den Tempelschatz zunächst. Die Juden beantworteten diesen letzteren Raub damit, dass sie eine wohltätige Sammlung veranstalteten »zugunsten des armen und bedürftigen Prokurators«. Diesen Hohn beantwortete Florus damit, dass er seinen Truppen die Erlaubnis gab, die Stadt zu plündern und jedermann zu töten, der ihnen dabei im Weg stehe. 3600 Bewohner von Jerusalem starben.

Damit war der Aufstand programmiert. Er begann damit, dass die Sikarier die Festung Masada eroberten und die römische Besatzung umbrachten. »Sikarier« nennen wir eine bestimmte Gruppe von Aufständischen, die einen krummen Dolch, eine Sica, im Gewand mit sich führten, um Römer oder Römerfreunde umzubringen, wie und wo immer die Gelegenheit sich bot.

Der Aufstand setzte sich damit fort, dass die Priesterschaft am Tempel jedes Opfer an den göttlichen Kaiser verbot. Das kam einer offiziellen Kriegserklärung gleich. Darauf folgte eine Woche lang eine offene Straßenschlacht zwischen den römischen Truppen und den Rebellen, in der die Rebellen Sieger blieben. Sie zerstörten die Häuser aller Romfreunde, eroberten die Festung Antonia und verbrannten auch das staatliche Archiv in der Absicht, alle Schuldscheine zu vernichten, die die Armen von den Reichen abhängig machten.

Der Führer des Aufstands war in dieser ersten Phase Menachem, der bei der Eroberung von Masada ein riesiges Waffenarsenal erbeutet hatte und nun seine Leibwachen damit ausrüstete. Er eroberte in Jerusalem die Königsburg und etablierte eine unbeschränkte Herrschaft über die Stadt. Er wurde von den empörten übrigen Aufständischen umgebracht. An seine Stelle trat der Priester Eleazar.

Zu dieser Zeit, so wird berichtet, wanderte die christliche Gemeinde aus der Stadt aus, und zwar nach Pella, einer Stadt im heutigen Jordanien. Sie verschwindet aus der Geschichte.

❀

Die chaotischen Auseinandersetzungen strahlten nun in das ganze Land aus. So töteten Nichtjuden in Caesarea an einem einzigen Tag mehr als 20 000 Juden. Daraufhin fielen Juden aus den Städten Palästinas über die griechischen Städte des Landes her, und überall kam es zu blutigen Kämpfen, oft zu Massenmorden.

Schließlich marschierte der übergeordnete römische Legat über Syrien, Cestius Gallus, mit 30 000 Mann gegen Jerusalem und griff die Stadt an. Er überwand verschiedene Mauern und stand schon kurz vor dem Tempelplatz. Da geschah etwas Rätselhaftes, für das wir keinen Grund sehen: Er gab plötzlich mitten im erfolgreichen Angriff den Befehl, den Sturm abzubrechen und sich aus der Stadt zurückzuziehen. Die Juden jubelten: Gott hat seine Stadt gerettet! Sie setzten der abziehenden römischen Armee nach, kesselten sie in einem Engpass ein und vernichteten große Teile von ihr. Mit reicher Beute an Waffen und Material kehrten die Sieger in die Stadt zurück.

In dieser Zeit trat Josephus auf, ein gebildeter Jude. Er gehörte nicht zu den Eiferern, sondern suchte zu vermeiden, was zu weiteren Kriegshandlungen hätte führen können. Von seiner Hand haben wir das Buch »Über den jüdischen Krieg«, die einzige Quelle, die von jenen Ereignissen berichtet. Er wurde von den Führenden in Jerusalem beauftragt, die Befestigung der Städte in Galiläa voranzubringen und dort das Kommando zu übernehmen.

Die Nachricht vom schmählichen Rückzug des Cestius kam vor Kaiser Nero. Der beauftragte Vespasian, einen erfahrenen Truppenführer, ein Heer zusammenzuziehen, das die Macht Roms in Palästina wieder durchsetzen sollte. Vespasian sammelte 60 000 Mann und führte sie nach Judäa. Das war im Frühjahr 67. Er begann mit einem Feldzug in Galiläa, und Ende 68 war Galiläa in römischer Hand.

❀

In der Zeit von Herbst 68 bis Dezember 69 geschah nicht viel. Vespasian ließ seine Truppen in den Winterquartieren zur Ruhe kommen und wartete ab. Er sah von Jericho aus zu, wie die Parteien in Jerusalem einander zerfleischten. In Rom herrschten zu dieser Zeit, nach dem Tode des Nero, allgemeine Wirren, und Vespasian brauchte Ruhe, um schließlich durchzusetzen, dass er im Dezember 69 zum Kaiser ausgerufen wurde. Er übertrug danach die Führung des Krieges gegen Jerusalem seinem Sohn, dem späteren Kaiser Titus.

In Jerusalem kämpften inzwischen vier Gruppen um das Recht, im Namen Gottes die Stadt zu retten. Da war die extrem nationalistische galiläische Widerstandsbewegung von Johannes von Gischala. Da waren die Zeloten unter Eleaser ben Simon. Da waren unpolitische und unreligiöse Freibeuter, die sich am Krieg vor allem bereicherten, die Dorf um Dorf ausraubten, unter Simon bar Giora. Und da war schließlich die Aristokratie, welche die Priester am Tempel stellte, aber gespalten war zwischen Verteidigungswillen und Loyalität gegenüber Rom.

Simon bar Giora drang in Jerusalem ein und machte aus dem Streit zwischen den Gruppen einen tödlichen Bürgerkrieg. Er wurde aber aus der Stadt wieder verdrängt und fand Aufnahme bei den Sikariern auf Masada. Die Galiläer beherrschten den äußeren Tempelbezirk und die untere Stadt. Die Zeloten verschanzten sich im inneren Teil des Tempelbezirks. Die Aristokraten wurden im Laufe der Belagerung von den übrigen Verteidigern totgeschlagen. Die verschiedenen Gruppen griffen einander an, schlugen einander tot, zündeten Häuser mit Lebensmittelvorräten an, wenn sie im Bereich einer anderen Gruppe standen, und behinderten die Gottesdienste der übrigen Bevölkerung. Diese Kämpfe endeten erst, als die Stadt eingeschlossen war.

❀

Im März des Jahres 70 begann der Angriff der Römer auf Jerusalem mit 65 000 Mann, während sich in der Stadt 25 000 Verteidiger drängten. Sie hielten fünf Monate lang stand.

Nach zwei Wochen gelang es den Römern, die äußerste Mauer zu durchbrechen, für die zweite Mauer brauchten sie weitere fünf Tage. Einmal in dieser Zeit versuchte Titus, die Juden zur Übergabe zu bewegen. Er stellte ihnen sein ganzes Heer mit all seiner Bewaffnung gegenüber und wartete auf die Übergabe. Aber die Art und Weise, wie die Römer mit ihren Gefangenen umgingen, konnte niemandem den Mut geben, sich ihnen auszuliefern. Wen die Römer fassen konnten, den kreuzigten sie angesichts der Mauer und vor den Augen der Verteidiger. Wer überlief oder die Stadt verließ, dem hackten sie die Hände ab und schickten ihn in die Stadt zurück. Weil die Römer vermuteten, wer die Stadt verlasse, habe sein Geld verschluckt, schlitzten sie vielen den Bauch auf und suchten in den Eingeweiden nach Gold.

Schließlich legte Titus rund um die Stadt einen drei Meter hohen Wall an mit der Folge, dass Hunger und Pest in der Stadt um sich griffen. Niemand konnte mehr die Toten begraben. Sie häuften sich auf den Straßen.

Zuletzt waren die Juden im Tempelbezirk eingeschlossen, und ein erbitterter Kampf, in dessen Verlauf der Tempel in Flammen aufging, tobte um ihn. Als der Tempel brannte, waren die Römer überzeugt, sie hätten den Sieg errungen und seien berechtigt, den Rest der Stadt zu plündern. In der südlichen Halle des Tempelplatzes drängten sich zuletzt 6000 Männer, Frauen und Kinder. Die Halle wurde angezündet, und niemand überlebte. Wer mit Waffen angetroffen wurde, wurde niedergemacht. Die Jüngsten und Schönsten schickte man nach Rom, wo sie im Triumphzug des Titus vorgeführt wurden. Andere verkaufte man auf den Sklavenmärkten oder ließ sie in Theatern von Raubtieren zerfleischen. Viele starben an den unzähligen Kreuzen rund um die Stadt. Johannes von Gischala und Simon bar Giora wurden in Ketten nach Rom geschafft.

Ein Nachspiel gab es: Die drei Festungen des Herodes – das Herodeion bei Bethlehem, Machärus östlich des Toten Meeres und Masada in der jüdischen Wüste – hielten sich noch. Im Frühjahr 73 war auch dieser Widerstand gebrochen.

❀

Was waren die geschichtlichen Folgen? Alles, was den Juden als Beleg und Ausdruck ihres Glaubens festgestanden hatte, war verloren: Das Land, Gabe Gottes war es gewesen. Nun wurde es römische Domäne und musste von den jüdischen Bauern gepachtet werden, und das gegen Kosten, die Not und Armut für alle Zukunft festschrieben. Das Staatswesen, das seit David vom Glauben an den Bund Gottes mit seinem Volk bestimmt und getragen war. Die heilige Stadt, die man für unverletzbar, von Gott geschützt hielt. Der Tempel, das Haus Jahwes, als der Ort der Anbetung und des Segens. Die Gottesdienste, die heiligen Gesänge, die Opfer. Die Autoritäten am Tempel, die das Gesetz bewahrten und schützten. Alles war dahin. Alles zusammen bedeutete die Abwesenheit Gottes. Wie sollte man ihn noch finden? Er hatte sich abgewandt. Er schien das Unheil, in dem sein Volk versank, nicht wahrzunehmen.

❀

Zwei Bewegungen gingen aus der Katastrophe hervor: die Synagoge und die Kirche. Das Judentum lebte in der Vereinsform örtlicher Synagogen weiter. Das Christentum löste sich endgültig aus dem Verband des Judentums. Es hatte bislang noch immer den Tempel als sein Heiligstes angesehen. Nun wurde es eine eigene Religion.

❀

Für das entstehende Christentum war die Katastrophe Jerusalems das entscheidende Ereignis überhaupt. Es hatte sich bis dahin als eine der vielen Sekten und Gruppen innerhalb des Judentums verstanden. Noch zehn Jahre vor dem Ausbruch des Krieges hatte Paulus sowohl die Befreiung vom

Gesetz als auch die Zugehörigkeit der Christen zum heiligen Volk vertreten, während die Gemeinde in Jerusalem bis zuletzt am christlichen Glauben als einer Variante des jüdischen festhielt. Mit der Zerstörung des Tempels erlosch die Führungsrolle der dortigen Gemeinde innerhalb der vielen neu gegründeten Gemeinden. Das Christentum fand den Weg zu einer von Völkern und Kulturen, Traditionen und Ritualen unabhängigen, universalen Religion, und die Stadt Jerusalem wurde ihm zum Symbol und Inbegriff des erhofften Reiches Gottes, der von Gott neu geschaffenen Welt.

33
Wie konnte der christliche Glaube sich im damaligen Orient behaupten?

Als das Christentum über den Rand des Judentums hinausgriff und sich an die Menschen im Römischen Reich insgesamt wandte, traf es auf vielerlei Zeitmeinungen, Zeitmächte, Religionen und Philosophien. Es traf auf die alten, überlieferten Religionen, wie sie die lateinische, die griechische, die orientalische oder ägyptische Kultur hervorgebracht hatten. Ihre Merkmale waren öffentliche Tempel, öffentliche Kulte, eine einflussreiche Priesterschaft mit meist einer erheblichen politischen Macht.

Der neue Glaube traf auch auf die sogenannten Mysterienreligionen, die in einem begrenzten Kreis von Anhängern ihre geheimen Kultfeiern abhielten, wie etwa das Mysterium des Dionysos, der Demeter, der Kybele, der Isis und des Serapis oder den Attiskult oder den des Lichtgottes Mithras.

Er traf zum Dritten auf philosophische Lehren wie die der Stoiker oder der Epikureer, der Neuplatoniker oder Neupythagoreer, die teils im Denken der Gebildeten, teils in populären Moralsystemen ihre große Rolle spielten.

Aber was war das Eigentliche, mit dem der Außenseiter »Christentum« sich gegen sie alle so durchsetzen konnte, dass nach rund dreihundert Jahren das Römische Reich praktisch von ihm beherrscht, durchsetzt und durchdrungen war? Während dieser Zeit galt es als umstrittene Avantgarde, und das entweder als wichtige religiöse Meinung oder aber als der schlimmste Irrtum jener Zeit. Aber es entwickelte sich immerhin so, dass im 4. Jahrhundert ein römischer Kaiser es für zweckmäßig hielt, dieses Christentum zur römischen Staatsreligion zu erklären.

❀

Was also berührte die Menschen, was empfanden sie als die Stärke dieser neuen Religion? Was ließ es ihnen wünschenswert erscheinen, sich ihr anzuschließen?

Man könnte als Erstes die besondere Weise des Monotheismus nennen, wie sie dieses Christentum aus seinem jüdischen Erbe mitbrachte. Das war nichts völlig Neues. Es gab schon früher durchaus monotheistische Lehren. Aber das entscheidend Neue war die universelle Gegenwart und Zuständigkeit dieses Gottes. Der Monotheismus des Echnaton war ja kein eigentlicher Eingottglaube gewesen. Der Totengott Osiris zum Beispiel blieb für seinen Bereich auch gegenüber dem Lichtgott Aton weiter zuständig. Als neu am Christentum empfand der Zeitgenosse die riesenhafte Allzuständigkeit dieses einen Gottes, des Schöpfers von Himmel und Erde und Abgrund, die sich in der Abbildlichkeit des Menschen spiegelte. Dieser Gott führte und schützte jeden einzelnen Menschen und war zugleich der Begründer und Urheber der kosmischen Ordnung. Er war nah in allem, was die Welt ausmachte, ebenso wie in dem einen konkreten von ihm gesandten Menschen Jesus auch in den innersten Regungen des menschlichen Geistes, sodass die Menschen insgesamt in spiritueller Gleichheit einander zugeordnet waren. Dieser Gott war leidenschaftlich interessiert am Los der Menschen. Er forderte klaren Gehorsam, aber er blieb dabei immer bereit, den moralisch gestrandeten Menschen wieder bei sich aufzunehmen.

Zum Zweiten: Eine Religion der Liebe kannte kein Volk der damaligen Welt außer dem Judentum. Das Christentum war eine solche, und diese Liebe strahlte von der Person Jesu aus. Indem sich Gott in Christus dem einzelnen Menschen zuwandte, gewann der einzelne Mensch seinen hohen Stellenwert innerhalb des Kosmos und der Weltgeschichte, wie er ihn nirgends sonst in der antiken Philosophie und Religion finden konnte. Das Menschenleben gewann bis herab zu den ärmsten und fragwürdigsten Menschen seinen großen Sinn. Es konnte sich ausrichten auf ein ewiges Sein. Die Angst vor dem Schicksal und die Angst vor dem Sterben konnten sich lösen und das Dasein einen festen Grund finden. Das Leben insgesamt fand seinen Ort in einer leidenschaftlichen Liebesgeschichte zwischen Gott und Mensch.

Zum Dritten: Die besondere Stärke der neuen Religion war die Gestalt des Jesus von Nazaret. Er war die eine, sichere Verbindungsstelle, das feste Band einer liebevollen, gütigen Beziehung zwischen Gott und den Menschen. Er war die verlässliche Brücke zwischen den Gedanken und Ängsten der Menschen und dem Augenblick wie auch der Ewigkeit. Wer sich ihm zuwandte, wusste sich von Gott festgehalten und geliebt. Für die antiken Götter galt durchweg, dass sie vor allem unter sich blieben, dass sie in ihrer eigenen Sphäre, vom Elend der Welt abgehoben lebten. Dieser Jesus Christus dagegen opferte sich für die Menschen und verlor dabei nichts von seinem Rang und seiner Würde. Er war in jener Zeit ja nicht eigentlich der sanfte Menschenfreund, sondern eher der »Herr« mit seinen strengen Zügen. Das Kreuz war weniger das Symbol eines beklagenswerten

Scheiterns als vielmehr des Sieges über Tod und Leid und Abgrund. Nicht das Sühneopfer stand – anders als noch bei Paulus – im Vordergrund, sondern der Triumph der Auferstehung.

Zum Vierten: Diese Religion hatte eine starke, prägende Kraft, wenn es um das tägliche Leben ging. Sie bestimmte jede Handlung, jeden Gedanken, jede ethische Entscheidung. Das machte sie anwendbar. Demut und Stolz zugleich waren das Merkmal des Christen. Die fundamentale Bedeutung, die im Christentum dem Ethos zukam, war den Religionen der damaligen Zeit meist völlig fremd. Das Ethos der Stoa war zwar markant und streng, aber die Stoa hatte hinter ihrem Ethos keine Religion. Dabei war es überraschend, dass ausgerechnet diese Religion des Liebens einen so strengen Gehorsam in ethischen Fragen forderte. Genau damit aber, mit dieser Verbindung von Lieben und Gehorchen, überholte sie jede populäre Philosophie. Und von diesem doppelten Schwerpunkt haben die später nachfolgenden Religionen, der Manichäismus und der Islam, viel übernommen.

Eine fünfte Stärke dieser Religion war die, dass sie einen Plan zeigte, der die individuelle Wandlung des Menschen zum Ziel hatte. Der Mensch musste nicht der bleiben, der er war; ihm war vielmehr eine geheilte Zielgestalt zugedacht. Diese Religion war ein in die Geschichte der Menschheit wie in die Liebesgeschichte des Einzelnen mit Gott tief eingreifendes, übernatürliches Schöpfungs-, Wandlungs- und Erlösungsgeschehen: Jeder konnte hören, woher er kam, wozu er bestimmt und was ihm zugedacht war.

So sagen die Andreasakten um 150:

»Wir kommen nicht aus der Zeit,
wir werden nicht aufgelöst durch die Zeit.
Wir haben Anspruch auf Würde, mehr noch:
Wir sind dem Einen verbunden,
der uns barmherzig aufnimmt.«

Dieser Plan umfasst alles. Die Welt besteht nicht aus den getrennten Wirklichkeiten der Götter und der Menschen, die einander auf ewig fremd bleiben. Gottes Geist durchdringt die ganze Welt. Der einzelne Mensch aber erfährt ihn in sich selbst. Er kann sich von Jesus Christus neu gestalten lassen nach dem Bild Gottes, indem er sich seiner Liebe anvertraut. Und diese Liebe bestimmt sein Geschick, anders als bei dem gedankenreichen Neuplatonismus, der das Dasein auf dieser Erde als einen Übergang ansah zwischen dem Nichts, aus dem der Mensch kam, und dem Nichts, in das er ging.

Das Christentum hatte Erfolg, weil es tatsächlich anders war. Es breitete sich aus durch seinen Sinn für Brüderlichkeit und Menschenliebe, durch sein nahes Gemeinschaftsgefühl, durch die begeisterte Atmosphäre seiner Versammlungen. Es war die neue Religion des Herzens, des Geistes und der Zusammengehörigkeit.

VIII
In der nachapostolischen Zeit, zwischen 70 und 100, entstanden die vier Evangelien

34
Die Entstehung der Evangelien war ein vielschichtiger Vorgang

Ein langes Erzählen wäre nötig, wollte man die komplexe Entstehungsgeschichte der Evangelien schildern. Ich deute sie hier nur an. Aber was ist denn überhaupt ein »Evangelium«? Als Vespasian sich während des Krieges um Jerusalem zum Kaiser proklamieren ließ – in der Zeit also, als Markus sein Evangelium schrieb – wurde in der Nachrichtensprache jener Zeit dieses Auftreten des neuen Kaisers als »Evangelium« ausgerufen. Denn damals wurde in der römisch-griechischen Welt die Thronbesteigung eines Königs oder Kaisers als eine Stunde einer besonders heilbringenden Nähe der Gottheit gefeiert. Nun feierte die Urgemeinde, wohl schon seit Ostern, spätestens nach Pfingsten, Jesus Christus als den großen Beauftragten und Bevollmächtigten Gottes und Herrn der Welt und bezeichnete eben diese Ausrufung als »Evangelium«.

Den Anfang machte Markus um das Jahr 70. Ich stelle mir vor, was alles auf seinem Tisch lag, als er sein Evangelium schrieb. Es muss eine Fülle von Manuskripten über den Lebenslauf Jesu gewesen sein, die auf Augen- und Ohrenzeugen zurückgingen, und er muss sie in die richtige Reihenfolge gebracht haben. Was vor ihm lag, muss eine ältere Fassung der Passionsgeschichte gewesen sein. Ein Blatt aus dem »Buch der Reden« über das Ende der Welt, wie man es in Markus 13 wiederfindet. Im übrigen ist sein Evangelium sein originales Werk. Eine Weihnachtsgeschichte war ihm offenbar nicht zugänglich. Aus welchem Grund er das meiste der Ostergeschichte wegließ, wissen wir nicht.

Als später Lukas, um das Jahr 80, sein Evangelium schrieb, war dessen Tisch schon dichter belegt. Er sammelte, was ihm verfügbar war: Da war eine Rolle mit Kindheitsgeschichten, eine Passionsgeschichte, verschiedene Ostergeschichten. Eine Fassung des »Buchs der Reden«. Ein Exemplar des Markusevangeliums. Und vor allem, so stelle ich mir vor, eine Fülle von Einzelblättern, die Markus nicht gekannt hatte und die nun das Besondere des Lukas, das »Sondergut« ausmachten. Aber sicher kannte er noch den einen oder anderen Augen- und Ohrenzeugen, die an seinem Tisch saßen und erzählten.

Matthäus brauchte um das Jahr 90 mindestens einen ebenso großen Tisch, wenn er um sich ausbreiten wollte, was ihm vorlag an älteren Quellen. Das war zunächst das Markusevangelium, aus dem er den äußeren Lebenslauf Jesu übernahm. Dann war es das »Buch der Reden« in einer anderen Fassung, als sie Lukas vorgelegen hatte. Dann eine Rolle mit einer Erzählung über die Kindheit Jesu, die er vielleicht von der Familie Jesu übernahm, die ja in der frühen Gemeinde eine gewisse Rolle spielte. Dann eine Passionsgeschichte, eine besondere Folge von Schilderungen der Ostererfahrungen und vermutlich eine größere Anzahl von Einzelberichten, die den anderen Evangelisten nicht zugänglich gewesen waren. Im Ganzen war ihm das »Buch der Reden« noch wichtiger als Lukas. Er formte es so um, dass aus ihm die fünf größeren Reden Jesu wurden, die Bergpredigt (Kapitel 5–7), die Aussendungsrede (Kapitel 10), die Reich-Gottes-Rede (Kapitel 13), die Rede über Lebens- und Umgangsregeln für die Gemeinde selbst (Kapitel 18) und endlich die Rede über die letzten Dinge (Kapitel 23).

Am wenigstens deutlich ist uns heute, wie Lukas und Matthäus zu ihrem »Sondergut« kamen, also zu all den Stücken, die sie je allein berichten. Es mag sein, dass sie aus vielen Einzelblättern stammten, die von Hand zu Hand gingen, oder auch dass es ihnen von den noch lebenden Augen- und Ohrenzeugen jeweils anders erzählt wurde.

Vor allem ist das Besondere bei Lukas, dass er sein Evangelium mit einem Bericht über die Zeit zwischen 30 und 60, der Apostelgeschichte, fortsetzt. Ihm sind wir besonders dankbar, denn er versuchte mit seinem Evangelium wie auch mit seiner Apostelgeschichte, die beiden Traditionen des Petrus und des Paulus zu verbinden und so zu verhindern, dass das Christentum auseinander fiel in eine judenchristliche und eine fremdchristliche Kirche. Er hat uns damit, dass er dieses zweite Buch folgen ließ, Informationen über die ersten drei Jahrzehnte der frühen Kirche geliefert, von denen wir anders so gut wie nichts wüssten.

Um das Jahr 100 erscheint plötzlich das Johannesevangelium. Bei ihm wissen wir praktisch nichts über seine Entstehung oder über seine Quellen. Wir kennen die Gemeinden nicht, für die es geschrieben wurde. Wir wissen nichts über seinen Autor. Aber es ist mit einer Fülle eigener Aussagen besonders kostbar. Es hat keine Verbindung mit den anderen drei Evangelien. Es wendet sich besonders gegen die Zeiterscheinung der Gnosis, die wichtige Erlösungsreligion, die damals die religiöse Landschaft im Römischen Reich prägte.

Die erste Christenheit, die wir uns gerne als eine harmonische Einheit vorstellen voller Brüderlichkeit und Eintracht, zeigt uns in Wahrheit ein Gewoge vieler Einzelströmungen und Spielarten des neuen Glaubens. Die Schriften des Neuen Testaments – die Evangelien und die Briefe, die Apostelgeschichte und die Offenbarung – entstanden keineswegs nach einem einheitlichen Konzept, sondern als lebendiger Ausdruck vielfarbiger Erfahrungen und Bemühungen und vielstimmiger Bekenntnisse.

Am Anfang stand immer wieder ein tastendes Bemühen, zu verstehen, wer Christus eigentlich sei, und ein Auseinanderdriften vieler leidenschaftlicher Überzeugungen. Im Laufe der Zeit aber fand man zusammen, lernte voneinander und fand schließlich das Gemeinsame. Man schied aus, was nicht konsensfähig, weil fremd war, und es ist eindrucksvoll, an zahlreichen Einzelbeispielen in der neutestamentlichen Literatur zu beobachten, wie die vielen einzelnen Gruppen – die ja alle überzeugt waren, die Wahrheit begriffen zu haben – sich gegeneinander öffneten, Gedanken und Erfahrungen der anderen aufnahmen und bereit waren, neu und anders zu denken, nämlich gemeinsam auf die eine Wahrheit hin.

❀

Was also hören oder lesen wir in unseren Evangelien?

Wir hören:
- Worte, die Jesus gesprochen hat;
- Worte, an die sich die Berichterstatter nur ungenau erinnerten;
- Worte, mit denen sie neu formulierten, was ihnen erinnerlich war;
- Worte, mit denen sie ausdrückten, was ihnen an Jesus nach Ostern und Pfingsten wichtig war und was er ihnen bedeutete.

Wir hören:
- Geschichten, vor denen sie als Augenzeugen erschreckt oder erstaunt gestanden hatten;
- Geschichten, mit denen sie deutlicher zu zeigen meinten, was sie erlebt hatten;
- Geschichten, in denen einzelne Ereignisse generalisiert oder überhöht werden.

Und wir hören:
- Deutungen, die Jesus selbst gegeben hat;
- Deutungen, die sie für sich selber gefunden haben; und
- Deutungen, die sie im Gespräch mit späteren Zuhörern fanden, die ihnen verständnislose Fragen stellten; so etwa den ganzen Legendenkranz rund um die realen Ostererfahrungen.

Wir werden also der Wahrheit in der Weise begegnen, wie das Zeugnis von ihr Gestalt gewonnen hat: nämlich durch das Hören auf die Erfahrungen, die mit Jesus gemacht wurden, und durch unsere Bereitschaft, uns von ihnen verändern zu lassen, wie sie die ersten Jünger und ihr Denken, Glauben und Handeln verändert haben. Wir haben, wie schon dargestellt, nicht seine ursprünglichen Taten, sondern seine Wirkungsgeschichte. Wir haben nicht das ursprüngliche Licht, sondern nur seine Ausstrahlung, wie wir sie im Lesen der Berichte über ihn in unserem 21. Jahrhundert wahrnehmen.

35
Das Markusevangelium zeigt das Geheimnis des irdischen Jesus

In der Apostelgeschichte wird immer wieder ein Johannes Markus erwähnt. In Jerusalem wird ein Haus genannt, das der Mutter dieses Johannes Markus gehörte und das ein Treffpunkt der Gemeinde war (vgl. Apostelgeschichte 12,12). Nachdem Barnabas und Paulus 48 nach Jerusalem gekommen waren, um die Differenzen zwischen Antiochien und Jerusalem auszugleichen, ging Johannes Markus mit ihnen nach Antiochien und begleitete sie auf ihrer ersten Missionsreise (vgl. Apostelgeschichte 12,25; 13,5). Danach kehrte er zurück nach Jerusalem (vgl. Apostelgeschichte 13,13). Später reiste er erneut, zusammen mit Barnabas, nach Zypern (vgl. Apostelgeschichte 15,37–39). In den Schlussgrüßen mehrerer Briefe tritt er als Begleiter des Paulus auf. In 1. Petrus 5,13 schreibt der Verfasser: *»Die mit euch auserwählte Gemeinde in Rom und mein Sohn Markus grüßen euch.«* Mein Sohn – das heißt: Er ist von mir getauft worden.

Aber es dürfte anders liegen. Wenn wir feststellen, dass die Ortsangaben der Dörfer um Jerusalem bei Markus nur sehr ungenau stimmen, so scheint es unwahrscheinlich, dass der Verfasser in Jerusalem aufgewachsen sein könnte. Auch sonst sind die geografischen Angaben und die Angaben jüdischer Lebensordnungen häufig ungenau. Es ist also anzunehmen, dass er ein Christ der zweiten Generation war, der uns im Übrigen unbekannt ist, der in einer allgemeinen hellenistisch-christlichen Umwelt lebte und – vielleicht – in Rom war, als er sein Evangelium schrieb. Die Zerstörung Jerusalems, die in die Zeit fiel, in der Markus sein Evangelium schrieb, spielt jedenfalls im allgemeinen Duktus des Markusevangeliums nur eine geringe Rolle.

❀

Das Grundthema ist bei Markus die Überzeugung, Jesus sei während seines Lebens auf dieser Erde nicht verstanden worden. Seine Jünger wie auch seine Gegner hätten während der öffentlichen Tätigkeit Jesu dessen Hoheit nicht gesehen, während seines Leidens und seines Sterbens nicht das Geheimnis seiner Niedrigkeit. Wir sprechen in diesem Zusammenhang vom »Messiasgeheimnis«. Jesus geht unerkannt durch Galiläa und ebenso unerkannt durch sein Leiden. Und nur an drei Stellen öffnet sich ein Spalt der göttlichen Präsenz in ihm.

❀

In Markus 1,9–11 ergeht die Stimme Gottes, die Jesus als »geliebten Sohn« anspricht:

> »In jenen Tagen kam Jesus aus Nazaret in Galiläa und ließ sich von Johannes im Jordan taufen. Als er aus dem Wasser stieg, sah er, wie der Himmel aufriss und der Geist Gottes auf ihn

herabfuhr, wie eine Taube sich herabsenkt. Und er hörte eine Stimme: ›Du bist mein Sohn, mein geliebter, den ich erwählt habe.‹«
Markus 1,9–11

»Er hörte«, nicht die anderen. Die Stimme ergeht nur an Jesus selbst, den anderen bleibt sie verborgen.

❀

Im 8. Kapitel erkennt Petrus, wer Jesus wirklich ist:

»Von dort aus zog Jesus mit seinen Jüngern weiter in die Orte bei Cäsarea Philippi. Auf dem Weg fragte er seine Jünger: ›Was sagen die Leute, wer ich sei?‹ ›Manche meinen‹, war die Antwort, ›du seist Johannes der Täufer, andere, du seist Elija, wieder andere, irgendeiner von den Propheten.‹ ›Was sagt denn ihr selbst, wer ich sei?‹ Petrus antwortete: ›Du bist der Christus!‹ Da verbot Jesus ihnen streng, irgendeinem Menschen gegenüber davon zu sprechen.«
Markus 8,27–30

Die Wirklichkeit ist klar, aber sie muss verschwiegen werden.

❀

Ein drittes Beispiel für dieses Verschweigen ist die Sache mit der Verklärung Jesu auf dem Berg:

»Sechs Tage später nahm Jesus Petrus, Jakobus und Johannes mit sich, und sie bestiegen einen hohen Berg. Es war sonst niemand bei ihnen. Dort verwandelte sich Jesus vor ihren Augen, sein Gewand glänzte in einem strahlenden, weißen Licht, wie es kein Färber auf der Erde erreichen wird. Da erschienen ihnen Elija und Mose, wie sie mit Jesus redeten. Sie waren alle von Furcht erfüllt, und Petrus redete, ohne zu wissen, was er sagte: ›Meister, es ist gut, dass wir hier sind. Wir wollen drei Zelte aufschlagen, dir eines, Mose eines und Elija eines.‹ Eine Wolke überzog den Berg und bedeckte sie, und sie hörten eine

Stimme aus der Wolke: ›Das ist mein geliebter Sohn, hört auf ihn!‹ Als sie sich aber in ihrer Erregung umsahen, war nur noch Jesus allein bei ihnen.

Während des Abstiegs vom Berg verbot ihnen Jesus, irgendeinem Menschen zu erzählen, was sie gesehen hatten, ehe er aus dem Tode auferstanden sei.«
Markus 9,2–9

❀

In einer Szene in Kapharnaum ergeht noch einmal ein Schweigegebot:

»In jenem Gottesdienst saß unter anderen ein Kranker, der von einem bösen Geist besetzt war. Der schrie auf: ›Lass mich in Frieden, du Jesus von Nazaret. Du bist gekommen, mich zu verderben. Ich weiß, wer du bist! Du bist Christus, der Heilige Gottes!‹ Aber Jesus fuhr den Dämon hart an: ›Schweig! Verlass diesen Menschen!‹ Da riss der Dämon den Mann zu Boden, schrie mit schrecklicher Stimme und verließ ihn.«
Markus 1,23–26

Auch die Ostergeschichten haben noch diese besondere Färbung. Das Markusevangelium endet ursprünglich mit der Stelle Kapitel 16,8. Was folgt, ist ein späterer Nachtrag. Noch das letzte Wort des Evangeliums sagt:

»Die Frauen stürzten aus dem Grab und flohen, denn Angst und Grauen hatten sie erfasst. Sie sagten aber niemandem etwas, denn sie fürchteten sich.«

❀

Warum war Markus diese Verborgenheit der eigentlichen Würde Jesu so wichtig? Einer der Gründe für das Messiasgeheimnis war wohl die strenge Überzeugung des Judentums, kein Mensch habe sich als Gott zu bezeichnen. Als König Herodes Agrippa es hinnimmt, dass Menschen ihn als Gott bezeichnen, wird er wegen Selbstvergöttlichung mit dem Tod bestraft (vgl. Apostelgeschichte 12,19–23). Anders Jesus: Als die Geister der Kranken ihn als »Gottes Sohn« bezeichnen, weist er es zurück. In Markus 12,29–32 ist für Jesus wie für die Schriftgelehrten klar, dass Gott allein Gott ist. Es wird also der Verdacht abgewehrt, Jesus habe sich eigenmächtig zum Gott erklärt.

Zum anderen aber liegt darin auch für die Kirche die Anweisung, sie habe sich nicht mit Glanz und Herrlichkeit darzustellen. Jesus hatte keine »Herrlichkeit«, seine Kirche wird und soll sie auch nicht haben. Vielmehr liegt bei Markus alles Gewicht auf dem Kreuz, an dem sein Leben auf dieser Erde endet. Herrlichkeit kommt Jesus erst nach Ostern zu, der Kirche erst nach dieser Welt im Reich Gottes. Und das meint Markus, wenn er schreibt:

> »Wer mein Jünger sein will, der verleugne sich selbst,
> nehme sein Kreuz auf sich und folge mir nach.«
> *Markus 8,34*

36
Das Lukasevangelium rühmt Christus als den Helfer der Armen

Zehn oder fünfzehn Jahre nachdem Markus sein Evangelium abgeschlossen hat, wohl zwischen 80 und 85, macht ein anderer sich an die Arbeit, auf seine eigene Weise ein Bild von Jesus Christus zu zeichnen.

Lukas schreibt also rund zehn Jahre nach der Zerstörung Jerusalems. Und er schreibt es schon in erstaunlich friedlichen Zeiten und von dem damaligen Unheil kaum berührt, im offenen, freundlichen Gespräch mit den Mächtigen, ohne jede Feindseligkeit gegen Rom. Er schreibt, als gebe es den

Gegensatz zwischen Paulus und Jerusalem überhaupt nicht, er hat gegen Traditionen nichts einzuwenden, auch nicht gegen die so schwer beschädigte Überlieferung des Judentums.

Unbefangen richtet Lukas sich in der Widmung, die er seinem Werk voranstellt, an einen vornehmen Mann (vgl. Lukas 1,1–4). Wir nehmen das an, denn so redete man damals hohe römische Beamte an, wie Apostelgeschichte 23,26; 24,2 oder 26,25 es zeigen. Aber ebenso entspannt, trotz der grauenhaften Nachrichten der vergangenen Jahre, zitiert er das durchaus revolutionäre Lied, das wir den Lobgesang der Maria nennen (vgl. Lukas 1,46–55). Die Mächtigen sind nicht seine Feinde, aber er redet offen von der Selbstvergöttlichung der Könige, und gleichzeitig setzt er sich mit starken Worten für die Armen und die Verlassenen ein.

❀

Wer war Lukas? In Kolosser 4,14 wird ein »Arzt Lukas« genannt. In 2. Timotheus 4,11 wird von ihm gesagt, er habe bei Paulus in dessen Gefangenschaft treu ausgehalten. Aber wir wissen nicht sicher, ob er jener Freund und Schüler des Paulus war. Aber die freundliche und anteilnehmende Art, in der Jesus bei ihm mit Armen, Kranken und Verlassenen umgeht, legt es durchaus nahe, in dem Arzt Lukas den Verfasser des Evangeliums zu sehen.

❀

Der Text des Lukasevangeliums gliedert sich klar in drei Teile, dazu einen Vorspann und ein Nachwort.

Der Vorspann umfasst die Kapitel 1–2 mit der Weihnachts- und Kindheitsgeschichte Jesu. Dieser Vorspann nimmt die alte Sehnsucht des jüdischen Glaubens auf und schließt an die Tradition des Judentums an. Nirgends wird eine Distanz zum Judentum oder zu Jerusalem spürbar.

Die Lebensgeschichte (Kapitel 3–23) ist geteilt in drei Phasen:

1. Das Wirken Jesu in Galiläa (vgl. Lukas 3,21–9,50).
2. Die Wanderung nach Jerusalem (vgl. Lukas 9,51–19,27). Hier liegt für Lukas alles Gewicht. Und hier ist fast alles zu lesen, was wir als sein »Sondergut« bezeichnen, das heißt den eigenen Stoff des Lukas, der in den anderen Evangelien nicht zu finden ist.
3. Die letzten Tage in Jerusalem (vgl. Lukas 19,28 bis zum Schluss in Kapitel 23).

Danach folgt als Übergang zur Apostelgeschichte das Ostergeschehen in Kapitel 24.

❀

Die Eigenart des Lukasevangeliums

Das Hauptthema ist anders als bei Markus, für den die verborgene Würde des Gottesboten in der Mitte steht, und anders als bei Matthäus, bei dem sich die asketische Moral der Wanderbewegung niederschlägt. Für Lukas liegt aller Schwerpunkt auf der Verlorenheit des Menschen und seiner Heimkehr. Das Gleichnis vom verlorenen Sohn ist die Mitte seiner Darstellung. Was durch Jesus geschieht, ist der Trost für die Trauernden, die Befreiung der Gebundenen, die Ermutigung der Verzagten, die Einbeziehung der Frauen und der Kinder sowie die Vergebung für die Schuldigen ohne Bedingung und ohne irgendein Sühneopfer. Der Vater lässt im Gleichnis ein gemästetes Kalb schlachten zum Fest der Heimkehr des Verlorenen. Kein stellvertretendes Opfer geschieht. Die wirksame geistliche Kraft ist die Barmherzigkeit Jesu und die Liebe des Vaters. Was ein Mensch dazu beizutragen hat, ist die Bereitschaft, umzukehren und nach Hause zu kommen.

Dieses Christusbild, dieses Gottes- und Menschenbild bietet Lukas nun frei und offen den Völkern des Römischen Reichs, der damaligen Kultur und den archaischen Religionen seiner Zeit an.

Im Übrigen denkt Lukas bemerkenswert geschichtlich. Er deutet das Auftreten Jesu in dieser Welt als den Einbruch der Ewigkeit in die konkrete Geschichte, dem nach seiner Auferstehung die Durchdringung dieser Welt mit dem Evangelium folgen werde.

❀

Das Sondergut des Lukasevangeliums

Das Evangelium des Lukas konnte entstehen, weil dem Verfasser viel Stoff, schriftlich oder mündlich, zur Verfügung stand, als er sich an die Arbeit machte. Darunter war auch noch eine Geschichtenquelle, aus der sein Sondergut stammt. Dieses Sondergut ist eine erstaunliche Sammlung grundlegend wichtiger Berichte aus dem Leben Jesu und aus seinen Reden. Wenn wir nur die Erzählung von der großen Sünderin bedenken (vgl. Lukas 7,36–50), vom barmherzigen Samariter (vgl. Lukas 20,29–37), dem verlorenen Groschen (vgl. Lukas 15,8–10) und dem verlorenen Sohn (vgl. Lukas 15,11–32), von dem Gleichnis vom Pharisäer und Zöllner (vgl. Lukas 18,9–14) und von dem Zöllner Zachäus (vgl. Lukas 19,2–10) oder die Ostergeschichte von Emmaus (vgl. Lukas 24,17–35), so entsteht der Eindruck, dies gerade seien die entscheidend schönen und hilfreichen Texte, die wir über Jesus besitzen. Auf dieses Sondergut entfällt rund die Hälfte des Stoffes bei Lukas.

Eine besondere Färbung gibt Lukas seiner Passionsgeschichte. Er schreibt nicht für Juden, sondern für Bürger des Römischen Reichs. Er hält sich also bewusst zurück gegenüber einer ausgeführten Kreuzestheologie und gegenüber der dem jüdischen Kult entstammenden Sühnevorstellung.

Er betont aber, es sei nötig, um des Glaubens willen zu leiden. Der Tod und die Auferstehung Jesu spielen dennoch ihre zentrale Rolle für das Heil des Menschen. Das drückt sich aus in dem zweifachen »*Für euch*« (Lukas 22,19) und seiner Schilderung des Abendmahls über Paulus und Markus hinaus. Seine Besonderheit ist aber vor allem, dass er von der Liebe Gottes zu den in ihrer Schuld gefangenen Menschen spricht, womit er zeigt, dass er ein Schüler und Begleiter des Paulus war.

❀

Das Lukas-Sondergut, das bei den anderen Evangelisten nicht zu finden ist, setzt sich folgendermaßen zusammen:

Sondergut aus dem Eingangsteil:

1–2	Weihnachtsgeschichte
3,10–14	Standespredigt des Täufers
3, 23–38	Geschlechtsregister

Sondergut aus dem ersten Teil, der Wirkung Jesu in Galiläa:

5,1–11	Fischzug des Petrus
7,11–17	Der Jüngling von Nain
7,36–50	Die große Sünderin
8,1–3	Die dienenden Frauen

Sondergut aus dem Bericht über den Weg nach Jerusalem:

9,51–56	Ablehnung Jesu in Samaria
10,18–20	Worte bei der Rückkehr der Jünger
10,29–37	Der barmherzige Samariter
10,38–42	Martha und Maria
11,5–8	Gleichnis vom bittenden Freund
11,27–28	Seligpreisung der Mutter Jesu
12,13–21	Der reiche Narr
12,35–37	Vom wiederkommenden Herrn

12,47–48 Vom Knechtslohn
12,49 Spruch vom Feuer
12,54–56 Zeichen der Zeit
13,1–9 Bußruf über Israel
13,10–17 Heilung einer Frau am Sabbat
13,31–33 Die Nachstellungen des Herodes Antipas
14,1–6 Heilung eines Wassersüchtigen
14,7–14 Gastmahlsreden
14,28–33 Von den Jüngerpflichten
15,8–10 Der verlorene Groschen
15,11–32 Der verlorene Sohn
16,1–12 Der ungerechte Haushalter
16,14–15 Der Hochmut der Pharisäer
16,19–31 Vom reichen Mann und armen Lazarus
17,7–10 Vom Knechtslohn
17,11–19 Heilung der zehn Aussätzigen
18,1–8 Gleichnis vom Richter und der Witwe
18,9–14 Gleichnis vom Pharisäer und Zöllner
19,2–10 Zachäus

Sondergut aus der Passionsgeschichte:
19,41–44 Weissagung über die Zerstörung Jerusalems
22,15–18 Das Abschiedsmahl als Passamahl
22,35–38 Worte Jesu beim letzten Mahl
23,6–16 Jesus bei Herodes
23,39–43 Der Schächer am Kreuz

Sondergut aus der Oster- und Himmelfahrtsgeschichte als Schlussteil:
24,13–35 Die Emmausjünger
24,36–53 Offenbarung in Jerusalem und Himmelfahrt

Exemplarisch seien hier zwei Geschichten aus dem Sondergut des Lukas wiedergegeben, die typisch für dessen Theologie sind:

Liebe zu den Ausgestoßenen (die große Sünderin)

»Einmal war Jesus von einem Pharisäer eingeladen, bei ihm zu essen, und er kam in das Haus und legte sich zu Tisch. In jener Stadt lebte eine Frau, die von den Frommen gemieden war, weil sie eine Dirne war. Als die sah, dass er bei dem Pharisäer speiste, brachte sie ein Glas mit Salbe, trat von hinten her zu seinen Füßen und weinte, netzte seine Füße mit ihren Tränen, wischte sie mit ihren Haaren ab, küsste sie und rieb sie mit Salbe ein. Als der Pharisäer das sah, machte er sich seine Gedanken: ›Wenn der ein Prophet wäre, wüsste er, was für eine Frau das ist, die ihn berührt, dass sie nämlich eine Sünderin ist.‹ Da wandte sich Jesus an ihn: ›Simon, ich habe dir etwas zu sagen.‹ Er ging darauf ein: ›Meister, rede!‹ Und Jesus sprach: ›Ein Geldverleiher hatte zwei Schuldner. Der eine war ihm tausend Silberstücke schuldig, der andere hundert. Als sie das Geld nicht zurückzahlen konnten, schenkte er es beiden. Wer von den beiden wird ihm dankbarer sein?‹ Simon meinte: ›Ich vermute, der, dem er mehr geschenkt hat.‹ ›Du hast richtig geurteilt‹, antwortete Jesus, und zu der Frau gewendet, fuhr er fort: ›Siehst du diese Frau? Ich kam in dein Haus, und du gabst mir kein Wasser für meine Füße. Sie aber netzt sie mit Tränen und trocknet sie mit ihren Haaren. Du gabst mir keinen Kuss. Sie aber küsst, seit ich hier bin, unaufhörlich meine Füße. Du hast mir das Haupt nicht mit Öl gesalbt. Sie aber hat mir mit der viel kostbareren Salbe die Füße eingerieben. Daran wird eins deutlich, und das sage ich dir: Ihr sind ihre vielen Sünden vergeben, denn sie hat viel Liebe. Wer wenig Vergebung empfangen hat, hat auch wenig Liebe zu geben.‹ Und er wandte sich an sie: ›Deine Sünden sind dir erlassen.‹ Da redeten die übrigen Gäste miteinander und fragten sich: ›Wer ist das, der hier Sünden vergibt?‹ Jesus aber wandte sich an die Frau: ›Dein Glaube hat dich gerettet. Geh! Friede wird mit dir sein.‹«

Lukas 7,36–50

❀

Der barmherzige Samariter

»›Ein Mann ging hinab von Jerusalem nach Jericho
und wurde überfallen von Räubern.
Die zogen ihn aus, schlugen ihn zusammen,
gingen davon und ließen ihn halbtot liegen.
So fand ihn ein Priester.
Als er ihn sah, wich er aus und ging vorüber.
Ebenso ein Tempeldiener.
Auch er sah ihn, auch er ging vorüber.
Ein Samariter aber, der des Weges kam,
ein Mann aus Samaria, kümmerte sich um ihn.
Er ging hin zu ihm, verband seine Wunden,
goss Öl und Wein darüber, setzte ihn auf sein Lasttier
und brachte ihn in eine Herberge.
Dort versorgte er ihn bis zum nächsten Tag.
Dann gab er dem Wirt zwei Silberstücke
und sagte: Sorge für ihn,
und wenn er dich mehr kostet, will ich das bezahlen,
wenn ich wiederkomme.
Was meinst du, wer von den dreien
ist dem ein Mitmensch geworden,
der unter die Räuber fiel?‹

Er antwortete: ›Der barmherzig war.‹
Da sagte ihm Jesus: ›Geh und tu wie er!‹«
Lukas 10,30–37

❀

In eine ähnliche Richtung weisen das Gleichnis vom verlorenen Sohn (Lukas 15,10–32), das Gleichnis vom Pharisäer und Zöllner (Lukas 18,10–14) und die Erzählung von Jesu Besuch bei Zachäus (Lukas 19,1–10), die wegen ihres Umfangs hier nicht im Wortlaut zitiert werden.

❀

Was nun das Bild von Jesus, das Lukas zeichnet, über das Bild vom barmherzigen Helfer hinaus charakterisiert, ist dasjenige vom »Vorausgänger«. In Apostelgeschichte 3,15 und 5,31 wird Jesus als der »Anführer« bezeichnet. Lukas will sagen: Mit seiner Auferstehung ist die Heilszeit angebrochen, und nun führt er die Seinen mit sich und hinter sich her ins Leben. In Galiläa war er seinen Weg gegangen zu den Armen und Kranken, wie das Lukasevangelium ihn schildert, und in Apostelgeschichte 10,38 schließt der Evangelist daran an: »*Er zog umher, tat Gutes und heilte alle, die in der Gewalt des Todes waren, denn Gott war mit ihm.*« Die Geschichte des Heils beginnt in Galiläa, sie geht weiter mit den Tagen in Jerusalem, mit seinem Tod, seiner Auferstehung, und sie zieht sich weiter bis in seine Herrlichkeit. In Jerusalem erfüllen sich die Tage seiner »Hinaufnahme«, und er wird zum Vorausgänger für die, die ihm nun »durch viele Drangsale« nachfolgen (Apostelgeschichte 14,22 und öfter). Im Lauf dieses Weges erfüllt sich Gottes Heilsplan, zugleich öffnet sich uns Menschen ein Weg durch unseren eigenen Tod. Jesus leistet aber nicht irgendeine Sühne, er geht vielmehr vor uns her und macht den Weg frei. Und so gelingt es Lukas, seinen nichtjüdischen Lesern den Sinn von Jesu Tod und Auferstehung zu erläutern, ohne sie mit den schwierigen Schlüsselbegriffen aus der jüdischen Tradition, also mit Opfer, Rechtfertigung, Stellvertretung oder Sühne zu beschweren. Er vermag ihnen zu zeigen, welchen Weg sie nun in der Nachfolge Jesu gehen könnten. Damit hat Lukas zugleich das Motiv gefunden, das für den Weg der Kirche in der Zeit nach Jesus wirksam war.

»Für euch« heißt also bei Lukas »euch voraus«. Es heißt »euch zur Leitung auf eurem Weg«.

37
Wie die Kirche ihren Zusammenhalt bewahrte, zeigt die Apostelgeschichte

Die vier Evangelien beschränken sich auf die Lebenszeit und das Lebenswerk Jesu. Die Apostelgeschichte setzt mit seinem Tod und seiner Auferstehung ein und führt das Geschehen in der Gemeinschaft der Christen fort von ihren Anfängen in Jerusalem über die Missionsbewegung der ersten beiden Jahrzehnte und die Reisen des Paulus bis an ihr erstes Zwischenziel, nämlich die Ankunft und Predigt des Paulus in der Hauptstadt Rom. Ohne dieses Buch wüssten wir praktisch nichts über die entscheidenden ersten dreißig Jahre der Entstehung und des Wachstums der Kirche.

Wenn wir jedoch, was dort berichtet wird, in den geschichtlichen Rahmen jener Zeit stellen und mit dem vergleichen, was in den Briefen des Paulus berichtet ist, so fällt auf, dass Lukas keineswegs nur die Fakten nachzeichnet, wie es ein moderner Historiker tut, sondern dem Buch eine ganz bestimmte Absicht mitgibt.

Wie in Abschnitt 27 gezeigt, hatte sich die Christenheit schon zu Zeiten des Paulus in vier Strömungen zerteilt und es bedurfte immer wieder bewusster Bemühungen, einen Zerfall der entstehenden Kirche zu verhindern. Als eine besonders ausgeprägte Kraft des Verbindens, des Ausgleichens und Friedenstiftens erwies sich damals Barnabas, aber nun auch Lukas, der ein Buch schrieb, in dem er seinen Zeit- und Glaubensgenossen das Bild einer im Frieden sich immer wieder verbindenden Vielfalt der Kirche zeichnete.

Dieses Buch dient dem Bemühen, die Differenzen zwischen den einzelnen Flügeln der Urkirche auszugleichen und das gemeinsame Leben aller unterschiedlich geprägten Gruppen zu ermöglichen. Es führt eine gradlinige Folge von Ereignissen vom Pfingsttag in Jerusalem bis zu dem Tag, an dem die christliche Predigt des Paulus die Hauptstadt der Alten Welt erreicht. Wenn Petrus spricht, unterscheidet sich seine Rede nicht von der, die Paulus hält. Von bestimmten Konflikten wie dem, der in Galater 2,11–21 zur Sprache kommt, wird nicht gesprochen. Wo Probleme auftauchen, wird gezeigt, wie sie in allseitigem Einvernehmen geregelt werden können. Petrus und Paulus sind in der gleichen Weise dem Gesetz der Väter gehorsam. Paulus beschneidet Timotheus (vgl. Apostelgeschichte 16,3), reist nach Jerusalem, wenn dort ein Festtag zu begehen ist, und fügt sich den leitenden Organen der Urgemeinde. Es ist nicht davon die Rede, dass Paulus viele Jahre lang um die Freiheit vom Gesetz kämpfen musste. Die Urapostel sind vielmehr eines Sinnes an der Ausbreitung des Evangeliums tätig. Es scheint, als habe die Apostelgeschichte geradezu den Auftrag mitbekommen, den unterschiedlichen Kräften und Gruppen das Bild ihrer Aufgabe an ihrer Gemeinsamkeit vor Augen zu stellen. »Haltet zusammen!«, scheint Lukas mit jedem Kapitel zu sagen. »Seid eines Sinnes!« »Begrabt eure Rechthabereien!« Und ein solches Werk hat eben mit diesem seinem Ziel ein gutes Recht.

Insbesondere scheint Lukas für Gruppen geschrieben zu haben, die das Christsein des Paulus nicht anerkennen konnten. Denn während dieser nur nebenbei im Galaterbrief einmal von seiner ihn verändernden Vision und Audition vor Damaskus redet, berichtet die Apostelgeschichte gleich dreimal ausführlich davon. Sie schildert auch die Verbindung des Paulus mit der Jerusalemer Gemeinde näher und selbstverständlicher, als sie tatsächlich war. In den Stücken, die von Predigten des Paulus handeln, erscheint nichts von dessen besonderer Theologie. Von Rechtfertigung allein aus dem Glauben ist nirgends die Rede. Sie war offenbar noch zu jener Zeit nicht überall in der Kirche anerkannt, konnte also nicht als verbindendes Element dienen. Wir müssen wohl vermuten, dass Lukas hier keinen nur historischen Bericht schreiben wollte, sondern bestrebt war, das Bild einer in sich zwar vielfältigen, aber in sich freundlich verbundenen Kirche zu zeichnen, wie es ihm in den Achtzigerjahren als die aktuelle Aufgabe jener Zeit erschien.

Dabei ist wichtig zu sehen, dass in den Jahren, in denen Lukas die Apostelgeschichte schrieb, weder die jüdische noch die judenchristliche Zentrale in Jerusalem überlebt hatten, dass die von dort regulierte Einheit also nicht mehr vorlag, sondern vielmehr im hellenistischen Umfeld versucht werden musste, den gemeinsamen Faden nicht zu verlieren.

❀

Im Grunde ist die sogenannte Apostelgeschichte kein eigenes Buch, sondern ein zweiter Teil des Evangeliums, von vornherein als solcher geplant und verfasst, und zwar weitgehend als originales Werk desselben Autors, der das Lukasevangelium geschrieben hatte. Sie entstand, vielleicht in Rom, zwischen den Jahren 80 und 90.

Über Quellen und Vorlagen, die Lukas verwendet haben mag, wissen wir wenig. Wir vermuten nur, dass das Stück Kapitel 6–12 und 15 auf einen antiochenischen Urtext zurückgeht. Und wir begegnen der auffallenden Tatsache, dass vom 16. Kapitel an plötzlich die Person des Erzählers zu wechseln scheint. Während Lukas zuvor aus der Distanz des Erzählers schreibt (»sie gingen«, »sie fuhren«, »sie taten dies oder jenes«), findet sich plötzlich die Wendung »wir gingen«, »wir fuhren«, »wir taten dies oder jenes«. Der Einschnitt zwischen den beiden Erzählweisen liegt am Anfang der zweiten Reise des Paulus, das »Wir« erscheint zuerst in Apostelgeschichte 16,10: »*Nach diesem Traum entschlossen wir uns sofort, nach Makedonien hinüberzufahren, denn wir waren sicher …*« Von da an mischen sich diese zwei Weisen des Berichtens immer wieder von Kapitel zu Kapitel. Das

»Wir« erscheint so zum Beispiel in Apostelgeschichte 20,7; 20,13; 21,1; 21,15; 27,1–2; 27,27; 28,1.11.

Es gab viele Versuche, diese Differenz zu erklären. Am naheliegendsten scheint mir, dass Lukas an dieser Stelle auf Reisetagebücher von Paulusbegleitern zurückgriff. Denn klar ist, dass Lukas auf der zweiten Reise nicht selbst unter den Begleitern des Paulus gewesen war.

38
Gegenüber dem entstehenden Rabbinat zeichnet Matthäus noch einmal Jesus als den Vorausgänger der Wanderbewegung

Es ist alles andere als zufällig, dass die Kirche des 2. Jahrhunderts, als sie aus vielen Einzelschriften das Neue Testament zusammenstellte, dem Matthäusevangelium den ersten Platz unter den Evangelien gab. Es stellt am deutlichsten die Maßstäbe dar, die Jesus den Seinen mitgegeben hatte. Es erzählt am profiliertesten von der Verwurzelung des Christentums im Judentum des Alten Testaments. Es grenzt das Christentum zugleich am genauesten gegen das Judentum jener Zeit des ausgehenden 1. Jahrhunderts ab. Bei ihm sehen wir zugleich am deutlichsten, in welcher Situation es entstand und mit welchen zeitgenössischen Kräften und Gegnern sein Verfasser es zu tun hatte. Es lohnt sich darum, ein Zeitbild zu entwerfen, so deutlich es in der Kürze gelingen kann.

Wir sehen Matthäus an der Arbeit, irgendwann um das Jahr 90, also sechzig Jahre nach Jesu Tod und zwanzig Jahre nach jenem grauenhaften Krieg, der ums Jahr 70 Jerusalem und das Land in seinem Umkreis verheerte. Die äußere Szenerie hat sich gegenüber den Jahren, in denen Jesus lebte und wirkte, gründlich verändert. Die Mitte, die alles beherrscht hatte, die Stadt, lag in Trümmern. Der Tempel war verbrannt, das religiöse Leben erloschen, das Umland im Elend versunken. Die jüdische Bevölkerung flüchtete, soweit sie immer konnte, in die Länder rund um das Mittelmeer und darüber hinaus. Die christliche Wanderbewegung, die ihren Ausgangspunkt verloren hatte, suchte ohne Verbindung mit dem Judentum weiter die Länder rund um das Mittelmeer zu durchdringen.

Bei Lukas war alles anders gewesen als bei Matthäus. Als Lukas sein Evangelium schrieb, lag der Krieg zwar erst zehn Jahre zurück, aber ihn hatte dieses Ereignis doch weniger berührt. Lukas war kein Jude. Er war mit der Tradition der jüdischen Frömmigkeit wohl kaum näher verbunden. Er war kein jüdischer Schriftgelehrter wie es Matthäus vermutlich war. Er war ein Weltbürger im Römischen Reich. Er schrieb nicht wie vermutlich Matthäus sein Evangelium in aramäischer, sondern in griechischer Sprache. Er lebte nicht wie Matthäus irgendwo im syrischen Raum, zu dem auch Palästina gehörte, sondern in Rom. Aus der Nähe des Matthäus zum Schicksal des jüdischen Volks und seinem Elend folgte die besondere Dringlichkeit, die das Matthäusevangelium erfüllt.

Für das Judentum der Zeit seit dem 6. Jahrhundert vor Christus hatte es immer zwei Pole der Frömmigkeit gegeben: den Tempel und die Synagoge. Im 6. Jahrhundert vor Christus war der Tempel zerstört worden, und die Gefangenen in Babylon hatten vielleicht nur ein paar Schriften mitgebracht, um die sie sich sammeln konnten. Seitdem gab es Synagogen, deren Aufgabe es war, die Menschen an jedem Sabbat um das Gesetz und seine Auslegung zu versammeln. Zur Zeit Jesu gab es den neuen Tempel, den Herodes hatte bauen lassen, mit seiner Priesterschaft und seinen Opfergottesdiensten, zugleich aber auch unzählige über das Land hin gestreute Synagogen, in denen nicht die Priester, sondern die Schriftgelehrten ihres Amtes walteten. So soll es bis zum römischen Krieg allein in Jerusalem 400 Synagogen gegeben haben, die wohl meist einfach einen kleinen Kreis von Menschen im Haus eines Privatmannes versammelten.

Während des Krieges 66 bis 70 und während der Belagerung gab es unter den Juden verschiedene Parteien. Die einen waren entschieden nationalistischen Charakters unter einigen fanatischen Führern des Aufstands, die für das Durchhalten bis zum Endsieg votierten. Daneben gab es eine Art Friedenspartei, die vor dem Krieg vom Aufstand abriet und während der Belagerung die Beendigung des Widerstands forderte. Ihre Tradition ging zurück bis vor die Zeit Jesu, und wenn man will, kann man auch Jesus zu ihnen zählen, der gesagt hatte: »*Wer das Schwert nimmt, wird durchs Schwert umkommen.*«

Einer unter den Schriftgelehrten, die dieser Friedenspartei angehörten, war Jochanan ben Zakkaj, ein Mann von hohem Ansehen. Er wollte im Untergang aller heiligen Güter des Judentums das Eine retten, das nicht verloren gehen durfte, nämlich die heiligen Schriften. So kam er auf die filmreife Idee, durch seine Schüler dem römischen Oberbefehlshaber Titus mitteilen zu lassen, er sei gestorben, und diesen zu bitten, den Leichnam außerhalb der Stadt bestatten zu lassen. Der spätere Kaiser kannte offenbar den Namen und wusste, dass Jochanan ben Zakkaj zu der Partei gehörte, die den Krieg zu verhindern gesucht hatte. Er gab seine Erlaubnis. Der Sarg wurde hinausgetragen. Draußen stand der »Tote« aus seinem Sarg auf und ging zu Titus. Diesen bat er um die Erlaubnis, in Jabne, einem nahe gelegenen Ort, eine Schule zu gründen, in der die Religion der Juden gelehrt werden könne. Titus bewies, dass er zwischen der Religion der Juden und ihrem politischen Fanatismus zu unterscheiden wusste, und gab seine Erlaubnis. Es kam zu einer Auferstehung der besten Kräfte. Es fand eine Selbstprüfung statt und es entstand die dauerhafte, standfeste Gestalt eines erneuerten Judentums.

In Jabne bildete sich danach ein neues Synedrion, ein neuer Hoher Rat, der seine Autorität nicht durch den Tempel gewann, sondern durch das Gewicht der Gelehrten, die die Schrift auslegten.

Ebenfalls hier entstand in den folgenden Jahrhunderten das jüdische Religionsgesetz, die »Mischna«, und danach die »Gemara«, die zusammen den »Talmud« bilden, als ein Werk weiterer neu gegründeter Schulen in Beth Schearim, Sepphoris und Tiberias. Matthäus sah sich, als er zwanzig Jahre nach dem Krieg sein Evangelium schrieb, in Palästina und Umgebung einer Reihe von beachtlichen Lehrstätten dieser erneuerten jüdischen Frömmigkeit gegenüber. Vieles im Matthäusevangelium wird man nicht verstehen, wenn man dieses Gegenüber einer judenchristlichen Wanderbewegung und einer neuen jüdischen Erforschung der heiligen Schrift nicht sieht: Matthäus richtet sich mit vielem, das er berichtet, an die Christen der Neunzigerjahre, aber mit viel anderem ebenso deutlich an das Gegenüber im jüdischen Umfeld.

Es ist nicht auszumachen, ob es je eine Begegnung des Evangelisten mit einem der jüdischen Gelehrten gegeben hat. Wir vermuten: eher nicht. Aber Matthäus stand die neu erwachte jüdische Frömmigkeit mit ihrem klaren und genauen Profil, das sich von der im Römischen Reich entstehenden christlichen Kirche scharf abgrenzte, ständig vor Augen, während er schrieb. Sowohl dieses neue Judentum als auch die christliche Kirche waren nach Auffassung des Evangelisten verwurzelt im Judentum des Alten Testaments, beide orientiert an der Notwendigkeit, das Gesetz vor dem drohenden Verlust zu retten. Beide entschlossen, am entscheidenden Punkt nicht nachzugeben: nämlich am Punkt der Anerkennung Jesu als des Christus beziehungsweise der Verwerfung dieser Vorstellung.

In diesem Gegenüber und Gegensatz zu den neu entstehenden Schulen des Judentums ist Matthäus selbst tief im jüdischen Erbe verwurzelt. Er sagt:

> »Es wird kein Jota vom Gesetz vergehen.«
> *Matthäus 5,18*

> »Es kommt auf das Tun des Gerechten an.«
> *so die Aussage von Matthäus 5,20*

> »Geht nicht zu den Heiden oder den Samaritern, sondern zu den verlorenen Schafen aus dem Volk Israel!«
> *Matthäus 10,5–6*

Matthäus ist offenbar ein jüdischer Christ, der Schriftgelehrtenunterricht genossen hat, vielleicht selbst ein Schriftgelehrter war, und der das Auftreten Jesu als das Auftreten eines Auslegers der heiligen Schriften verstand, freilich eines Auslegers mit der Vollmacht zu sagen: *»Ihr habt gehört, dass zu den Alten gesagt ist, ihr sollt nicht töten, nicht ehebrechen, nicht falsch schwören, ich aber sage euch …«* Man bemerkt bei Matthäus immer wieder, dass er genau sagen will, worin sich die Botschaft der Christen von der Tradition des Judentums unterscheide, aber auch, worin der Christ mit dem Judentum verbunden bleibe.

Zwischen Matthäus und Jochanan ben Zakkaj gibt es durchaus Berührungspunkte: Wenn ben Zakkaj einen seiner Schwerpunkte in Hosea 6,6 sieht, wo der Prophet feststellt, Gott wolle nicht kultische Opfer, sondern Barmherzigkeit, so ist er nahe bei Jesus. Auch ben Zakkaj wollte das Judentum für das Gespräch und die Gemeinschaft mit Nichtjuden öffnen. Es wird von ihm erzählt, er habe jedermann, der ihm begegnete, zuerst gegrüßt, auch Nichtjuden. Er gehörte zu den Schülern des Hillel, der das Liebesgebot an die erste Stelle setzte. So sehr weit auseinander waren Matthäus und Jochanan ben Zakkaj durchaus nicht.

Eine entscheidende Differenz lag wohl in dem verschiedenen Sinn, in dem sie die Erwählung durch Gott verstanden: In der Synagoge sammeln sich die Angehörigen Israels; Israel aber ist von Gott erwählt und geliebt. Zur Kirche dagegen gehören Juden und Heiden, die Gott als Einzelne erwählt und die mit ihrem Glauben an Christus und die Taufe das neue Gottesvolk bilden. Beide stehen sich in jener Zeit des Aufbruchs nach dem Krieg so nahe wie seither nie wieder. Aber die entschlossene Abwehr des anderen ist bei beiden schon so rigoros, dass ein Gespräch kaum mehr stattfinden kann, sondern am Ende nur noch die Abgrenzung.

❀

Wie stellen wir uns die Entstehung des Matthäusevangeliums vor? Matthäus hatte vor sich auf dem Tisch das Markusevangelium liegen mit seinem Versuch, den Ablauf der Tätigkeit Jesu darzustellen, und er legte diesen Ablauf für sein eigenes Evangelium zugrunde. Daneben lagen die Blätter des »Buchs der Reden«. Die fügte er ähnlich wie Lukas in den biografischen Rahmen ein. Allerdings anders geordnet und erweitert durch zusätzliche Quellen, die wir nicht kennen.

Was ihm an Reden Jesu bekannt war, stellte er zu fünf Reden zusammen: Er zeigt in der Bergpredigt (vgl. Matthäus 5–7) den Meister als den Lehrer der »besseren Gerechtigkeit«. In der Aussendungsrede (vgl. Matthäus 10) zeigt er die Regeln und Maßstäbe, die für die Jünger Jesu gelten, aber auch für die nach Pfingsten entstehende Wanderbewegung. In der Rede vom Reich Gottes (vgl. Matthäus 13) stellt Matthäus den Seinen ihre Bestimmung, das Ziel ihres Lebens und das Ziel der Welt vor Augen. In der Gemeinderede (vgl. Matthäus 18) geht es um das innere Leben und Wirken der christlichen Gemeinschaften vor Ort oder im Unterwegs. Die fünfte Rede »gegen die jüdischen Autoritäten«

geht unmittelbar über in eine Rede vom letzten Gericht, in dem Christen wie Juden sich zu verantworten haben werden (vgl. Matthäus 23–25). Es wird nützlich sein, diese fünf Reden mit dem in Abschnitt 16 wiedergegebenen Wortlaut des »Buchs der Reden« zu vergleichen.

❀

Ein anderer besonderer Beitrag des Matthäus betrifft offenkundig sein deutliches Interesse an dem Zusammenhang zwischen dem Alten Testament und dem christlichen Glauben. Vor ihm lag auf seinem Tisch wohl auch eine griechische Ausgabe des Alten Testaments. Es sind seine Zitate aus dem Alten Testament, die zeigen, wie eng dieser Zusammenhang war. Matthäus scheint überzeugt gewesen zu sein, dass die von Gott gestiftete Ordnung, wie sie das Gesetz zeigt, als Norm bestehen bleiben und beachtet werden müsse, dass sie aber eine andere Deutung verlange als sie das neu entstehende Rabbinat formulierte. Er lehnt nicht, wie Paulus, das Gesetz als weiter bestehende Norm ab. Er sucht es zu retten, indem er zeigt, wie anders als die Schriftgelehrten die Christen seiner Zeit es auszulegen hätten.

Wer die entscheidenden Besonderheiten des Matthäusevangeliums verstehen will, kann etwa damit beginnen, dass er die fünf Reden nachliest, in die Matthäus die Worte Jesu aus dem »Buch der Reden« umgestaltet hat. Danach wird er, um das Besondere an Matthäus wahrzunehmen, das Sondergut des Matthäus nachlesen:

Wir rechnen im Allgemeinen die folgenden Stücke dazu:

Kapitel 1–2	Vorgeschichte
12,5–7	Sprüche über den Sabbat
13,24–30	Gleichnis vom Unkraut unter dem Weizen
13,36–43	Deutung des Gleichnisses vom Unkraut
13,44–46	Gleichnis vom Schatz und von der Perle

13,47–50	Gleichnis vom Fischernetz
13,51–52	Bildwort vom Hausvater
14,28–31	Petrus auf dem Meer
16,17–19	Petrus, der Fels
17,24–27	Tempelsteuer
18,10	Die Engel der Kleinen
18,(15)16–20	Gemeindeordnung
18,23–35	Die Parabel vom Schalksknecht
19,10–12	Von den Verschnittenen
20,1–16	Gleichnis von den Arbeitern im Weinberg
21,14–16	Blinde, Lahme und Kinder im Tempel
21,28–32	Gleichnis von den ungleichen Söhnen
25,1–13	Gleichnis von den zehn Jungfrauen
25,31–46	Vom Weltgericht
27,3–10	Das Ende des Judas
27,19	Die Frau des Pilatus
27,24–25	Pilatus und das Volk
27,51–53	Wunder bei Jesu Tod
27,62–66	Die Grabeswächter
28,2–3	Der Engel, der den Stein wegwälzt
28,9–10	Der Auferstandene vor den Frauen
28,11–15	Der Betrug der Hierarchen

39
Die Weisheit der Bergpredigt: unten sein und lieben

Seit einigen Jahren geht es wie ein Wiederfinden der mystischen Dimension des christlichen Glaubens durchs Land, wie eine Wiederentdeckung nach fast hundert Jahren des grimmigen Kampfs gegen alles Mystische. Mehr und mehr wird uns selbstverständlich, die vielfältigen Formen von Verkündigung und Seelsorge mit den alten Wegen der Seelenführung zu verbinden. Wir erreichen damit eine tiefere Nähe zu den geistlichen Schwierigkeiten heutiger Menschen und können versuchen, ihnen so die helfenden und heilenden Kräfte des Evangeliums zu erschließen.

Da ich selbst für eine Wiederaufnahme der Mystik in die kirchliche Seelsorge geworben habe, werde ich immer wieder gefragt, welchen Stellenwert für mich nun der ethische Aspekt behalte. Was aus mystischen Gedanken für das praktische Handeln eines Christen hervorgehe. Denn wenn die Tradition der Mystik seit alters bei dem berühmten Satz des Augustin angekommen sei: »Liebe und tu, was du willst«, so bedürfe es eigentlich keiner ausgeführten Ethik. Nun bekenne ich gerne, dass mir im Lauf des Lebens viel, das bislang eine theologische Ethik ausmachte, sehr fremd geworden ist. Je dichter mir das Wort, die Gestalt und der Weg Jesu mit der tiefsinnigen Wandlungsmystik des Paulus zusammenrückte, aus der für Paulus die ethische Fragestellung hervorging, je gründlicher ich mich fragte, was für eine Art von »Ethik« Jesus eigentlich gelehrt und vorgelebt habe und ob er denn überhaupt etwas wie eine Ethik gewollt habe, desto fremder wurde mir, was wir Theologen im Interesse einer praktischen Anwendbarkeit des Evangeliums in der privaten und der politischen Szenerie des Menschenlebens als lehrbare Ethik konstelliert haben. Was mir deutlich wurde, war zunächst die Gewissheit, dass Jesus etwas anderes am Herzen gelegen haben muss als eine lehrbare »christliche Ethik«.

Gleichzeitig wurde mir klar, dass sich eine Ethik, die genau wiedergibt, was Jesus in seinem Wort und Werk vorgezeichnet hat, für breite Anwendungsgebiete einer Ethik nicht eignet. Es wundert mich nicht, dass das anscheinend mangelnde praktische Stehvermögen einer jesusgemäßen Ethik es erforderlich gemacht hat, die christliche Ethik für die Praxis auf vielerlei Weise mit irgendwelchen Hilfskonstruktionen zu stützen: mit einer Zwei-Reiche-Lehre, wie sie den Potentaten des 16. bis 20. Jahrhunderts wohl gefiel; mit einem Naturrecht, wie es aus dem Weltbild des Mittelalters hervorging; mit einer populären Volksmoral, mit einer zeitgemäßen revolutionären Absicht, mit einer die Verhältnisse stabilisierenden Soziallehre oder mit was immer. Von den Weisungen Jesu blieb dabei selten viel übrig. Aber was wollte Jesus eigentlich? Ich will sagen, was mir immer wieder auffällt, auch wenn ich nicht für alles eine Erklärung weiß.

❀

Das Erste: Unfraglich erscheint mir, dass für Christen und ihre ethischen Überlegungen an allem Anfang Jesus Christus steht. Weder eine tradierte Staatslehre noch eine handliche Gesellschaftsphilosophie, noch ein freies Gewissen, noch eine Hierarchie von Werten, noch Gebote können als Ausgangspunkt dienen. An allem Anfang steht die Gestalt Jesu, sein Wort, sein Werk, sein Weg und sein Umgang mit den Menschen, die ihn hörten.

Das Zweite, das mir auffällt: Jesus hat, sozusagen im Vorbeigehen, alles abgeräumt, was einer konventionellen Ethik die Grundlage gibt, und alles, was sie für eine Gesellschaft anwendbar macht. Er sagt: Verehrt keine Autoritäten und wollt selbst keine Autorität sein. Ihr seid unmittelbar zu mir und unmittelbar zu Gott. Aber wie soll eine Ethik Bestand haben, wenn jeder sein Maß aus seinem Gegenüber zu Gott gewinnen soll – und niemand für das gemeinsam Verbindliche steht?

Eine Ethik wird Menschen befähigen, Gut und Böse zu unterscheiden, und ihnen Mut machen, öffentlich für die Wahrung dieses Unterschieds einzutreten. Nun sagt aber Jesus: Ihr sollt nicht richten. Wenn aber verboten wird, Untat als Untat zu bezeichnen, den Täter als Täter, können keine Ethik und kein Rechtssystem ihren Sinn erfüllen. Außerdem sieht jedes ethisch begründete Rechtssystem Sanktionen vor für den, der das Verbotene tut. Als aber Jesus im Zusammenhang eines Strafprozesses nach seinem Urteil gefragt wird, macht er die Zuständigkeit des Gerichts davon abhängig, ob die Richter fehlerlose Menschen seien. Die Straftäterin dagegen, die nach dem Gesetz zu verurteilen ist, schickt er einfach nach Hause. So funktioniert kein Recht und keine Ethik.

Jede christliche Ethik wird ihr besonderes Augenmerk auf die natürlichen Ordnungen der Familie und der Generationenfolge richten. Nicht so Jesus. »Was geht mich meine Familie an?«, fragt er seine Zuhörer. Und er verweist auf die Menschen, die um ihn her sitzen: Das ist meine Familie. Er fragt auch nicht, als er zwei Fischer aus seinen Booten zu sich ruft, nach ihrer Verantwortung für ihre alten Eltern. Er kennt keinen Generationenvertrag.

Jede Ethik wird klar unterscheiden zwischen einem Tötungswunsch und einem Mord. Den Tötungswunsch kann sie weder verhindern noch bestrafen, wohl aber den Mord. Aber Jesus sagt: Wer seinem Bruder zürnt, ist so gut wie der, der ihn totschlägt. Beide gehören vor dasselbe Gericht. Wenn das so ist, wo bleibt das Maß, das die Strafe für den einen und den anderen bestimmt? Wer trennt die Gesinnung von der Tat? Jede Ethik wird fordern, dass der Übeltäter den Schaden wieder gutzumachen hat, der durch ihn entstand. Nicht so Jesus in seiner Geschichte vom verlorenen Sohn. Jede Ethik wird unterscheiden zwischen dem Täter und dem Opfer. Aber Jesus fordert Petrus auf, siebenmal siebzig Mal zu vergeben – so, als läge die Verantwortung für die Folge des Tuns seines Bruders bei ihm und nicht bei dem, der ihm Unrecht getan hat.

Jede Ethik wird davon ausgehen, dass ein Mensch als gerecht gelten wird, wenn er das Gerechte tut. Jesus kehrt die Reihenfolge um. Er sagt: Der gesunde Baum bringt gesunde Frucht, der kranke bringt schlechte. Der Mensch also muss gerecht sein, um gerecht handeln zu können. Wer oder was aber macht einen Menschen gerecht? Die »bessere Gerechtigkeit«, von der Jesus spricht, ist gerade keine, die von einer Ethik bewirkt werden könnte. Und endlich: Von denen, die allgemein als »böse« bezeichnet werden, spricht Jesus von »Kranken«, die nicht der Moralreden, sondern des Arztes bedürfen. Was also dem guten Handeln vorausgehen müsste, sei eine Heilung. Wo aber bleibt dann bei dem Übeltäter etwas wie ein Verschulden? Was mir deutlich ist: Jesus scheint an der Erstellung einer funktionsfähigen Ethik nicht interessiert. Weder an der ethischen Grundlage eines gemeinsamen Lebens noch am ethischen Training des Einzelnen. Ihm muss etwas anderes am Herzen gelegen haben.

Ein Drittes, das auffällt: Jesus beginnt nicht damit, dass er bei den Menschen, mit denen er zu tun hat, die Defizite feststellt, sondern damit, dass er ihnen zu einer neuen Selbsteinschätzung verhilft. Sie wurden von den Frommen als der »Pöbel vom Lande« bezeichnet. Sozusagen als der letzte Dreck. Ihnen sagt er in seinen Gleichnissen von der Saat und von der Frucht: Ihr seid ein Acker. Ihr seid gute Erde. Ich werfe meine Saat, mein Wort in euch. Gebt ihm Raum. Lasst es wachsen. Aus euch kann das Erlösende, das Reich, hervorgehen. Ihr könnt am Ende sagen: Auch wir konnten an seinem Kommen mitwirken. – Ein anderes Beispiel: Jesus spricht von sich selbst als vom »Licht der Welt«. Sozusagen im selben Atemzug sagt er zu uns: »Ihr seid das Licht der Welt.« Er zeichnet also eine Kaskade von Licht vom Schöpfer des Lichts über ihn selbst herab bis zu uns Menschen. Er spricht uns seinen eigenen Rang und Auftrag zu, wenn er sagt: Ihr seid das Salz der Erde, das die Erde vor Fäulnis schützt. Wenn wir in demselben Sinn die Ich-bin-Worte und ihre mystische Tiefe prüfen, so wird uns dasselbe vor Augen stehen: Ich bin das Brot. Ihr seid das Brot. Oder: Ich bin der Hirte. Ihr seid die Hirten. Er konstituiert zuerst uns selbst von seinem eigenen Wesen und Auftrag her und entlässt uns von hier aus in unser praktisches Tun.

In ganz ähnlicher Weise erzählt er Gleichnisse, in denen die Identität der am szenischen Spiel Beteiligten einmal die Gottes ist, einmal die seiner selbst, einmal die unsere. Gleichnisse, in denen so viel Schwebendes und Unscharfes bleibt, dass sich der Hörer in sie einzubringen vermag. Jesus zeigt Bilder, in denen er seine Hörer als behütet und befähigt schildert, Bilder, von denen sie sich prägen lassen sollen: eine Lampe, die ihren Sinn erfüllt, wenn sie leuchtet, ein Haus, das feststeht, weil es auf einem Felsen gegründet ist, ein Spatz, den Gott ernährt. Jesus sagt keineswegs: Ihr seid allzumal Sünder, sondern: Ihr habt allzumal Kräfte. Ihr habt allzumal einen großen Auftrag. Bittet Gott, dass er euch das Gelingen und das Erfüllen schenkt. Er wird es tun. So begründet auch Paulus seine Ethik. Er sagt: Christus ist in mir. Ich bin von ihm geprägt. Ich bin in ihn verwandelt. Er handelt in mir und durch mich. Was soll noch ein Gesetz, wenn es Christus ist, der durch mich handelt?

Ein Viertes: Die christliche Ethik hat immer schon bestimmte Tugenden aufgezählt oder, was dasselbe meint, eine Reihe von »Werten« nebeneinander gestellt. Dabei rührt es mich immer wieder, welche Werte heute in den oberen Etagen der Bundesrepublik als christlich bezeichnet werden, obwohl sie doch in Wirklichkeit gegen den Willen der Kirche von Humanismus oder Aufklärung durchgesetzt wurden. So hat beispielsweise die »soziale Gerechtigkeit« gegen den versammelten Widerstand der christlichen Bürger- und Feudalkultur des 19. Jahrhunderts von der Arbeiterbewegung erkämpft werden müssen. Was ist da am Ergebnis christlich zu nennen? Ebenso die Freiheit der Rede. Ebenso wurden die Menschenrechte, die Menschenwürde, die Gleichheit aller vor dem Gesetz keineswegs von den christlichen Kirchen durchgesetzt, sondern durchweg gegen sie.

Was zeigte denn Jesus seinen Hörern, das wir als Werte oder Grundwerte bezeichnen könnten? Mir will scheinen, es seien deren zwei gewesen: das Lieben und das Absteigen. Das Lieben und der Statusverzicht. Beide pflegen in politischen Moralreden nicht vorzukommen. Mit diesen beiden Werten gibt uns Jesus zwei Grundrichtungen vor: Wir sollen uns von unserem engen Ich aus weiten. Wir sollen immer mehr lieben. Über den Nächsten hinaus bis zu dem Fernsten, ja bis zum Feind. Und wir sollten absteigen von dem Rang, der Bedeutung, dem sozialen Status, der Selbsteinschätzung, die wir innehaben, abwärts bis zu dem Menschen, der unserer Liebe und Hilfe bedarf. Wir sollen absteigen, bis wir auf Augenhöhe sind mit dem Leidenden, und sollen dann tun, was die Liebe fordert. Was Jesus über die Ersten und die Letzten sagt, über das sich Erhöhen und sich Erniedrigen, über das Herrschen und das Dienen, über den Rang und den Verzicht auf Rang, nimmt diese zweite Richtung. Ob man diese beiden Weisungen als »Werte« bezeichnen soll, mag offen bleiben.

Hier begegnen wir den für alle wirkliche Mystik charakteristischen Anweisungen zur Liebe und Demut, die die Mystik als »Entwerden« bezeichnet. Und wenn Augustin sagt: »Liebe und tu, was du willst«, so wäre die Maßgabe zu ergänzen: Liebe und steige ab! Dann tu, was du willst. Einer Ethik, gleich welcher Art, bedarfst du darüber hinaus nicht. Freiwerden von den Interessen des Ich, hinaustreten zum immer ferneren Nächsten, Absteigen zu jeder Art von Elend – das ist denn auch die alte paulinische Christusmystik: *»Ein jeder sei gesinnt, wie Jesus Christus auch war.«* Er liebte. Er stieg ab. Ein Gesetz ist entbehrlich.

Ein Fünftes: Wenn ich mich frage, in welcher Traditionslinie der jüdischen Frömmigkeit Jesus stand, so wird mir rasch deutlich, dass er nicht so sehr in der Linie der priesterlichen Tradition steht oder in der Tradition der Gesetzesausleger, sondern deutlicher in der apokalyptischen Tradition und besonders deutlich in der der Weisheitslehrer. In der Tradition des Ratgebens in Gleichnissen, Bildern und Sprüchen. Die biblische Weisheit beschäftigte sich von jeher mit dem Täglichen, Nahen, Banalen und Praktischen, das jeder sieht, in dem jeder steht, das jeder kennt und das keiner auslotet. Weisheit ist Lebenserfahrung aus dem Glauben.

Damit hängt ein Sechstes zusammen: Die Absicht, die Jesus mit seinen Anweisungen verfolgt, scheint mir die, Konflikte nicht nur zu zeigen, sondern sie lösbar zu machen. Und zwar auf Wegen, die für eine normale und an Regeln gebundene Ethik gerade nicht gangbar sind. Auf den Wegen des Verzichts auf Macht, auf Rechthaben, auf Urteilen. Auf dem Weg der Gewaltlosigkeit. Auf dem Wege des liebenden Verstehens auch eines Feindes. Denn das ist ja ein Lebensgesetz, das der Weise kennt: dass mein Verstehen immer nur so weit reicht und so tief eindringt wie meine Liebe. Also liebe den, der dich hasst. Verstehe in ihm den Menschen, der ist wie du. Friede ist erreichbar. Aber nur auf dem Wege, dass du nicht siegen willst. Wer siegen will, steht in einem Krieg und kommt über den Krieg nicht hinaus. Wahrheit kann durchaus gefunden und gesagt werden. Du darfst dabei nur nicht Recht haben wollen. Denn die Wahrheit ist mehr als du von ihr wahrnimmst. Gerechtigkeit ist erreichbar. Du darfst nur nicht um dein Recht kämpfen. Solange du das tust, bleibt das Recht des anderen auf der Strecke und mit ihm die Gerechtigkeit.

Jesus bietet eine Lehre über die Lösbarkeit ethischer Probleme an, nicht eigentlich eine Ethik, mit der eine zerstrittene Gesellschaft zu stabilisieren oder zu disziplinieren wäre. Diese Lehre bleibt fest angebunden an die Voraussetzung, dass der, der sie erfüllen will, zuvor seine Identität aus dem Bild des Christus gewann. Dem Vollzug dieser Art Weisheitslehre muss vorhergegangen sein, was Jesus »Heilung« nennen würde und Paulus »die Wandlung des Menschen in ein Spiegelbild des Christus«. Es muss nicht nur seine Rechtfertigung vorausgegangen sein, sondern die Wandlung. Damit aber bin ich tief in der eigenwilligen Christusmystik des Paulus. 1. Korinther 13 mit seinem Hymnus auf die Liebe und Philipper 2 mit seinem Hymnus auf den absteigenden Christus, das ist die Ethik, die sich uns am Ende bewähren wird. Noch einmal: Liebe und steige ab – dann tu, was du willst und was du dann kannst.

Und noch ein Letztes: Etwas vom Charakteristischsten an Jesus scheint mir seine entschieden zukunftsgewandte Bilderwelt. Im Gegensatz etwa zu den meisten ethischen Programmen unserer heutigen Zeit, die auf die Bewahrung des Vergangenen oder auf die Reparatur der Schäden von heute ausgerichtet sind, lebt Jesus ganz und gar in der Zukunft. Er sagt seinen Leuten: Schaut voraus! Seht, wie die Zukunft sich ankündigt. Sie ist offen. Es wird etwas geschehen. Stellt euch darauf ein! Es ist charakteristisch für unsere Zeit, dass heute kaum einer auch nur für die Bundesrepublik eine Zukunftsvorstellung entwirft. Es gibt keine Perspektive über die Legislaturperiode hinaus, wie unser Land auch nur in zwanzig oder fünfzig Jahren aussehen soll. Es bleibt bei den Reparaturen.

Für Jesus ist, was vergangen ist, vergangen: *»Ich aber sage euch!«* Die Gegenwart hat ihren Sinn in einer Zukunftserwartung. Dieser in die Gegenwart hereindrängenden Zukunft gibt er den Namen »Reich Gottes«. Aber dieses Reich ist kein Thema für eine Ethik. Es ist nicht von Menschen zu erstellen. Es kommt allein von Gott. Es wächst verborgen oder bricht ein wie ein Unwetter. Jesus erklärt es nicht. Er lässt es in einer charakteristischen Unschärfe am letzten Horizont der Welt und der Weltgeschichte stehen. Als Bild für Heimkehr. Erfüllung. Erlösung.

❀

Ich sage also im Sinn einer Lebensweise Jesu:

Es steht einer zu mir. Der bejaht mich. Ich kann darum zu mir selbst stehen. Ich kann mich annehmen. Ich lege meine Unsicherheit ab. Ich atme auf und lebe.

Ich bin gehalten. Mir geschieht nur, was Gott will. Ich kann also Mut fassen. Ich brauche mich nicht zu fürchten, und ich kann auch anderen Mut machen zu ihrem Schicksal.

Ich werde heil und ganz sein. Was ich in mir an Rissen und Brüchen kenne, soll geheilt werden. »Steh auf!«, sagt mir Jesus. Ich lasse mir also meine Schuld abnehmen und richte mich auf.

Ich kann meine Last ablegen. Ich kann vertrauen und meinen Weg sorglos und gelassen gehen. Ich lasse los, was mich bindet und zu Boden drücken will. Gott will mich leicht und fröhlich.

Ich bin ein freier Mensch. Niemand steht über mir außer Gott. Ich kann für meine Überzeugung stehen. Gegen jeden Trend und gegen jede Macht. Wenn es mir Gott aber bestimmt, bin ich bereit, meine Freiheit abzugeben, ohne mich zu wehren.

Ich habe Augen und will sie offen halten. Ich will also in meinem Kopf für Klarheit sorgen. Ich kann unterscheiden, was wichtig und was unwichtig ist. Ich nehme die Zeichen der Zeit und meines Lebensweges wahr.

In mir ist Frieden, denn in mir ist Christus. Mein eigener unfriedlicher Wille gibt dem Willen Gottes Raum. Ich übe mich darin, Frieden zu stiften.

Ich bin nicht allein. Ich bin zu Hause bei Gott und bei den Menschen. Der Tisch ist frei. Das Haus ist offen. Ich stelle mich zu denen, die mit mir zusammen das Haus dieser Erde bewohnen, zu ihrem Leid und ihrer Einsamkeit.

Mir ist ein Auftrag gegeben: Ich soll in der Liebe Gottes leben und sie für andere spürbar machen. Ich bin ein Saatkorn für das Reich Gottes und für seine Gerechtigkeit. Das ist der Sinn meines Lebens.

Ich sehe ein Ziel vor mir. Ich bin gerufen. Ich werde meinen Weg gehen in die größere Welt. Der Tod kann mir nichts anhaben. Christus lebt, und ich werde leben und glücklich sein.

❀

Danach höre ich einige Weisungen Jesu:

Etwa diese: Suche dir den unteren Weg. Wenn dir dein Leben gelingen soll, dann wolle nicht oben sein und nicht obenauf.

Oder diese: »*Ich sage euch: Ihr sollt dem Bösen nicht mit Gewalt widerstehen.*«

Was meint Jesus? Er meint gewiss nicht: Du sollst das Böse gewähren lassen. Wohl aber: Du sollst im Kampf gegen das Böse auf das Mittel verzichten, dessen sich das Böse bedient, nämlich die Gewalt. Denn wer Gewalt mit Gewalt beantwortet, mag immer sagen, es gebe kein anderes Mittel. Er sagt damit aber nur, dass ihm kein anderes einfällt. Er überwindet das System von Gewalt und Gegengewalt nicht, sondern befestigt es. Es kann durch ihn nichts Neues geschehen. Er wird weder die Situation verändern noch die Person des Gegners.

Um der Menschen willen nach Gerechtigkeit zu suchen, ohne Gewalt anzuwenden, ohne Gewalt in Worte zu fassen und ohne Gedanken der Gewalt zu denken, das ist die letzte und aussichtsreichste Form, Verantwortung für andere Menschen zu übernehmen. Wer das versucht, zeigt, dass er willens ist, diese Welt mit anderen zusammen im Frieden zu bewohnen.

Wer sich davor fürchtet, dies außenpolitisch anzuwenden, könnte ein hinreichend lohnendes Experimentierfeld immer noch innenpolitisch vor sich haben. Bürgerinitiativen gewinnen ihre Glaubwürdigkeit durch die Gewaltlosigkeit ihres Vorgehens. Der Rechtsstaat hat seine Glaubwürdigkeit daraus, dass er gewaltfrei reagiert. Das ist kein Traum, sondern an unzähligen Stellen der jüngsten Geschichte bewährte Praxis, die sich zudem als ungemein erfolgreich erwiesen hat.

Im Übrigen verweise ich, was die Ethik Jesu angeht, auf das Buch »Ruf in die Freiheit«, in dem ich die damit zusammenhängende Frage nach der zunehmenden Lösbarkeit von ethischen Problemen auf dem Wege der Gewaltlosigkeit ausführlich dargestellt habe.

40
Für Johannes ist Christus der große Offenbarer der Herrlichkeit Gottes

Im Evangelium des Johannes begegnet uns ein Evangelium ganz anderer Art als in den ersten dreien. In Markus, Lukas und Matthäus lesen wir Berichte, die sich bemühen, auf alte Quellen zurückzugreifen und zu sagen, was war. Darzustellen, wer Jesus gewesen sei und was er gesagt und getan habe. In ihnen weht, auf je eigene Weise, der Geist der ersten Zeit. Im Johannesevangelium begegnen wir dem Geist der Zeit um 100 nach Christus. Und wir hören nicht, was Jesus selbst gesagt haben soll. Wir hören die Stimme eines Mannes aus der dritten Generation, der aber spricht mit der späten Stimme eines entschiedenen Bekenners, und er sagt, was nach siebzig Jahren eines gründlichen Nachdenkens, Lesens und Meditierens gesagt werden musste. Er spricht von seiner tiefen Liebe zu Jesus, dem großen Boten und Sprecher Gottes. Was er ihm aber in den Mund legt, ist sein eigener Glaube.

Lesen wir das Johannesevangelium, so fällt sofort auf, dass zwei verschiedene Reihen von Aussagen, die eigentlich der Sprache nach verschieden klingen müssten, einander völlig gleich sind: Die eine, in der Johannes über Jesus erzählt, und die andere, in der Jesus selbst redet. Es ist aber dieselbe Sprache, es sind die gleichen Worte und Bilder. Es ist immer die gleiche Stimme: die des uns nicht bekannten Mannes, der den Namen Johannes trägt und dessen reifes Werk zu einem einzigen Hymnus geworden ist über den einzigartigen Boten von Gott und zugleich die Stimme des geschilderten Mannes aus Nazaret.

So kann es zu den steilen Aussagen und dem hohen Anspruch kommen, die aus den Reden Jesu sprechen und die Jesus so ganz gewiss nicht für sich selbst erhoben hätte. Da kann Jesus ein Wort sagen, das im Munde eines Juden ganz und gar undenkbar wäre. Er kann sagen: »*Ich und der Vater sind eins.*« Dass kein Mensch ist wie Gott, dass kein Mensch die absoluten Aussagen über sich selbst zu machen hat, die über Gott gelten können, das war aber jedem Juden absolut gewiss, auch Jesus.

Das Johannesevangelium ist nicht die Geschichte Jesu selbst, es ist ein Stück seiner Wirkungsgeschichte – und erst von hier aus auch die Geschichte Jesu. Als ein Stück seiner Wirkungsgeschichte gewinnt das Johannesevangelium für uns doch wieder auch die Authentizität und geschichtliche Wahrheit, die ein Evangelium ausmachen. Das Christusbild des Johannes ist der mystische Reflex aus der Erfahrung des historischen Jesus, wie er aus einer langen Folge von sieben Jahrzehnten der Erfahrungen des Geistes Gottes aufleuchtet. »Der Geist Gottes wird euch in alle Wahrheit leiten«, sagt Jesus. Alle Wahrheit, sagt Johannes, ist das Bekenntnis zur göttlichen Vollmacht des auferstandenen Christus.

Wir werden also die Berichte des Johannesevangeliums und vor allem die Reden Jesu, die in ihm hörbar werden, als ein tief gegründetes und weit ausgreifendes Bekenntnis zu dem Christus lesen, dem wir verdanken, was wir von Gott wissen. Wir hören nicht die Erzählung über den Menschen Jesus von Nazaret, sondern ein Bekenntnis zu dem großen, zu Gott heimgekehrten Christus, der als »Sohn«, das heißt als Beauftragter und Offenbarer Gottes zu uns kam, dem wir mit unserem Glauben antworten. Mit dem Glauben, der mit dem Geist Gottes in uns eingegangen ist.

❀

Das Johannesevangelium hat vor allem zwei das Ganze strukturierende Reihen von Grundaussagen. Zum einen hat es eine Reihe von sieben Zeichen, Wundergeschichten, die nicht als Wunder beschrieben werden, sondern als »Zeichen« gelten für den Auftrag und die Vollmacht des Christus.

Und es hat eine Reihe von Aussagen des Christus über sich selbst in der Form: »Ich bin.«

❀

Wenn wir die Reihe seiner Erzählungen entlanggehen, so fällt uns zunächst auf, dass Wunder darunter sind, die Jesus getan habe und die Johannes »Zeichen« nennt: Zeichen für das, was Jesus für die Menschen tat und tut. Zeichen für die Nähe Gottes in seinem Werk. Zeichen für den, der sie hört. So sagt Johannes mit jedem dieser Zeichen: Schau her, das hat Jesus an mir getan: Er hat mir die Augen geöffnet. Er gibt mir das Brot, von dem ich lebe. Er bewahrt mich in der Gefahr, die mein Glaube für mich bedeutet. Er hat für mich das ewige Leben vorgesehen. Ich freue mich auf das große Fest, die »Hochzeit«, die mir bevorsteht.

❀

Wenn wir die Reihe jener Worte entlanggehen, mit denen Johannes die Würde Jesu beschreibt, die alle anfangen mit dem Wort »Ich bin«, dann werden wir sie nur so lesen können, dass sie sagen: »Ich, Johannes, sehe ihn in einer völligen Einheit mit Gott. Ich sehe in ihm den guten Hirten schlechthin, dem ich mich anvertraue. Ich sehe in ihm das Licht der Welt, eins mit Gott, dem Urlicht. Für mich war er ein Leben lang die Tür zur Wahrheit, zur Freiheit, zum Leben, die Tür zu Gott. Er ist für mich das Brot, von dem ich gelebt habe. Der Weinstock, der mir den Wein des Fests gereicht hat.«

Wenn ich das Johannesevangelium lese, so frage ich mich immer wieder: Was muss dieser mir unbekannte Mann erlebt und erfahren haben, das ihn dazu brachte, Jesus solche Worte sagen zu lassen? Was muss ihn an Dunkelheit belastet haben, dass er sagen konnte: »Christus ist das Licht«? Was für Bewahrungen innerer und äußerer Art müssen ihm widerfahren sein, dass er sagen konnte: »Er ist der gute Hirte!«? Und was habe ich, Jörg Zink, in meinem Leben erfahren, dass ich sagen kann, was ich tatsächlich sage: dass Christus der Weg ist, und dass ich Ja sage zu der Forderung, diesen Weg des Christus zu gehen, so gut es mir gelingen will?

❀

Das Johannesevangelium ist im Ganzen aus einem Guss geschrieben, von einem und demselben Autor, es sind aber Stellen sichtbar, an denen ein zweiter Autor oder ein Redakteur eingriff.

So zwischen den beiden Abschiedsreden: Die erste beginnt mit der Fußwaschung (vgl. Johannes 13,1). Sie ist dialogisch angelegt. Sie endet mit dem Satz:

»Dass aber die Welt erkenne, dass ich den Vater liebe,
tue ich, was er mir aufgetragen hat.
Steht auf! Lasst uns gehen.«
Johannes 14,31

Die zweite, die danach neu einsetzt, ist ein Monolog. Sie beginnt im 15. Kapitel mit dem Wort »Ich bin der Weinstock« und endet im 17. Kapitel mit dem hohepriesterlichen Gebet und mit dem Satz:

> »Nach diesen Worten verließ Jesus mit seinen Jüngern die Stadt.«
> *Johannes 18,1*

Ein Weiteres, das auffällt, ist der doppelte Schluss des Evangeliums. Es endet in Johannes 20,30–31:

> »Noch viele andere Zeichen gab Jesus seinen Jüngern. Es ist nicht alles aufgeschrieben in diesem Buch. Aber das, was hier steht, ist aufgeschrieben, damit ihr glauben könnt, Jesus sei der Christus, der Sohn Gottes. Es ist aufgeschrieben, damit ihr glaubt und das Leben gewinnt.«

Danach aber setzt ein Epilog ein, Kapitel 21,1, der beginnt:

> »Später erschien Jesus seinen Jüngern aufs Neue ...«

und endet Johannes 21,25.

Es muss also ein zweiter Autor sich das ganze Evangelium noch einmal vorgenommen und durch das ergänzt haben, was er darüber hinaus wusste. Wer es war, wissen wir nicht.

Fragen wir nach der Zeit, in der das Johannesevangelium entstand, und nach den Zeitumständen, so finden wir uns in einem engen Umkreis um das Jahr 100. Es ist unübersehbar, dass die Gedankenwelt des Johannes von der Gnosis mitgeprägt ist: teils so, dass Johannes selbst von ihr mitbestimmt ist, teils so, dass sich das, was er über Christus sagt, hart und polemisch von ihr abhebt. Er ist durch das ganze Evangelium hin sichtbar bemüht, den christlichen Glauben von gnostischen Gedanken frei zu halten. Und immerhin hat sein Evangelium später, im Lauf des 2. Jahrhunderts, der ganzen Kirche geholfen, mit dem Eindringen gnostischer Gedanken in den christlichen Glauben fertig zu werden.

Wenn wir uns fragen, wo das Johannesevangelium entstanden sein könne, so haben wir kaum irgendwo einen Anhalt, da wir bis zu seinem Erscheinen nirgends konkrete Gemeinschaften kennen, in denen sich diese Gedanken entwickelt haben könnten. Wir vermuten nur, dass es im syrischen oder kleinasiatischen Raum geschehen sein könnte.

Und wenn wir zuletzt fragen, wer denn als Verfasser anzusehen sei, so werden wir zwar auf den ersten Blick hin sagen können: Es ist der Jünger Johannes, den »Jesus lieb hatte«. Aber das scheint unwahrscheinlich. Eher scheint ein Schüler oder ein jüngerer Vertrauter des Lieblingsjüngers aus dessen Erfahrung, aus dessen Wissen und Nachdenken geschöpft und sein Werk zu dessen Ehre unter dem Namen des Johannes veröffentlicht zu haben.

Es mag auch offen bleiben, ob der Seher der Offenbarung, jener Johannes, der auf Patmos verbannt war, mit ihm identisch sein könne. Im Grunde liegt auf dieser Frage auch kein großes Gewicht, wenn wir annehmen, dass unter dem Namen Johannes eine breite, auf Johannes zurückgehende Überlieferung vorliegt. Auf jeden Fall zeigt das Johannesevangelium eine bemerkenswert genaue Kenntnis des Landes, in dem Jesus gewirkt hat, und eine ebenso genaue Kenntnis der jüdischen Rituale, des jüdischen Festkalenders, der Gesetze und Sitten des Judentums, sodass es einigermaßen wahrscheinlich sein dürfte, dass sein Verfasser in Jerusalem oder dessen Umland zu Hause gewesen ist.

❀

Aber fragen wir noch nach der besonderen Christusdeutung des Johannes. Auch er deutet – wie Lukas – die Erscheinung des Christus mit dem Bildwort vom »Weg«. Er kommt vom Himmel, aus dem Uranfang. Er offenbart den Menschen Gott und seine Herrlichkeit. In ihm ist der Vater anschaulich. Christus wird missverstanden und abgelehnt. Er wird erhöht und steigt wieder auf zum Vater, und er erlangt seine frühere Herrlichkeit wieder.

Dieser Christus des Johannes geht nicht den Weg, der in einer galiläischen Stadt begann und sich am Ende im Weg der Kirche fortsetzt, wie es Lukas schildert, sondern den Weg vom Himmel auf die Erde, auf der er fremd bleibt, auf der ihm stets das Missverständnis, das Unverständnis und die Ablehnung begegnen. Er geht den Weg des Liebens an das Kreuz, das seine »Erhöhung« bedeutet, und wieder nach Hause zum Vater.

Das Kreuz ist für Johannes die Vollendung von Jesu Liebes- und Offenbarungsweg. Der Ertrag seines Todes ist Freiheit (vgl. Johannes 8,36), ist Freude (vgl. Johannes 16,22) und ist Friede (vgl. Johannes 14,27). Die Worte »Rechtfertigung« oder »Gerechtwerden durch den Glauben« erscheinen bei ihm nicht. Für ihn ist selbstverständlich, dass der Tod Jesu weder von Menschen aufgezwungen noch von Gott auferlegt worden ist, sondern dass Jesus selbst ihn in großer Freiheit wählte:

> »Niemand nimmt mir mein Leben, sondern ich selber gebe es hin. Ich habe Macht, es hinzugeben, und Macht, es wieder zu nehmen.«
> *Johannes 10,18*

Nachdem Jesus den ihm gegebenen Auftrag erfüllt hat, Gott den Menschen zu offenbaren, ist sein Tod der Weg, den er aus Liebe geht. Er ist sein Abschied und die Weise, wie er zu Gott, seinem Vater, zurückkehrt. Das ist eine ganz eigene Deutung und eine, die sich von anderen Möglichkeiten, die es für Christen der ersten Zeit gab, charakteristisch unterscheidet. Sie wurde später durch Augustin, Luther und andere leider fast verdrängt.

❀

Die sieben Zeichen Jesu bei Johannes

Die Folge der Zeichen Jesu beginnt mit der Hochzeit zu Kana (Johannes 2,1–12). Sie schildert das Leben eines Christen als Hoffnung auf ein Fest.

Das zweite Zeichen erzählt in der Geschichte von der Heilung eines Kindes (vgl. Johannes 4,46–53) von der Mächtigkeit des Worts.

Das dritte Zeichen ist Aufrichtung eines achtunddreißig Jahre lang krank liegenden Menschen (vgl. Johannes 5,1–9) und handelt vom Aufstehen und von der aufrechten Gestalt eines Christen.

Das vierte Zeichen thematisiert mit der Erzählung von der Sättigung von fünftausend Menschen bei einer Versammlung auf dem Golan (vgl. Johannes 6,1–13) die Berechtigung der Sorglosigkeit eines Christen.

Das fünfte Zeichen bezieht sich mit dem Bericht von der nächtlichen Erscheinung Jesu auf dem Wasser eines stürmischen Sees (vgl. Johannes 6,16–21) auf das Grundvertrauen eines Christen.

Das sechste Zeichen sagt mit der Geschichte von der Heilung eines Blinden (vgl. Johannes 9,1–7): So hat Jesus mir die Augen geöffnet!

Und das siebte Zeichen handelt mit der Geschichte von der Auferweckung des Lazarus (vgl. Johannes 11,1–44) von der Auferstehung, der Johannes entgegenzuleben bekennt.

Die sieben Zeichen meinen nicht eine bestimmte Zauberei. Man beginnt, sie zu verstehen, wenn man sie als Zeichen für die Kraft Gottes sieht, als Zeichen für die Vollmacht Jesu, den Menschen hilfreich und Wahrheit eröffnend auf dieser Erde am Werk zu sein. Alles andere an ihnen ist weniger wichtig.

❀

Die sogenannten Ich-bin-Worte

Die »Ich-bin-Worte« sind Sätze, mit denen Johannes an Worte Jesu anknüpft, die aber in der Form, wie er sie hier wiedergibt, Bekenntnisse des Johannes zum erhöhten Christus darstellen.

Das erste »Ich-bin-Wort« wird nach der Speisung der Fünftausend in einem Gespräch über den Sinn dieses Wunders überliefert:

Jesus erwiderte:

»›Das wirkliche Brot vom Himmel gibt euch mein Vater, denn das Brot Gottes ist der, der aus dem Himmel herabkommt und der Welt das Leben gibt.‹ Da baten sie ihn: ›Herr, gib uns doch dieses Brot ein für alle Mal!‹
Und Jesus fuhr fort:
›Ich bin das Brot, das das Leben gibt.
Wer zu mir kommt, den wird nicht mehr hungern.
Wer sich auf mich verlässt, den wird niemals mehr dürsten.‹«
Johannes 6,32–35

❀

Das zweite »Ich-bin-Wort« findet sich im Zusammenhang mit einer Blindenheilung:

»Ich bin das Licht der Welt.
Wer mir nachfolgt, wird nicht in der Finsternis irren,
sondern das Licht schauen und das Leben finden.«
Johannes 8,12

»Ich muss im Dienste dessen wirken,
der mich gesandt hat, denn noch ist es Tag.
Solange ich in der Welt bin, bin ich das Licht der Welt.«
Johannes 9,4f.

❀

Das dritte »Ich-bin-Wort« taucht im Zusammenhang einer längeren Rede auf:

»Was ich sage, ist heilig wahr: Wer nicht durch die Tür in den Schafstall hineingeht, sondern anderswo einsteigt, ist ein Dieb und ein Räuber. Wer aber durch die Tür eintritt, ist der rechtmäßige Hirte der Schafe. Dem öffnet der Türhüter, und die Schafe hören seine Stimme. Er ruft die Schafe, die ihm gehören, mit ihrem Namen und führt sie hinaus. Wenn er aber seine Schafe alle hinausgelassen hat, geht er ihnen voraus, und die Schafe gehen hinter ihm her, denn sie kennen seine Stimme.

Was ich sage, ist heilig wahr:
Ich bin die Tür zu den Schafen.
Ich bin die Tür. Wer durch mich eintritt, wird selig sein,
er wird ein- und ausgehen und Weide finden.«
Johannes 10,1–4.7.9

❀

Das vierte »Ich-bin-Wort« lautet:

»Ich bin der gute Hirte.
Der gute Hirte setzt sein Leben ein für die Schafe:
Meine Schafe hören meine Stimme.
Ich kenne sie, und sie folgen mir.
Ich gebe ihnen ewiges Leben.
Sie werden in Ewigkeit nicht umkommen,
und niemand wird sie aus meiner Hand reißen.«
Johannes 10,11.27f.

❀

Das fünfte »Ich-bin-Wort« steht im Zusammenhang mit der Auferweckung des Lazarus:

»Ich bin die Auferstehung und das Leben. Wer an mich glaubt, wird leben, auch wenn er jetzt stirbt, und wer lebt und an mich glaubt, wird in Ewigkeit nicht sterben.«
Johannes 11,25f.

❀

Das sechste »Ich-bin-Wort« ist in Jesu erster Abschiedsrede enthalten: Ich bin der Weg, die Wahrheit und das Leben.

»Und Jesus fuhr fort:
›Euer Herz erschrecke nicht! Vertraut Gott und vertraut mir.
In meines Vaters Haus sind viele Wohnungen.
Wäre es nicht so, würde ich dann zu euch sagen:
Ich gehe hin, euch eine Wohnung zu bereiten?
Gehe ich aber hin, euch eine Wohnung zu bereiten,
so werde ich wiederkommen und euch zu mir nehmen,
damit ihr seid, wo ich bin.
Der Weg aber, den ich gehe, ist euch bekannt.‹«
Johannes 14,1–4

❀

Und das siebte »Ich-bin-Wort« lautet schließlich:

»Ich bin der wahre Weinstock.
Mein Vater aber ist der Gärtner.
Jede Rebe an mir, die keine Frucht trägt,
schneidet er weg.
Und jede, die Frucht bringt, reinigt er,
damit sie mehr Frucht bringt.
Ihr seid schon rein durch das Wort,
das ich zu euch gesprochen habe.

Ich bin der Weinstock, ihr seid die Reben.
Wer in mir bleibt und ich in ihm, der bringt viel Frucht.
Denn ohne mich könnt ihr nichts tun.«
Johannes 15,1–3.5

❀

Das aber heißt: Er wird gleich mir zu einem Weinstock! Er ist nicht nur die Frucht, sondern er selbst wird sie als Weinstock bringen. Wie er mit allen anderen Zeichen immer auch sagt: Ich bin das Brot. Und du selbst wirst Brot für die Menschen werden können. Ich bin das Licht. Auch du kannst zum Licht der Welt werden. Ich bin die offene Tür. Auch du kannst eine offene Tür für die Menschen sein. Ich bin der gute Hirte. Werde nun auch du zu einem Hirten für die Menschen.

Und erst das fünfte und sechste spricht ausschließlich von Christus. Die Auferstehung und das Leben können wir Menschen nicht werden. Der Weg, die Wahrheit und das Leben ist Christus allein.

Das siebte spricht wieder ausdrücklich davon, wie unser Glück und unser Werk die Gestalt und das Werk Jesu spiegeln: Ich bin der Weinstock – und auch du bist nicht nur mein Nachfolger, du bist mir gleich. Du bringst nicht nur Frucht an mir, dem Weinstock, du bringst vielmehr selbst »viel Frucht«, du wandelst dich selbst in den Weinstock, der anderen Menschen den Wein des Fests bringt.

41
Der Kern der Botschaft des Johannes, wie sie sein erster Brief ausspricht, ist die Liebe

Für die Entwicklung des Kreises, der sich um Johannes gebildet hatte und der lange Zeit der übrigen Kirche fremd war, ist der erste Johannesbrief kennzeichnend. Der Brief bewahrt das johanneische Erbe, aber er nähert sich auch zugleich den gemeinchristlichen Glaubensaussagen. Das Evangelium des Johannes hatte die Auffassung vertreten, die Wiederkunft Christi vollziehe sich im Kommen des Geistes, und das Gericht geschehe heute, in dem Augenblick, in dem ein Mensch den Glauben annimmt oder ablehnt. Dem gegenüber bezieht der erste Johannesbrief den Gedanken ein, die Wiederkunft könne auch futurisch, in irgendeiner nahen oder fernen Zukunft gedacht werden, und das Gericht werde nach dem Ende aller Dinge geschehen.

Zugleich aber bekämpft der Brief eine die Wahrheit verfehlende Lehre, die gnostische, wie sie innerhalb der johanneischen Gemeinde entstanden war. Sie besagte, dass zwischen dem Menschen Jesus und dem Gottessohn Christus zu unterscheiden sei. Nach gemeinchristlicher Vorstellung ist Jesus der »ins Fleisch gekommene« Christus. Für die christlichen Gnostiker im damaligen johanneischen Umkreis ist Christus, der Sohn, dagegen ein göttliches Wesen, das vor Jesus war, das sich mit Jesus verband, sich aber vor Beginn der Passion wieder von ihm löste und seitdem wieder in Gott ist. Er hat sich mit Jesus zwar in der Taufe verbunden, aber er ist nicht mit Jesus gestorben. Man nennt diese Auffassung den »gnostischen Doketismus«, das heißt man spricht von der »Scheinbarkeit« der Gegenwart des Christus auf dieser Erde, von der »Scheinbarkeit« des Eingehens des Christus in den menschlichen Leib und Geist des Jesus von Nazaret.

Das bedeutet, dass alles, was in dieser Welt geschieht, an dieser Scheinbarkeit teilhat. Weil für die Vertreter jener Lehre auch die Sünde scheinbar ist, so sehen sie sich als sündlos an. Sie leben als abgehobene Einzelne ohne Beziehung zu konkreten anderen Menschen. Sie sind als Träger des Gottesgeistes, die das Gericht hinter sich haben, erhaben über Gebote und ethische Forderungen. Da diese Gefahr aber in den Lehren des Johannes angelegt scheint, so bemüht sich der Verfasser des ersten Johannesbriefs, diese falschen Konsequenzen abzuwehren und den Glauben der Johannesgemeinde mit dem nüchternen Glauben der übrigen Gemeinden in Übereinstimmung zu bringen.

Der zweite und der dritte Brief sind vielleicht ein paar Jahre ältere Gelegenheitsschriften. Der zweite enthält eine Warnung an eine einzelne Gemeinde vor der Gnosis, und es geht ihm darum, zu zeigen, dass Christus nicht nur scheinbar, wie die Gnosis lehrte, sondern wirklich ein irdischer Mensch war.

Der dritte versucht, einen Streit um die Führung beizulegen, der in einer vom Verfasser betreuten Gemeinde aufgebrochen war.

❀

Worte aus dem ersten Johannesbrief

»Das ist es, was Christus uns gesagt hat, sodass wir es hörten und es nun weitergeben können: Gott ist Licht. In ihm ist keine Finsternis. Wenn wir behaupten, wir hätten Gemeinschaft mit ihm, und leben nur für uns allein, leben also in der Finsternis, so lügen wir mit dem Leben und tun nicht, was unserem Bekenntnis entspricht. Wenn wir aber im hellen Licht leben, wie er selbst im Licht ist, dann ist unsere Gemeinschaft das sichtbare Zeichen, und wir sind rein, und keine Schuld trennt uns voneinander und von Gott.«
1. Johannes 1,5–7

»Ein Zeichen haben wir, dass Gottes Wahrheit in uns ist:
Wenn unser Herz uns verdammt,
dann wissen wir und können unser Herz damit stillen,
dass Gott größer ist als unser Herz
und dass alles vor seiner Liebe offen daliegt.«
1. Johannes 3,19f.

»Geliebte, lasst uns einander lieben,
denn die Liebe ist aus Gott,
und wer liebt, ist Gottes Kind und ist mit Gott vertraut.
Wer nicht liebt, versteht Gott nicht, denn Gott ist Liebe.
Darin erwies sich Gottes Liebe zu uns,
dass er seinen einzigen Sohn in die Welt sandte,
damit wir leben durch ihn.
Nicht darin besteht die Liebe,
dass wir unsere Liebe auf Gott richten,
sondern darin, dass er uns liebte
und seinen Sohn zu uns sandte,
um uns frei zu machen von unserer Schuld.

> Geliebte, hat Gott uns so sehr geliebt,
> so müssen auch wir einander lieben.
> Niemand hat Gott je gesehen.
> Wenn wir einander lieben, ist Gott gegenwärtig in uns,
> und seine Liebe wächst in uns zur Vollkommenheit.«
> *1. Johannes 4,7–12*

Was sich aus der Auseinandersetzung mit der Gnosis bei Johannes herausbildete, waren die Anfänge einer christlichen Mystik. Es gingen ihr freilich andere Sprecher der Mystik voraus, etwa Paulus, der sie vor allem in den Korintherbriefen entfaltet, oder die kosmische Christusmystik des Kolosserbriefs und andere, die von den Kirchenvätern des 2. und 3. Jahrhunderts und danach intensiv aufgenommen und weiterentwickelt wurden.

❀

Eine neue Form von Mystik – die aber nicht weniger »Mystik« ist als die des Paulus – setzt Johannes dem, was er Gnosis nennt, entgegen. Sie drückt sich vor allem in den Worten »Wohnen« oder »Wohnung machen« aus oder in dem Wort vom wechselseitigen »In-Sein« des Vaters in uns und unseres »Seins in ihm«.

> »Gott ist Liebe, und wer in der Liebe bleibt,
> der bleibt in Gott und Gott in ihm.«
> *1. Johannes 4,16*

> »Wer mich liebt, der wird mein Wort halten,
> und mein Vater wird ihn lieben.
> Wir werden zu ihm kommen
> und Wohnung bei ihm nehmen.«
> *Johannes 14,23*

> »Glaubt mir, dass ich im Vater bin,
> und der Vater in mir ist.«
> *Johannes 14,11*

»An dem Tage werdet ihr erkennen,
dass ich in meinem Vater bin und ihr in mir
und ich in euch.«
Johannes 14,20

»Ich bin der Weinstock, ihr seid die Reben.
Wer in mir bleibt und ich in ihm,
der bringt viel Frucht.«
Johannes 15,5

❀

Bei Johannes kommt eine mystische Grundstimmung aber vor allem darin zum Ausdruck, dass für ihn die jüdische Tradition überwunden und die Zukunftserwartung der Apokalyptik gelöscht ist. Für ihn liegt der Schwerpunkt seiner religiösen Aussagen in der Gegenwart: Was war, rückt in die Gegenwart. Was sein wird, rückt ebenso in die gegenwärtige Stunde.

»Es kommt die Stunde, und sie ist schon jetzt,
dass die wahrhaftigen Anbeter den Vater anbeten
werden im Geist und in der Wahrheit.«
Johannes 4,23

So rückt vor allem das künftige »Jüngste Gericht«, das seine Bedeutung tiefgreifend wandelt, Stufe um Stufe in die Gegenwart herein:

Die erste Stufe:

»Jetzt geht das Gericht über die Welt.
Nun wird der Fürst dieser Welt ausgestoßen.«
Johannes 12,31

Die zweite Stufe:

»Der Vater richtet niemand, sondern alles Gericht hat er dem Sohn gegeben.«
Johannes 5,22

Die dritte Stufe:

»Gott hat seinen Sohn nicht in die Welt gesandt,
damit er die Welt richte, sondern damit die Welt durch ihn erlöst werde.«
Johannes 3,17

»Ich bin nicht in die Welt gekommen,
um die Welt zu richten,
sondern um sie zu retten.«
Johannes 12,47

»Ich richte niemanden.«
Johannes 8,15

Die vierte Stufe:

»Wer mich verachtet ...,
der hat schon seinen Richter.
Das Wort, das ich geredet habe,
wird ihn richten am jüngsten Tage.«
Johannes 12,48

Das erste Ereignis bei der Wiederkunft Christi ist nach Auffassung von damaligen Juden wie Christen das Gericht, das über das zukünftige Schicksal jedes Menschen entscheidet. Dieser Gedanke erscheint auch bei Johannes zuweilen zukünftig, aber zugleich wird er in die Gegenwart hereingezogen. Das Gericht rückt vom Himmel auf die Erde. Es rückt von Gott in den Aufgabenbereich des Sohnes. Das bedeutet: Der Richter, der über unser Geschick entscheidet, ist nicht ein unbekannter Gott, sondern ein vertrauenswürdiger Bruder Christus. Aber auch bei ihm bleibt das Gericht nicht. Es rückt ins Innere des einzelnen Menschen. Der hat gehört, was Jesus gesagt hat, und dieses Wort wird ihn – in ihm selbst – anklagen und richten. Die Szene, auf der das Gericht spielt, ist die Erinnerung, das Bewusstsein des konkreten Menschen. Und die Zeit, in der es sich ereignet, liegt in einer seltsamen Berührungs- oder Überschneidungszone zwischen jetzt und künftig.

Das Licht aber, das für den Glauben des damaligen Frommen nach dem Gericht aufleuchten wird, scheint heute:

»Die Finsternis vergeht, und das Licht scheint jetzt.«
1. Johannes 2,8

»Wer mein Wort hört und dem glaubt, der mich gesandt hat,
der hat [!] das ewige Leben. Er kommt nicht ins Gericht.
Er ist [!] vom Tode zum Leben durchgedrungen.«
Johannes 5,24

Die Verdammnis findet heute statt, ebenso wie das Heil. Wir kehren heute heim, wie es die mystische Tradition seitdem immer gesagt hat. Wahrheit findet heute statt. Johannes zeichnet eine präsentische Zukunftserwartung. Damit bewahrt er die Einheit der Welt, den Non-Dualismus des Evangeliums gegen die Gnosis mit Hilfe einer mystischen Deutung der Weltgeschichte.

❀

Solche mystischen Elemente finden sich immer wieder.

Der erste Johannesbrief spricht vom Sieg des Glaubens im selben Atemzug mit dem Sieg Christi:

»Alles, was von Gott geboren ist, überwindet die Welt, und
unser Glaube ist der Sieg, der die Welt überwunden hat.«
1. Johannes 5,4

Johannes spricht von der Allmacht Gottes ebenso wie von der Allmacht des Glaubens, wie schon Markus gesagt hatte: *»Alle Dinge sind möglich dem, der glaubt«*, und zugleich: *»Alle Dinge sind möglich bei Gott.«*

An vielen einzelnen Stellen gewinnt der christliche Glaube diese Höhe einer christlichen Mystik, in der die hellenistische Mystik in ihrer gnostischen Ausprägung, in ihrer dualistischen Form überwunden ist.

❀

Von hier aus gingen viele andere Schriften im Umkreis des Neuen Testaments ihre mystischen Wege weiter. Zum Beispiel das heute so viel gelesene Thomasevangelium, das nicht mehr ins Neue Testament aufgenommen wurde. Es kam zu spät, wohl erst um das Jahr 200. Man hat es gelegentlich als gnostisch bezeichnet, aber damit ist es missverstanden. Es teilt die Welt keineswegs in das Reich des bösen Gottes und das des Vaters Jesu Christi. Es spricht wider alle Übung im gnostischen Christentum klar von der Inkarnation Christi »im Fleisch«. Wohl aber spricht es vom Gottesreich, aus dem die Menschen kommen und zu dem die Glaubenden zurückkehren, das aber zugleich im Inneren des Menschen sei. Die Welt ist nicht die Fremde, sondern der Ort und das Medium der Offenbarung. Thomas bringt die mystische Frömmigkeit zu Wort, die im Bewusstsein des einzelnen Menschen Raum gewinnt. Man mag bedauern, dass er von der frühen Kirche nicht anerkannt wurde.

Andererseits aber bewegt sich durch die ersten Jahrhunderte der Kirche ein breiter Strom von mystischer Frömmigkeit: Ignatius, Clemens von Alexandrien, Origenes, Athanasius, Gregor von Nyssa, Dionysius Areopagita und viele andere. Und von hier aus ging die reiche Tradition der abendländischen und ostkirchlichen Mystik weiter bis zum heutigen Tag.

IX

Die frühe christliche Gemeinschaft war von einer erstaunlichen Farbigkeit und Vielstimmigkeit. Kein Dogma zog Grenzen

42
Das Geheimnis des Kosmos und der Christusgedanke: der Kolosserbrief

Ich staune immer wieder über die unglaubliche Vielstimmigkeit im internen Gespräch zwischen den einzelnen Gruppen und Richtungen der frühen Christenheit. Da sind die vier Christusdeutungen der vier Evangelisten, die eigentlich zwischen dem einen und dem anderen strittig sein müssten. Da steht die Offenbarung des Johannes mit ihrer Vorstellung von der unmittelbar bevorstehenden Weltkatastrophe neben der rationalen Vorstellung von der langen, noch zu durchmessenden Zeitstrecke des Lukas. Da steht der kosmische Christus des Kolosserbriefs neben dem Christusgeheimnis der Kirche im Epheserbrief. Da steht der spirituelle Hohepriester Christus des Hebräerbriefs neben der schlichten Moral des Jakobus, da steht der Zweifel an der Nähe des kosmischen Christus des zweiten Thessalonicherbriefs neben Johannes, der das Christusgeschehen in die heutige Gegenwart hereinzieht. Und da stehen die Briefe an Timotheus und Titus, mit ihrem Wunsch nach einer von allem Tiefsinn entfernten Vorstellung von einer gut organisierten Kirche, neben Römer 8, wo diejenigen die Beauftragten Gottes sind, die sich unabhängig von aller menschlichen Ordnung und Autorität vom Geist Gottes treiben lassen. Man könnte es ein Wunder nennen, dass die Kirche es vermochte, all dies zusammen und nebeneinander als für die Kirche maßgebend in ein Buch, das Neue Testament, zu fassen. Etwas wie eine von einer einzelnen Autorität reglementierte Kirche hat es in jener Zeit so wenig wie gegeben wie ein ordnendes Dogma, das allen Kirchen gemeinsam gewesen wäre.

Wir versetzen uns noch einmal in die Zeit nach der großen Katastrophe, dem Untergang Jerusalems. Wie bisher, von diesem Geschehen kaum berührt, ging die Ausbreitung des Christentums in großer Vielfalt im Römischen Reich weiter zwischen Spanien, Kleinasien und Ägypten. In dieser Zeit, zwischen den Jahren 70 und 120, gingen Briefe zwischen den Gemeinden hin und her, die unter dem Namen des Paulus in unserem Neuen Testament stehen, von denen wir aber wissen, dass sie bis zu 60 Jahre nach dessen Tod geschrieben wurden, ohne dass wir feststellen können, von wem. Es sind die Briefe an die Kolosser, an die Epheser, an Timotheus und Titus, der zweite Brief nach Thessalonich und, ganz anders, mit eigenem Gepräge, der Hebräerbrief.

Der älteste unter ihnen ist wohl der Brief nach Kolossae, einer Stadt im westlichen Anatolien, dem wir die doppelte Absicht anmerken: das Auseinanderfallen der Gemeinden zu verhindern und die Lehren des Paulus in Richtung auf eine Lehre vom kosmischen Christus weiterzuentwickeln. Er wurde etwa um das Jahr 80 geschrieben.

Danach, zwanzig Jahre später, entstand der Brief nach Ephesus. Dessen Sinn und Absicht war einerseits, die gnostische Verfälschung des Christentums abzuwehren, andererseits eine universalistische Sicht des christlichen Glaubens zu entwerfen und zum Dritten zu zeigen, was die Kirche eigentlich sei.

Nach ihm mag der zweite Thessalonicherbrief geschrieben worden sein. In ihm zeigt sich eine Erneuerung der apokalyptischen Erwartung, wie sie aus den frühen Zeiten des Urchristentums herüberreichte.

Einige unter den Lehrern der weit verstreuten Gemeinden taten also, was in jener Zeit und Kultur allgemein und arglos getan wurde: Man schrieb Briefe oder ganze Bücher unter dem Namen einer längst verstorbenen Autorität und drückte damit aus: Was wir schreiben, das verdanken wir unserem Lehrer. Wir denken seine Gedanken weiter. Was wir schreiben, drückt unsere Abhängigkeit von ihm ebenso aus wie unsere Verehrung für ihn. Man tat es so selbstverständlich wie schon die Schüler des Platon, die seine Briefe sammelten und dabei Briefe unter seinem Namen hinzufügten, die keineswegs von dem großen Meister stammten. Dasselbe taten die Schüler des Pythagoras, der die später so wichtige Schule der Pythagoreer begründete: Sie schrieben ihre Lehren in Bücher, die sie dem Pythagoras zuschrieben, auch weil sie mit ihrem eigenen Namen keinen eigenen Ruhm erwerben wollten.

Nachdem die erste Generation von Aposteln und Augenzeugen nach dem Jahr 70 abgetreten war, ergab sich eine Autoritätslücke. Die dann das Sagen hatten, erinnerten an die Autorität der Älteren, vor allem die von Petrus und Paulus, indem sie ihre Lehren für die veränderte Zeit weiterentwickelten oder neu fassten, wie die neue Zeit es zu erfordern schien.

❀

Beginnen wir mit dem Brief nach Kolossae, einer Stadt in Phrygien, im Südwesten der heutigen Türkei. Kolossae heißt heute Honaz. Antiochos III., der Seleukidenkönig, hatte dort um 200 vor Christus Juden angesiedelt. So gab es in Kolossae eine Synagoge, von der aus der Paulusschüler Epaphras eine christliche Gemeinde gründen konnte (vgl. Kolosser 1,7). Am Anfang des Briefs an die Kolosser wird Timotheus als Mitabsender, vielleicht auch Mitverfasser genannt, während Paulus als Autorität hinter seinem Text steht und die Empfänger aus der Ferne grüßt.

In Kolossae scheinen fremde Lehrer in die christliche Gemeinde eingedrungen zu sein, aber Lehrer nun einer ganz anderen Art, als diejenigen, mit denen Paulus sich auseinanderzusetzen hatte. Es scheint sich um eine bestimmte Form von jüdischer Gnosis zu handeln, also um eine Lehre, die die Welt, Gott und die Menschen scharf teilte.

Deutlich wird die Stoßrichtung des Kolosserbriefs schon

in dem Christushymnus (vgl. Kolosser 1,15–29). Der hält den Rang des Jesus Christus von der Schöpfung der Welt an bis zum Tod am Kreuz fest – gegen den Glauben der Gnosis an den dunklen Schöpfergott Demiurg. Und er hält die Einheit fest bis in die Auferstehung, gegen die gnostische Verachtung für alles, was auf dieser Erde geschehen kann.

Der zweite Teil besteht aus Kapitel 2 und enthält die Auseinandersetzung mit der speziell jüdisch-gnostischen Lehre, der dritte Teil in Kapitel 3 und 4 zeigt, wie die Herrschaft Christi das konkrete Leben der Christen bestimmt. Nach dem Kolosserbrief sprechen wir vom kosmischen Christus, dem, der die Einheit dieser Welt und die von uns Menschen gewährleistet:

»Er, Christus,
ist das Bild des unsichtbaren Gottes.
Der Erste, der vor aller Schöpfung war.
In ihm ist alles geschaffen,
was im Himmel ist und auf der Erde:
das Sichtbare und das Unsichtbare,
Engelmächte und geistige Gewalten
und alle Kräfte der Schöpfung.
Das All kommt aus ihm. Das All dient ihm.
Alles ist eins in ihm. Alles besteht in ihm.

Er ist auch das Haupt seiner Gemeinde,
die sein Leib ist.
In ihr wird er sichtbar.
Er ist der Erste, der vom Tode auferstand.
Er hat in allem den ersten Rang,
denn es hat der Fülle Gottes gefallen, in ihm zu wohnen.
Durch ihn und in ihm ist alles mit allem versöhnt.
Durch seinen Tod am Kreuz hat er Frieden geschaffen,
endgültig, mit allem und zwischen allem,
was auf der Erde ist oder im Himmel!«
Kolosser 1,15–20

Wer solche Gedanken in die Nähe einer christlichen Theosophie rücken will, tut dem Kolosserbrief kein Unrecht.

43
Christus und die Kirche sind eins, die Kirche ist sein Leib: der Epheserbrief

Mit dem Epheserbrief befinden wir uns kurz vor dem Jahr 100. Er bringt eine Stellungnahme zur Situation dieser Jahre, in denen das Bemühen der Führenden in den verschiedenen Strömungen des christlichen Glaubens auf die gemeinsame Kirche zuging.

Der Verfasser des Epheserbriefs kennt den Brief an die Kolosser und baut auf ihm auf. Er hält, vielleicht zwanzig Jahre nach diesem, eine Neufassung für nötig, die über ihn hinausführt. Dem Autor des Epheserbriefs hatte Paulus zu viel an Kontroversen zwischen jüdischen und nichtjüdischen Christen ausgelöst. Diese Fremdheiten und Auseinandersetzungen überwindet er, indem er alles auf die eine Kirche zulaufen lässt, in der Juden und andere Menschen aus allen Völkern in versöhnter Gemeinschaft leben sollten, sodass sie im paulinischen Sinn »in Christus«, das heißt in seinem Leib, der Kirche, leben (so Epheser 2,11–22).

Der Verfasser setzt der Gnosis seiner Zeit klare ethische Maßstäbe entgegen, aber seine Ethik hat nichts Enges und Kleingeistiges. Im Gegenteil: Er gibt der Ehe eine Bedeutung und einen Sinn, der über das Moralische weit hinausgeht. Denn in der angestrebten Kirche als dem Leib Christi spiegelt sich die Gemeinschaft zwischen Christus und uns Menschen in der Gemeinschaft zwischen Mann und Frau. Christus hat sich für die Kirche hingegeben und diese Hingabe prägt die gegenseitige Hingabe zwischen Mann und Frau. Sexualität ist nicht mehr – wie noch bei Paulus – das möglichst zu Vermeidende, das den Glauben hindert. Sie ist selbst ein Ausdruck des Heiligen.

Das ist nun für den Epheserbrief insgesamt charakteristisch: Er sieht das Gemeinsame, die Einheit und die Zusammengehörigkeit. Er sucht als Aufgabe seiner Generation die Kirche als Gemeinschaft von verschiedenen Menschen und vielen Glaubensweisen. Ihm ist Christus der, der das All zusammenfasst und im Frieden bewahrt. Im gemeinsamen Leben unter den Menschen stellt er diese zusammenführende Kraft modellhaft dar.

Das Stück Epheser 4,15–16 ist deutlich: Es gab damals eine Zeitströmung, die wir die Philosophie der Stoa nennen. Nach ihr ist diese ganze Welt durchstrukturiert nach Gesetzen und Ordnungen. Im Epheserbrief ist etwas anderes gemeint: Für die Christen ist die Welt ein lebendiger Zusammenhang von Kräften. Nicht die »Weltvernunft« ist das organisierende Prinzip, sondern die Lebendigkeit aller Dinge. Das zentrale Bild ist also nicht, wie in der Stoa, die menschliche Vernunft, sondern die Überfülle der Funktionen eines menschlichen Körpers in einem wunderbaren Zusammenspiel:

> »Wir sollen der Wahrheit dienen, in Liebe miteinander verbunden sein und so immer stärker auf ihn hin ausgerichtet sein: auf Christus. Er ist das Haupt. Von ihm hat der Leib seine Einheit, von ihm wird er lebendig zusammengehalten durch alle Gelenke hindurch. Von ihm her tut jedes Glied seinen Dienst nach den Aufgaben und Kräften, die einem jeden gegeben sind. So sorgen sie alle miteinander, dass der ganze Leib leben und wirken kann. So leben und wirken wir als die Gemeinde des Christus und sind einander in Liebe verbunden.«
> *Epheser 4,15f.*

44
Die Weltgeschichte ist ein Gottesdienst. Christus ist der Hohepriester: der Hebräerbrief

Der Hebräerbrief gehört nicht im strengen Sinn zu den »unechten Paulusbriefen«, denn er nennt Paulus nicht als seinen Urheber. Aber er steht doch deutlich in der Tradition, die von Paulus herkommt. Er sieht das Christsein gegründet auf dem Glauben.

Nun betont der Verfasser, er wolle den Leser über die erste Glaubenserkenntnis hinaus zu einem tieferen Verstehen führen. Das aber tut er damit, dass er die Schrift, das heißt das Alte Testament, aufschlägt und auslegt. Dieser neue Anschluss an das Alte Testament und damit an die jüdische Tradition geschieht ungefähr zeitgleich mit dem Bemühen des Matthäus, durch seine Reflexionszitate die Verbindung mit dem Alten Testament neu zu gewinnen.

Darüber hinaus ist vieles aus der in dieser Zeit aufkommenden Gnosis mit seiner Darstellung verwandt. Christus ist ihm von Ewigkeit her präsent (vgl. Hebräer 1,3). Er ist von den himmlischen Welten abgestiegen. Auch der Gedanke, der Glaubende sei auf dem Heimweg in die ewige Herrlichkeit, aus der er komme, erinnert an die Gnosis. Aber diesem gnostischen Gedankengut steht der Brief auch kritisch gegenüber: wenn er auf dem Weg über die Auslegung des Alten Testaments Christus als den großen Hohepriester beschreibt, der sich selbst zum Opfer gebracht hat; und wenn er die Kirche als das wandernde Gottesvolk, als das Volk auf der Wüstenwanderung also, beschreibt (vgl. Hebräer 4,1–13). Dabei ist auch charakteristisch, dass Christus, der Sohn, als durch Adoption berufen gilt, wobei der »Sohn« als der zum Botschafter und Bevollmächtigten berufene Mensch im Sinne der alttestamentlichen Könige gilt, denen zu ihrer Thronbesteigung von Gott her zugesprochen wurde: »*Mein Sohn bist du. Heute habe ich dir die Herrschaft gegeben.*« (vgl. Hebräer 1,5)

Da nun die Gnosis oft von Engeln als von erlösenden Mächten spricht, handelt der Brief zu Beginn vom Rang und der Funktion der Engel (vgl. Hebräer 1,1–2.18). Demgegenüber stellt er Christus als den eigentlichen Erlöser dar, der dichter mit Gott verbunden sei als die Engel und der tiefer absteige zum Schicksal der Menschen als sie. In einem weiteren Abschnitt beschäftigt sich der Brief mit Christus (vgl. Hebräer 4,14–7,28), und zwar im Vergleich mit dem Urpriester Melchisedek. Dabei ist für den gnostischen Einfluss kennzeichnend, dass der Brief weniger von Kreuz und Auferstehung und mehr von Erniedrigung und Erlösung spricht. Aber, und das ist antignostisch, der wirkliche und vollkommene Mensch, der Christus, wird in Hebräer 7,2–3 ebenso betont wie sein wirkliches Gott-Sein (vgl. Hebräer 4,15; 5,7–8).

Der Gedanke des Bundes Gottes mit Israel wandelt sich in den Gedanken des Bundes Gottes mit dem neuen Gottesvolk. Dieser neue Bund wird gestiftet durch den Tod des Christus (vgl. Hebräer 9,9–10). Zuletzt ist noch die Rede vom irdischen Glaubensweg des Menschen im Gegensatz zu der freien Himmelsreise, von der die Gnosis sprach (vgl. Hebräer 10–13). Der Brief versucht offenbar, die von der gnostischen Überfremdung bedrohten christlichen Gemeinden auf den Boden der Lehre des Paulus zurückzuholen.

Als Zeit seiner Abfassung vermute ich die Jahre zwischen 80 und 90 unserer Zeitrechnung.

❀

Der Hebräerbrief macht einen dritten Versuch neben Paulus und vor Johannes, den christlichen Glauben mit einem großen Bild auszumalen. Paulus hatte – sehr vereinfacht gesagt – juristisch gedacht, wenn er von Begnadigung sprach, von Sühne einer Schuld und von Rechtfertigung. Von Freiheit. Bei Johannes wird alles Gewicht auf dem Gedanken des Schauens ins Licht liegen, auf dem Gedanken, Christus, das Licht, sei auf die Erde gekommen, um uns die Augen für das Licht zu öffnen und um uns mit sich in das Reich des Lichts mitzunehmen. Der Hebräerbrief bewegt sich um die Bildersprache des Kultus, um das Bild des Priesters Christus, und bringt so den dritten großen Versuch, zu zeigen, wer oder was Christus sei und was er für uns tue: Der Tempel der Christen ist der ganze Kosmos, der Priester der Christen ist Jesus Christus. Das Opfer, mit dem das Opfer im Tempel abgelöst wurde, ist das einmalige Opfer des Christus. Der Hebräerbrief ist, wie seine Überschrift sagt, ein Brief an judenchristliche Empfänger, denen er die kultische Sprache des Alten Testaments in eine Beschreibung des Glaubens an Jesus Christus übersetzt.

❀

Über den Engeln der Sohn, der Beauftragte

»Welchem Engel sagte Gott jemals: ›Mein Sohn bist du, heute habe ich dir die Herrschaft gegeben‹? (Psalm 27) Oder: ›Ich werde sein Vater sein, er aber mein Sohn‹? (2. Samuel 7,14) Da er ihn aber öffentlich einführte vor den Augen der Menschheit, ihn, der allein seiner Würde ist, sprach er: ›Ihn sollen anbeten alle Engel in meinem Reich!‹ (Psalm 97,7) Zwar gilt von den Engeln sein Wort: ›Er macht seine Boten zu Winden, seine Diener zu feurigen Flammen‹ (Psalm 104,4), aber vom Sohn gilt: ›Dein Thron, o Gott, steht fest, deine Herrschaft währt immer und ewig. Das Zepter deines Reiches ist ein Zepter des Rechts. Du liebtest Gerechtigkeit und warst dem Unrecht feind, darum zog dein Gott unter allen deinen Genossen dich vor und gab dir die Freude, den Jubel der Macht.‹ (Psalm 45,7.8) Und: ›Du, Herr der Welten, hast die Erde gegründet im

Anfang, und die Himmel sind deiner Hände Werk. Sie werden vergehen, du aber bleibst, sie werden alle veralten wie ein Gewand. Wie einen Mantel wirst du sie einrollen, wie ein Kleid, und sie werden einer neuen Welt Raum geben. Du aber bleibst, der du bist, deine Jahre hören nicht auf.‹ (Psalm 102,26) Zu welchem Engel hat Gott jemals gesprochen: ›Setze dich zu meiner Rechten und herrsche mit mir, deine Feinde will ich dir wie einen Schemel zu Füßen legen‹? (Psalm 110,1) Sind sie nicht alle dienende Geister, ausgesandt, um denen zu helfen, die Gott zu sich führen will, dass sie in Ewigkeit bei ihm sind?«
Hebräer 1,5–14

❀

»Sohn« bedeutet nicht »Abkömmling«, sondern »Repräsentant eines Königs« – es ist wichtig, dass wir uns das immer wieder deutlich machen: »Sohn« wird im Sinn des Alten Testaments angewandt auf den von Gott eingesetzten König. Der Psalm 110 gehört zur Liturgie der Einsetzung eines Königs in sein Amt. Der König ist der »Sohn«, der in Vertretung Gottes auf der Erde herrscht. In diesem Sinn Jesus als Sohn, das heißt Vertreter des himmlischen Königs, zu verstehen, ist eine von mehreren Deutungen der besonderen Beziehung Jesu zu Gott. Eine ähnliche, mit dieser nicht ganz identische Vorstellung ist die einer Adoption Jesu zum Sohn. Dass er von Ewigkeit her Sohn, das heißt mit Gott verwandt sei, von ihm gezeugt oder geboren, ist eine dritte, spätere Vorstellung, die vor allem das Johannesevangelium vertritt und die schließlich im 4. Jahrhundert zur Vorstellung des dreieinigen Gottes führte, des Vaters und des Sohnes und des heiligen Geistes. Das mag damit zusammenhängen, dass diese Vorstellung vom Sohn als dem berufenen Herrscher im Namen Gottes in der römischen Welt nicht mehr verstanden wurde und man den Sohn als Angehörigen einer himmlischen Familie verstand, gezeugt oder geboren von Gott.

»So lasst uns gemeinsam an unserem Bekenntnis festhalten. Denn wir haben einen überragenden Beistand, Jesus Christus, den Sohn Gottes, der alle himmlischen Welten durchschritt bis zu Gott selbst hin, der für uns eintritt, wie ein irdischer Priester im Heiligtum für die Menschen vor Gott einsteht. Und zwar vertritt uns nicht ein Priester, der zu hoch stünde, um unsere Schwachheit nachempfinden zu können, sondern einer, der von allen Gefahren und Versuchungen bedroht war wie wir und ihnen doch nicht erlag. Darum lasst uns mit Freimut und Vertrauen vor Gott treten und seine Barmherzigkeit empfangen, seine Freundlichkeit, die uns helfen wird, wenn es Zeit ist.«
Hebräer 4,14–16

45
Die Situation der Bedrängnis: der erste Brief des Petrus

Irgendwann in den Neunzigerjahren des 1. Jahrhunderts schrieb jemand, den wir nicht kennen, den ersten Petrusbrief und widmete ihn seinem Lehrer oder Mentor, dem Apostel Petrus. Der Brief galt lange Zeit als ein Trostschreiben an Gemeinden, die in einer Verfolgung durch den römischen Staat litten und die ihr Geschick, ihre Gefährdung und ihren Auftrag verstehen sollten.

Aber aus langen Partien dieses Schreibens geht hervor, dass die Christen die Menschen durch ihre Rechtstreue zu überzeugen hätten. Sie sollten wissen, dass sie Fremdlinge seien auf der Durchreise und dieses Fremdsein mit viel Geduld zu ertragen hätten. Sie sollten auch wissen, dass nun diese Fremdheit über alle ihre Brüder in der Welt gehe, und sich damit einverstanden erklären, dass die Widerstände, die sie erlebten, dem christlichen Glauben ganz einfach mitverordnet seien.

Damit kann aber keine blutige Verfolgung, wie sie unter den Kaisern Nero oder Domitian stattfand, gemeint sein. Aus vielen Einzelheiten geht vielmehr hervor, dass dabei an ein Leiden unter der Fremdheit des Christenglaubens in der Welt überhaupt gedacht war:

»Ihr Lieben, ihr seid in dieser Welt durchreisende Gäste ... Seht zu, dass euer Leben bei den anderen, die nicht glauben, überzeugend wirkt. Denn sie verleumden euch und reden euch übel nach, und gerade ihnen soll auffallen, was ihr Gutes tut.«
1. Petrus 2,11f.

So aber spricht man nicht in der Situation einer blutigen politischen Verfolgung.

Ihr Leiden trifft die Gemeinde vielmehr aus dem diffusen Hass ihrer Umgebung, der Nachbarn und Kollegen, der religiösen Instanzen oder der kleinen Repräsentanten des Staats beziehungsweise der Stadt, die es nicht aushalten, dass Christen anders sind. Der Abschnitt 4,14–15 spricht davon, und vor allem 1. Petrus 4,9 mit seinem Trost, die Verfolgungen, unter denen die angesprochenen Gemeinden zu leiden hätten, gingen über ihre Brüder in aller Welt. Eine weltweite Verfolgung durch den römischen Staat gab es damals nicht. Überall in der Welt, so hören wir, wo es Christen gibt, sind sie die Missverstandenen, die Geschmähten, die Verachteten, die Fremdlinge, die Außenseiter, überall erleiden sie den Hass und die Schikanen der Menschen um sie her. Ihr könnt damit nur zurechtkommen, sagt der Brief, wenn ihr euch wie Christen verhaltet:

»Leidet einer, weil er ein Christ ist,
so lasse er sich das nicht Leid sein,
sondern preise Gott und mache ihm Ehre,
indem er den Namen eines Christen würdig trägt.«
1. Petrus 4,16

Es handelt sich also um eine Art Verfolgung, der sinnvoll nur eine gewaltlose Freundlichkeit entgegengesetzt werden kann. Sie besteht im Grunde in der natürlichen Fremdheit eines Glaubens in einer Umwelt, die sich als unreligiös und diesseitig versteht.

❀

Wer der Autor des Briefs war, ist schwer zu bestimmen. Wenn es zutrifft, dass Petrus, wie allgemein angenommen, Mitte der Sechzigerjahre ums Leben gekommen ist, also unter Nero, so muss es ein einflussreicher Lehrer der dritten Generation gewesen sein, der an Petrus, an seine Autorität und seine Kenntnis der Ursprünge des christlichen Glaubens anschloss.

46
Die Offenbarung des Johannes und das finale Drama zwischen der Welt und Gott

Vierzig Jahre nach den Reisen des Paulus nach Kleinasien führt uns das letzte Buch der Bibel, die Offenbarung des Johannes, noch einmal in diese Gegend.

»*Schreibe dem Engel der Gemeinde in Ephesus*« – so beginnt das zweite Kapitel dieses dramatischen Buchs. Und es folgen noch weitere sechs Briefe dieser Art: Schreibe dem Engel in Smyrna, in Pergamon, in Thyatira, in Sardes, in Philadelphia, in Laodizea. Was steht dahinter?

Ein offenbar weithin bekannter und verehrter Lehrer aus der Provinz Asia – das ist der westliche Küstenstreifen in Kleinasien – ist im Zusammenhang mit einer Christenverfolgung auf die Insel Patmos verbannt worden. Vielleicht war er ein wandernder judenchristlicher Prophet, der durch den Krieg der Jahre 66 bis 73 aus Jerusalem vertrieben worden war und seither in den ehemaligen Gemeinden des Paulus und um sie her in Kleinasien gewirkt hatte. Nun sorgte er sich um die verlassenen Gemeinden und versuchte, ihnen aus der Ferne in ihren Bedrängnissen Orientierung zu geben.

Da er aber keine Möglichkeit hat, an diese Gemeinden echte Briefe abzusenden oder überbringen zu lassen, so schreibt er auf dem Umweg, der auch dem fürbittenden Gebet vertraut ist: nämlich auf dem Weg über Gott, der seine Boten überallhin senden kann, seine Engel, deren Botengänge durch die unsichtbare Welt jedes Ziel finden. Er schreibt an eine Gemeinde und wendet sich dabei an ihren Repräsentanten, der vor Gott steht und sie vertritt, und ist sich gewiss, dass auch eine Gemeinde, die kein Lob verdient, in dieser Verbindung zu Gott bewahrt bleibt. Die sieben Orte, an denen die sieben Gemeinden zu diesem Kampf auf Leben und Tod gefordert sind, liegen alle im Umkreis des heutigen Izmir und bis 200 Kilometer weit nach Anatolien hinein.

Die in der Offenbarung geschilderte Situation war 25 Jahre nach dem Krieg der Juden gegen Rom gegeben. Es gab damals für Juden und Christen gleichermaßen nur noch die Wahl zwischen bedingungsloser Einpassung in die Staatsmacht und deren göttlichen Anspruch einerseits und dem stillen oder offenen Widerstand andererseits. Schon Caesar war 42 vor Christus als »göttlicher Julius« unter die Staatsgötter aufgenommen worden, und obwohl nach ihm Augustus sich nicht als Gott betrachtete, war der Titel »Augustus«, »Erhabener«, eben doch ein Wort, das bis dahin den Göttern vorbehalten war. In der danach folgenden Kaiserzeit wurde es immer selbstverständlicher, im Kaiser den Weltheiland, den Friedensbringer, den über alle anderen verehrungswürdigen Gott des Reiches zu sehen. In Ephesus befahl Domitian den Bau eines großen Tempels zu seiner Verehrung als »Herr und

Gott«. Im westlichen Kleinasien ging es in der Folge zum ersten Mal ausdrücklich um die Auseinandersetzung zwischen Christus und dem Kaiser. Die Weltgeschichte war danach weniger die von Gott gelenkte, als vielmehr die von dunklen Mächten gesteuerte, das Schattenspiel einer nur scheinbar wirklichen Welt. Es war eine Welt des Irrtums, der Dämonen und Teufel, gegen die Christus angetreten war. Wie sich diese Geschichte hinter der vordergründigen Scheingeschichte in Wahrheit abspielte, schildert Johannes seinen Gemeinden mit den starken Bildern seines Buches.

Etwa zehn Jahre später als Johannes seine Briefe an die sieben Gemeinden schrieb, klärt der Briefwechsel zwischen Plinius, dem Statthalter von Bithynien, und dem Kaiser Trajan die Situation. Plinius hatte mit Klagen gegen Christen zu tun: Er hatte sie hinrichten lassen, weil sie sich während des Gerichtsverfahrens weigerten, den Göttern und einem Bild des Kaisers zu opfern. Aber nun ist er sich nicht sicher, wie er in Zukunft verfahren soll, weil ihm lange Listen von anonym angeklagten Christen vorliegen. Er ist überzeugt, die Christen lebten moralisch untadelig, was sie aber kennzeichne, sei ihr unglaublicher Aberglaube, ein Hingerichteter sei ein Gott. Der Kaiser antwortet ihm:

1. Der Staat unternimmt von sich aus nichts gegen die Christen.
2. Die Christen dürfen nicht aufgrund anonymer Anzeigen angeklagt werden.
3. Wenn die Christen vor Gericht ihr Christentum verleugnen und die Götter anrufen, so sind sie freizulassen.

Bemerkenswert ist, dass, falls sie den Göttern nicht opferten, im Grunde nur die Verurteilung bleibt. Der Konflikt ist auch nach dem Edikt des Trajan unvermeidlich.

Für die erste Christenheit begannen die politischen Verfolgungen damit, dass ihnen Kaiser Nero (54–68), in der richtigen Empfindung, diese neue Bewegung komme ihm bei seinen Ansprüchen auf Geltung und Herrschaft in die Quere, den von ihm selbst gelegten Brand Roms zur Last legte. Er verkündete, die Christen seien erfüllt von ihrem »Hass gegen das Menschengeschlecht« und müssten mit ausgesuchter Grausamkeit bestraft werden. Als lebendige Fackeln ließ er sie brennen, an langen Palisadenwänden wurden sie in den Theatern gekreuzigt, wilden Tieren vorgeworfen und was immer der Machtfantasie der Herrschenden einfiel. Diese Verfolgung unter Nero betraf freilich nur die Christen in Rom.

In größerer Breite kam solche Verfolgung unter dem Kaiser Domitian (81–96) in Gang, und zwar besonders in Kleinasien. Jedermann hatte vor den Bildern des Kaisers als des einen wirklichen Gottes zu opfern. Wer sich weigerte, war einer blutigen Justiz ausgeliefert. Diese Vorgänge lagen vermutlich den grausamen Bildern der Offenbarung des Johannes zugrunde. Unter dem Kaiser Trajan (98–117) wurden alle »Vereine« verboten und dieses Verbot gegen die Christen ausgespielt.

Unter Antoninus Pius (138–161) fand das Martyrium des Bischofs Polykarp von Smyrna statt. Der gab dem Statthalter, der ihm wohlgesonnen war und ihn retten wollte, indem er ihn zum Abschwören seines christlichen Glaubens riet, die Antwort: Er könne seinem Herrn, dem er 86 Jahre lang gedient habe, nicht fluchen. Darauf wurde er vor der wütenden Menge im Zirkus verbrannt. Unter Mark Aurel (161–180) spielten sich in Lyon ähnliche Szenen ab, nachdem der Kaiser die Verbreitung neuer, das Volk erregender Religionen untersagt hatte.

Einen Höhepunkt an Brutalität brachte die Regierungszeit des Kaisers Decius (249–251). Der sah den allmählichen Zerfall des Römischen Reichs und fand die Ursache darin, dass durch das Einströmen fremder Religionen, vor allem des Christentums, die Grundlage der Macht, die nationalrömische Staatsreligion, untergraben werde. Er wollte sie wieder zur Geltung bringen, ordnete ein für jedermann verpflichtendes Opfer vor den römischen Staatsgöttern an, und wer sich nicht beteiligte, sollte mit dem Tod bestraft werden. Vor allem Bischöfe wurden hingerichtet, aber auch Christen aus den Gemeinden in Massen.

Kaiser Valerian (253–260) verbot den Christen alle gottesdienstlichen Versammlungen. Er befahl, alle Kleriker hinzurichten wie auch alle Christen aus dem Adel oder aus der Beamtenschaft. Diokletian (284–316) ließ die Kirchen zerstören, alle Schriften einziehen, alle christlichen Beamten entlassen. Auch er ordnete wieder ein Opfer an, dessen Verweigerung Folter und Hinrichtung nach sich zog.

Kaiser Galerius führte zunächst die Maßnahmen des Diokletian durch. Unter ihm wurde unter anderem in Phrygien eine Stadt, die sich dem Kaiseropfer verweigerte, mit der ganzen Bevölkerung eingeäschert, und vielfach waren die Metzeleien an den Christen so barbarisch, dass die Stimmung unter der Gesamtbevölkerung umschlug und sie begann, die Christen zu unterstützen. Schließlich blieb Galerius nichts übrig, als 310 ein Toleranzedikt auszusprechen, das Konstantin 323 aufnahm und das Christentum zur erlaubten Religion erklärte.

Der ursprüngliche Grund für die Verfolgung lag darin, dass Domitian (81–96) als erster Kaiser den Anspruch erhob, er sei als »Herr und Gott« anzureden. So kam es notwendig zum Konflikt mit dem Juden und Christen gemeinsamen Glauben, es sei nur einer als Gott anzureden, nämlich der wirkliche Gott selbst. Davon spricht Offenbarung 17,5–6 in verschlüsselter Sprache, die nicht von »Rom« redet, sondern von »Babylon« und von einer Frau, die »in Purpur und Scharlach gekleidet« sei:

»Auf ihrer Stirn stand ihr Name, der ihr Geheimnis deutet: ›Babylon! Die Große! Die Mutter der Huren und aller Scheußlichkeiten auf der Erde.‹ Ich sah: Die Frau war berauscht! Betrunken war sie vom Blut der Heiligen und vom Blut der Zeugen, die für Jesus gestorben waren!«

❀

Freilich, man muss die damaligen Vorgänge zur Zeit der Offenbarung des Johannes in ihrem wahren Maßstab sehen. Man deutete früher die ganze Offenbarung des Johannes als einen Ausdruck für eine allgemeine, das ganze Römische Reich überdeckende Christenverfolgung. Man vermutet heute, dass es damals nur in Kleinasien und dort nur regional zu Verfolgungen von Christen kam, die zwar mit dem Kaiserkult zusammenhingen, aber nicht notwendig auf Anordnung des Kaisers erfolgten.

Die Empfindlichkeit gegenüber dem christlichen Glauben mag auch in einer Tatsache begründet gewesen sein, von der schon im Jahr 112 Gaius Plinius dem Kaiser Trajan berichtet: Die römischen Tempel seien beinahe verödet, die Rituale fänden schon lange nicht mehr statt, und für das Opferfleisch fände sich nur ganz selten noch ein Käufer. In eine solche Zeit des Erlöschens des religiösen Bewusstseins kann eine neue Religion nicht passen, die ihre Kraft aus unabhängigen Entscheidungen gewinnt und die ihre Gläubigen befähigt, gegen alles, was die Obrigkeit an religiöser Verehrung und Verherrlichung von einer Religion fordert, aufzubegehren.

Johannes richtet also seine Frage an die verfolgten Gemeinden: In welchem Zustand trifft euch dieser Angriff? Wisst ihr wirklich, worauf es ankommt? Wisst ihr wirklich, woher ihr die Kraft zum Überstehen, zum Überwinden und Standhalten gewinnt? Den Bildern vom großen kosmischen

Kampf zwischen Christus und den Weltmächten gehen darum die sieben Sendschreiben voraus, in denen den Gemeinden bescheinigt wird, manche seien auf diesen Kampf nur unzureichend vorbereitet.

Das Bild der Wüste wird gezeichnet. In der »Wüste« wird die Kirche ihren Weg unter die Füße nehmen müssen. Sie wird gleichsam zurückgreifen müssen auf die allerersten Anfänge der Offenbarung Gottes: auf den Weg Abrahams und die Nomadenzeit Israels. Denn in der Wüste und nicht im gesicherten Land findet die Auseinandersetzung statt, in der die Wahrheit Gottes und die Wirklichkeit dieser Welt sich enthüllen.

»Offenbarung« heißt so viel wie Enthüllung. Die Offenbarung ist ein Buch, in dem enthüllt wird, wie es um die Welt steht und was mit ihr ständig geschieht: dass ihre Geschichte eine Triumphstraße der Gewalt und des Unrechts ist, der Lüge und der Heuchelei, drapiert mit Phrasen, Gefühlen und Ideologien; und dass Gottes Reich erst entstehen wird, wenn die gegenwärtige Welt gerichtet und untergegangen sein wird. Das Bild des Christen in der Offenbarung ist der Märtyrer, der verfolgte Zeuge.

Die Bilder der Offenbarung sind stark, sie sind weitgehend rätselhaft. Sie sprechen die Sprache einer extremen Situation. Aber sie schildern etwas, das sich mit Worten nur unzureichend sagen lässt: die Überwindung einer Welt der Gewalt und die Errichtung einer neuen Welt, die durch das Opfer der Kirche und den Tod der Märtyrer vorbereitet und durch den Christus, den Herrn des Kosmos, geschaffen werden wird.

❀

Das Buch der Offenbarung des Johannes erklärt am Anfang feierlich:

»Ich, Johannes, euer Bruder, der mit euch leidet, der mit euch herrschen wird, der in Jesus geduldig ausharrt, war auf die In-

sel Patmos verbannt, weil ich das Wort von Gott weitergab und mich zu Jesus bekannte. Da erfüllte mich heiliger Geist am Tag der Auferstehung des Herrn, und ich hörte hinter mir eine gewaltige Stimme, hintönend wie eine Posaune, die rief: ›Was du schaust, schreibe in ein Buch und sende es an die sieben Gemeinden!‹«
Offenbarung 1,9–11

Es endet:

»Danach schaute ich und sah einen neuen Himmel und eine neue Erde. Der vorige Himmel und die vorige Erde waren vergangen, und ich sah die Heilige Stadt, das neue Jerusalem, sich von Gott her in unsere Welt herabsenken, wie eine geschmückte Braut ihrem Mann entgegengeht.«
Offenbarung 21,1f.

Dazwischen steht eine Folge von Schreckensbildern, mit denen die Geschichte von der gegenwärtigen Stunde der Verfolgung bis zum Durchbruch des Gottesreiches geschildert wird.

❀

Die Apokalypse, wie die Offenbarung des Johannes auch heißt, ist eine Folge von dramatischen Vorgängen auf einer erhabenen, großartigen oder entsetzlichen Ebene. Sie ist ein Bilderbuch von urtümlicher Kraft. Sie ist ein Gesang aus Himmel und Hölle, Welt und Unterwelt. Man hat einem solchen Buch gegenüber verschiedene Möglichkeiten: Man kann es entweder mit sehr viel religionsgeschichtlicher und tiefenpsychologischer Kenntnis zu durchdringen und zu verstehen suchen. Oder man kann sich in den himmlisch-irdischen Chor hineinstellen und es in seiner ganzen, starken Farbigkeit und mit seiner großen Stimme mitsingen. Oder man kann das Leid, das über die Menschen hier kommt und von dem es redet, mit ihm zusammen durchleiden. Man wird dabei allen Welträtseln und Dunkelheiten begegnen. Oder man kann sagen – und hat das Recht dazu: Das spricht mich nicht an! Das bleibt mir fremd. Darin erkenne ich das Evangelium von Jesus Christus nicht wieder. Man kann das ganze Buch mit allem Respekt, den es verdient, unberührt lassen und sagen: Ich finde mich in anderen Teilen der Bibel wieder, nicht hier. Wer sich aber meditierend einlesen will, dem empfehle ich ein anderes Buch, das er neben die Offenbarung Johannes legen kann.

Es gibt ein tausend Jahre altes Buch, in dem die Bilder aus der Offenbarung Johannes in Farben und Gestalten nachgemalt sind, auf eine Weise, wie ein visionäres Sehen zu seinen Bildern kommt. Es war im 8. Jahrhundert nach Christus, in dem zwischen Moslems und Christen aufgeteilten Spanien. Ein erster Krieg zwischen beiden war eben zu Ende gegangen, da schrieb ein Mönch mit Namen Beatus einen Kommentar zur Offenbarung Johannes. Er verließ Sevilla und fand Zuflucht im Norden Spaniens, wo er das Kloster Liébana gründete. Dreihundert Jahre später, im 11. Jahrhundert, erhielt ein Mönch namens Facundus in León von König Ferdinand I. den Auftrag, eine Abschrift des Beatuskommentars mit Bildern anzufertigen. Diese Bilder aber, die Facundus malte, gehören zum Grandiosesten, das die christliche Kunst hervorgebracht hat.

Wer die Offenbarung sehen will, kann von Bild zu Bild der Facundushandschrift ihrer Bilderwelt folgen und dabei das eine und das andere in sich selbst wieder entdecken. Mehr sage ich dazu nicht. Aber ich halte diese Weise für die sachgemäßeste, mit beiden, den Bildern des Facundus und denen des Johannes, umzugehen.

Wir haben mit diesem Buch heute unsere besonderen Schwierigkeiten. Wir sehen auch als Christen die Zukunft der Welt mit anderen Augen, als die Verfasser dieser Schrift sie sahen. Das darf uns nicht wundern. Man hat früher in ihm ein Buch gesehen, das Auskunft über das gibt, was in absehbarer Zukunft über die Erde hereinbrechen werde. Als man so nicht mehr denken konnte, wurde es zu einem Buch, das die Weltalter insgesamt darstellt. Oder man sah ein Erbauungsbuch darin für den Mönch, der mit seiner Hilfe Abstand gewinnen sollte von der Welt. Oder auch ein Handbuch für agitierende Schwärmer und Weltverbesserer. Oder ein Buch der Übersicht über alle Feinde Gottes, die von Babylon über den Papst bis zu den Kommunisten reichten.

❀

Wir haben es heute schwer, dieses Buch der Offenbarung als einen Ausdruck des Evangeliums von Jesus Christus anzusehen. Hat nicht Christus gesagt, er richte niemand? Und nun wird ihm hier zugemutet, die ganze Welt und Menschheit auf brutale und oft widersinnige Weise zu richten? Auf der anderen Seite kamen solche Bilder und Bildfolgen sehr tief aus den Menschen jener Zeit und brachten ein einziges, wichtiges und berechtigtes Fragen hervor nach dem Sinn und Widersinn der Weltgeschichte und nach den heimlichen Mächten, die in ihr das Sagen haben. Wollen wir ihm gerecht werden, so werden wir es als Ausdruck eines abgründigen Leidens sehen müssen.

Wer andererseits die geistige Situation unserer Zeit vor Augen hat, wird sehen, dass die heutige Welt von der apokalyptischen Landschaft der Offenbarung nicht weit entfernt ihren seltsamen und gewalttätigen Weg geht.

47
Der Jakobusbrief ist eine späte Antwort an Paulus

»Jakobus, ein Knecht Gottes und des Herrn Jesus Christus, grüßt die zwölf Stämme des heiligen Volks, die über die Welt hin in der Zerstreuung leben.«
Jakobus 1,1

So beginnt dieses Schreiben. Es übernimmt damit, was das jüdische Volk über sich selbst gesagt hat, und spricht so zu den Christen seiner Zeit, die »über die Welt hin« in der Zerstreuung leben. In seiner Zeit hat sich also das Volk Gottes, als das die Christen sich verstehen, längst aus dem jüdischen Zusammenhang gelöst. Wir vermuten, dass der Brief kurz vor oder um das Jahr 100 geschrieben worden ist, allerdings wissen wir nicht, von wem. Der Verfasser kann nicht Jakobus, der Bruder Jesu, sein, der bis etwa 60 der Leiter der Jerusalemer Gemeinde war. Er wurde schon um 64 hingerichtet. Die Zeit aber, in der der Schreiber des Buchs für ein christliches Verbleiben im Rahmen der jüdischen Tradition hätte eintreten können, scheint lange vorüber zu sein. Der Autor spricht vielmehr unbefangen vom »Gesetz der Freiheit« (Jakobus 1,25; 2,12) als dem neuen Rahmen einer christlichen Ethik. Was er fordert ist nicht, dass seine Leser dem jüdischen Gesetz gemäß zu handeln hätten, er bietet vielmehr eine Sammlung von allgemeinen Lebensregeln, Ermahnungen, Trostworten an, die teils an die alttestamentlichen Weisheitsbücher erinnern, teils aus den Lehren der wandernden Philosophen, etwa der Stoa, teils aus Worten Jesu genommen sind.

Jakobus spricht vom Glauben, aber er sieht in ihm nicht die freie und ganzheitliche Hingabe an Gott, sondern lediglich ein Meinen, Annehmen oder Vermuten wie das, es gebe einen Gott. Und darum kann er sagen: »*Du glaubst, dass ein Gott ist? Sehr schön. Das glauben die Teufel auch und zittern.*« (Jakobus 2,19) Aber Glaube als Meinung über irgendeinen Sachverhalt ist nicht Glaube im Sinn des Paulus. Es scheint überhaupt, Glaube sei eben nur eines der üblichen Schlagworte, deren Sinn man in jener Zeit nicht mehr verstanden hätte. Der Brief trägt deutlich die Handschrift eines frühkirchlichen Lehrers, dem die Rechtfertigungslehre des Paulus nicht mehr gegenwärtig ist.

Denken wir an die ethische Beliebigkeit jener christlich-gnostischen Gemeinden, so können wir vermuten, der Verfasser habe einmal hörbar auf den Tisch schlagen wollen und gesagt: Nicht an euren Worten, nicht an dem, was ihr »glaubt«, zeigt sich, ob ihr Christen und ob ihr auf dem Weg des Heils seid. Schwebt nicht in höheren Welten, sondern tut, was geboten und was nötig ist. Und vielleicht hätte ihm darin auch Paulus zugestimmt.

Es ist auch zu bedenken, dass Paulus vor allem an das rituelle Erfüllen von Gesetzen denkt, wenn er von »Werken« redet: Beschneidung, Speisegebote etc., dass er also weniger von ethischen Werken spricht. Wenn Jakobus von Werken spricht, meint er ein Verhalten, das aus der Liebe heraus geschieht (vgl. Jakobus 1,27; 2,15; 3,13). Er lebt in einer Zeit, in der die rituellen Bestimmungen des Gesetzes nicht mehr das zentrale Problem darstellen, in der aber zugleich die Lehre des Paulus von der Freiheit libertinistisch missverstanden wurde, und also ein Rückruf zum Tun des Gerechten mindestens sinnvoll, vielleicht sogar notwendig war.

48
Es gilt die Hoffnung nicht aufzugeben: der zweite Brief nach Thessalonich

Spät am Ende des 1. Jahrhunderts steht der zweite Thessalonicherbrief. Er hat den Auftrag, die um 100 neu erwachte Naherwartung der Wiederkunft Christi, den neu geträumten Traum, auf den Boden der Wirklichkeit zurückzuholen. Er tut das so, dass er den ersten Thessalonicherbrief aufnimmt, ihn zugrunde legt und zum Maß seiner Überzeugungen macht, ihn aber dabei zugleich neu deutet.

Eine Erklärung war notwendig geworden: Paulus hatte von der Wiederkunft des Christus gesprochen, ohne einen Termin zu nennen. Vierzig Jahre nach seinem Tod musste man entweder sagen, wann diese Wiederkunft endgültig stattfinden werde, oder bekennen, man wisse es nicht. Und so wendet sich der zweite Thessalonicherbrief an Gemeindeglieder, die überzeugt waren, der Tag des Herrn stehe unmittelbar bevor, und er sagt ihnen mit der Autorität des Paulus, niemand wisse etwas über einen Zeitpunkt, zu dem der Tag des Herrn anbreche.

Wichtig sind dabei zwei Gedanken: zum einen, der »Antichrist« werde der Wiederkunft des Christus vorausgehen; zum anderen aber der, eine nicht beschriebene andere Macht halte den Antichrist und sein Kommen zur Stunde noch auf (vgl. 2. Thessalonicher 2,1–7). Dadurch entsteht das Bild einer Zukunft, die grundsätzlich nicht voraussagbar ist. Und am Ende wird eine Ethik dargestellt (vgl. 2. Thessalonicher 3,6ff.), wie sie in dieser von der Zukunft, sowohl des Antichrist als auch des Christus, noch unberührten Welt notwendig sei.

Der zweite Thessalonicherbrief schließt dicht an den ersten an. Er berichtet, dass Paulus, nachdem er seinen Brief geschrieben habe, persönlich nach Thessalonich gekommen sei. Dabei habe er seine eigene Aussage im ersten Thessalonicherbrief korrigiert. Er habe zwar in seinem ersten Brief von einer dicht bevorstehenden Wiederkunft gesprochen, jedoch bei seinem Besuch gesagt, vor der Wiederkehr werde eine antichristliche Macht auftreten und seine nahe Wiederkehr behindern. Es müsse ein »Mensch der Gesetzeswidrigkeit« kommen, der sich als Gott ausgebe. Vielleicht fragten die Menschen Paulus vor seinem zweiten Besuch, warum das nahe Ende nicht gekommen sei. Dann könnte Paulus seine Lehre dort tatsächlich korrigiert haben:

»Ich habe eine Bitte an euch, die die Ankunft des Herrn Jesus Christus und unsere Zusammenführung mit ihm betrifft: Lasst euch nicht so plötzlich aus der Fassung bringen oder um den Verstand! Gott hat uns nichts darüber wissen lassen, ich selbst habe kein Wort darüber gesagt und habe auch nicht, wie behauptet wird, in einem Brief davon geschrieben, der Tag des Herrn stehe unmittelbar bevor. Lasst euch von niemandem auf irgendeine Weise täuschen. Denn zuvor muss die Gottlosigkeit auf der Erde überhand nehmen. Zuvor muss der Frevelmensch triumphieren, der Antichrist, der Verderben bringt und im Verderben endet. Zuvor muss der Feind Gottes sich erheben, der sich anmaßt, über allem zu stehen, was Gott heißt oder Verehrung fordert. Er wird sich zuvor an Gottes Stelle im Tempel verehren lassen und wird behaupten, er sei Gott. Erinnert ihr euch nicht, dass ich euch das alles gesagt habe, als ich noch bei euch war?

Und was diese unsere Gegenwart betrifft: Ihr kennt die göttliche Geduld, die es noch verhindert, dass die Macht der Bosheit sich offenbart. Im Verborgenen ist sie zwar schon am Werk. Aber erst muss der ihr den Weg freigeben, der sie noch aufhält. Dann wird sich der Feind Gottes zeigen. Am Ende aber wird Jesus, der Herr, ihn mit dem Geist seines Mundes töten. Die Gewalt, mit der Christus erscheinen wird, wird ihn zunichte machen.«
2. Thessalonicher 2,1–8

❀

Unsere heutigen Kirchen, in denen praktisch jeder seine Aussagen für die Wahrheit hält, werden von der Kirche des 1. Jahrhunderts, die solche Differenzen aushielt und solche Vielfalt im »Leib Christi« repräsentiert sah, das eine oder andere zu lernen haben.

49
Die beiden Briefe an Timotheus und der Brief an Titus: die Kirche wird sesshaft

Die beiden Briefe an Timotheus sind, zusammen mit dem Brief an Titus, die letzte Gruppe von Briefen, die wir den Paulus gewidmeten Briefen zurechnen. Sie dürften in der ersten Hälfte des 2. Jahrhunderts zu Papier beziehungsweise zu Papyrus gebracht worden sein. Wir nennen sie »Pastoralbriefe«, das heißt »Hirtenbriefe«, also Lehrschreiben mit der Bestimmung, das gemeinsame Leben der Menschen in den sesshaft und immer größer werdenden Gemeinden zu prägen und zu ordnen.

Die Adressaten sind Gemeindeleiter oder Kirchenführer, die für die Organisation und das innere Leben der Gemeinden Verantwortung tragen. Kennzeichnend ist dabei, dass es weniger die spirituellen als die moralischen Gesichtspunkte sind, die als ordnende Instanzen auftreten.

Dabei entsteht der Eindruck, dass das Bild vom Leib Christi, das Paulus von der Kirche entworfen hatte, in dem alle Gemeindeglieder ihre je eigene Aufgabe wahrnahmen und alle gleichberechtigt einander zugeordnet waren, ersetzt wird durch ein Bild der Kirche, in dem ein Bischof regiert, Diakone dienen und ein Presbyterkollegium seines Amtes waltet. An der Spitze solcher Kirchen stehen – im Unterschied zu dem, was Paulus über die Gleichwertigkeit von Frauen und Männern sagt – nur Männer. Die Frauen sollten nicht lehren. Sie sollten auch nicht zu selbständig werden wollen, sondern ihren Männern dienen. Was an Frauenfreundlichkeit von Jesus ausgegangen und von Paulus bejaht worden war, geht in den Pastoralbriefen verloren. Sie bewegen sich damit in dem kulturellen Rahmen, der zu jener Zeit gegeben, der aber von Jesus schon gesprengt worden war. Sie können die heutige Christenheit an diesem wie auch an anderen Punkten nicht weiterführen und scheinen darum für uns auch nur wenig an Richtlinienkompetenz zu besitzen. Sie sind Sammlungen von Rückschritten hinter das Evangelium.

❀

Aber seien wir ehrlich: Unsere heutigen Kirchen unterscheiden sich kaum von den Idealen der Pastoralbriefe. Erkennen wir nicht uns selbst und unsere Kirchen in den drei Pastoralbriefen wieder mit allen ihren Schwächen und Widersprüchen?

Die Kirche ist einerseits ein Werk des heiligen Geistes. Auf der anderen Seite ein Werk sehr durchschnittlicher Menschen. Die Heiligen waren immer die Ausnahmen. Und der Geist pflegt in unserer Praxis wenig an Mitbestimmung zu besitzen.

Die Kirche ist durch alle Zeiten schon auf der Suche gewesen nach der Wahrheit, und immer wieder hat sie diese auch gefunden. Zugleich ist die Wahrheit ungeeignet dafür, zum Gegenstand unserer menschlichen Rechthaberei zu werden.

Die Kirche hat eine Wahrheit weiterzugeben. Ihre Gefahr wird sein, dass sie die Wahrheit verwaltet und dass so durch die Wahrheit sich nichts mehr ereignet. Oder dass die Wahrheit in gedankliche Konstrukte eingesargt wird.

Die Kirche bedurfte immer der Führung von Menschen.

Aber die Gefahr dieser Führung war immer die dabei gebrauchte Macht. Und die Gefahr war immer die doppelte, dass die Führung das Führen liebte und die Gemeinde die Unterwerfung.

Die Kirche bedurfte immer klarer ethischer Maßstäbe. Aber zuerst war es immer das Evangelium, dessen sie bedurfte. War das Evangelium verloren gegangen oder hatte es seine Klarheit verloren, suchte die Kirche immer den Ersatz und fand ihn in irgendeiner Moral.

Die Kirche hatte immer genug zu tun mit ihrer Sesshaftigkeit. Aber darüber vergaß sie oft, dass sie als ein wanderndes Volk gestiftet worden war. Dass das Unterwegs ihre Bestimmung war, der Verzicht und die Mühsal. Die Wanderbewegung kam früh zum Stehen, und immer neu ging es danach um den Aufbruch aus der Sesshaftigkeit.

Die Kirche wird den Staat und seine Organe respektieren und schützen. Aber sie wird immer in Gefahr sein, die Ihren auf den Gehorsam gegenüber dem Staat zu verpflichten und auf ein ganz und gar unchristliches Untertanenbewusstsein.

Am Ende wird oder kann alles zu einer biederen, rechtschaffenen, ein wenig langweiligen Organisation unter anderen Organisationen werden. Was die Leitung durch den Geist Gottes wäre, was innere Erfahrung der Christen und was Bereitschaft zum Widerstand, rückt ins Nebulöse.

Ich möchte es dem Leser überlassen zu beurteilen, was an diesen drei Briefen, die wohl um etwa 120 entstanden sein mögen, solchen Gefahren entgegenwirkt und was an ihnen diesen Gefahren für die spätere Kirche den Boden bereitet. Beide Wirkungen sind von diesen drei Briefen ausgegangen. Das Amt und die Lehre – diese beiden Instanzen haben die Kirchen in der Folgezeit immer zugleich stabilisiert und gefährdet.

50
Gefahren, die der Kirche von innen drohten: der Judas- und der zweite Petrusbrief

Der Judas- und der zweite Petrusbrief stehen im Zusammenhang eines Streits mit Irrlehren. Die Botschaft, vor der die Adressaten gewarnt werden sollen, ist eine libertinistische, das heißt moralfeindliche Gnosis. Solche Menschen scheinen Christen zu sein, sie nehmen am Leben der Gemeinde teil, werden von den Gemeinden geduldet, entfalten aber eine für die Gemeinden gefährliche Tätigkeit:

> »Sie halten sich für Christen höherer Ordnung und dienen dabei nur sich selbst und haben keinen heiligen Geist.«
> *Judas 19*

❀

Im Übrigen haben wir heute große Mühe, die maßlose Polemik dieser beiden Bücher als ein Wort Gottes an uns mitzutragen. Wenn ich heute den Autoren begegnen würde, würde ich sie fragen. Was nehmt ihr euch eigentlich heraus? Du, Judas, sagst in deinem 4. Vers: *»Es haben sich Menschen eingeschlichen, die längst für das Gericht vorgemerkt sind.«* Bist du es, der das Jüngste Gericht veranstaltet? *»Ihnen steht das Dunkel der Finsternis in Ewigkeit bevor«*, sagst du. *»Sie leiden des ewigen Feuers Pein.«* Wie kommst du dazu?

Wir kennen diese Sucht, Gegner zu verteufeln, aus der Geschichte der Kirche zur Genüge, wenn sie die Rechtgläubigen von den Ketzern trennte und sie zur Vorübung auf die ewige Hölle auf Scheiterhaufen verbrannte.

Sollte es für die Kirche Christi nicht eine andere Weise geben, mit anders- und vielleicht irrig denkenden Menschen umzugehen? Könnte andersartiges Denken nicht doch zu respektieren sein? Oder, wenn man ihm zu widerstehen hätte, wenigstens offen zu lassen, wie Gott es beurteilt?

❀

»Sie beflecken ihren Leib, verachten die Ordnungen göttlicher Herrschaft und lästern die Mächte, die mit Gott walten. Aber selbst Michael, der Erzengel, wagte nicht, Gott vorzugreifen und ein Urteil zu fällen, als er mit dem Teufel um den Leichnam des Mose stritt und in Worten ihm widerstand, sondern sprach: ›Der Herr wird dich strafen!‹ Diese Leute aber vergreifen sich an allem, was sie nicht kennen. Was sie aber auf natürliche Weise verstehen wie die unvernünftigen Tiere, das benützen sie, um sich selbst zugrunde zu richten. Weh ihnen! Sie gehen den Weg des Kain. Sie verfallen dem Wahn des Bileam und verraten Gottes Wahrheit für Geld. Sie widerstreben wie Korach und gehen zugrunde. Sie sind es, die ohne Scheu mitschmausen, wenn ihr zu euren Liebesmahlen versammelt seid, Schandflecken eurer Gemeinschaft. Hirten sind sie und weiden sich selbst. Wolken sind sie, von Winden getrieben, und geben kein Wasser. Herbstliche Bäume sind sie, doch ohne Frucht, blätterlos, doppelt dem Tode verfallen, sie verdorren mit ausgerissenen Wurzeln. Wilde Wellen im Meer, schäumen sie ihre eigene Schande aus. Irrsterne, stürzen sie in die Nacht, in tiefe, ewige Finsternis. Von ihnen sprach schon Henoch, der siebte nach Adam: ›Gebt Acht! Der Herr kommt inmitten der Heere der Heiligen, um Gericht zu halten über die Menschheit und die Gottlosen zu strafen, die böse und eigenmächtig lebten und frevelten gegen den Herrn, die freche Reden führten gegen ihn, die Gottlosen.‹ Es sind die missvergnügten Leute, die unzufrieden sind mit ihrem Geschick, die sich ihre Lust holen, wo immer sie Lust finden, die in hochfahrenden Worten prahlen und den Menschen schmeicheln, wenn sie Gewinn davon haben.«
Judas 8–16

Dem Verfasser des zweiten Petrusbriefs lag der Brief des Judas vor. Seine Gegner, die sein Brief mit Zitaten aus dem Judasbrief angreift, sind dieselben wie dessen Gegner. Man vermutet, er sei um 120 oder 130 als das letzte Stück der neutestamentlichen Literatur geschrieben worden.

❀

Ich hätte einem zukünftigen gesamtchristlichen Konzil einen Vorschlag zu machen: Da es ohnedies Bücher der Bibel gibt, die von den Kirchen unterschiedlich gewertet und in unterschiedlicher Weise in die Bibeln eingestellt oder auch aus ihnen ausgegrenzt wurden – so die Apokryphen des Alten Testaments oder auch die anderen Evangelien, Apokalypsen oder Briefe, die die Kirche des 2. und 3. Jahrhunderts ausgewählt oder abgelehnt hat – so könnte ich mir vorstellen, dass eine Versammlung aller Kirchen entschiede, der Brief des Judas, dem weder der Geist Christi noch der Geist Gottes anzumerken sei, wie auch der zweite Petrusbrief seien aus dem Neuen Testament auszuscheiden und den apokryphen Schriften des Neuen Testaments zuzuordnen.

X
Was ist Wahrheit?

51
Die »frühkatholische« Zeit der Kirche

Von der Zeit ums Jahr 100 an sind wir gewohnt, als von der »frühkatholischen« Phase zu sprechen. Ich sage dazu sofort: Diese Bezeichnung ist in hohem Maß unglücklich gewählt und missverständlich, wenn nicht falsch. Nehmen wir aber diesen Begriff zunächst hin, wie er seit dem 19. Jahrhundert in Gebrauch ist. Man charakterisiert mit ihm die Übergangszeit zwischen der Urchristenheit und der alten Kirche, zwischen 100 und etwa 150 oder 180, und konkretisiert ihre Merkmale vor allem an ihren Anfängen, wie sie die nach 80 entstandenen Schriften zeigen.

Häufig wird dabei unterstellt, die frühkatholische Zeit sei die Phase, in der sich im verwaschenen Durcheinander einer Kirchenorganisation ohne spirituelle Kontur ein eindeutiges und klares Urchristentum entwickelt habe. »Frühkatholisch« heißt dann: Alles schleift sich ab. Alles wird angepasst an die Verhältnisse, wie die Welt sie darbietet. Alles wird eingeebnet, was profiliert angefangen hatte.

Und in der Tat: Manches, das nach 80 geschrieben wurde, lässt diese Deutung zu. Die tiefgründige Theologie des Paulus wird von vielen nicht mehr verstanden. Paulus wird verehrt, er wird gefürchtet, er wird abgewiesen oder übernommen, aber der Eindruck bleibt, kaum jemand habe ihn wirklich verstanden. Was sich in den vier Strömungen bis zum Ende des 1. Jahrhunderts profiliert hatte, wird ausgeglichen. Was sich zwischen Judenchristentum, Wanderbewegung, Paulusschule und Johanneskreis verbinden lässt, wird dadurch verbunden, dass man alle Härten und Differenzen abschleift.

❀

Was sind denn die Merkmale dieser Entwicklung zur »frühkatholischen« Kirche? Ich finde deren fünf:

Ein erstes Merkmal jener Übergangszeit ist das Erlöschen der Naherwartung der Wiederkunft Christi auf diese Erde. Sie wurde allmählich umgesetzt in die Erwartung einer auf lange Sicht angelegten »Heilsgeschichte«, deren fernes Ende der »Jüngste Tag« sei.

Ein zweites Merkmal: An die Stelle der auf verschiedene Weise erfahrenen Leitung durch den Geist Gottes tritt eine Amtskirche von Presbytern und Bischöfen mit einer organisierten Selbstverwaltung, später mit hierarchisch übereinander stehenden Ämtern.

Ein drittes: An die Stelle einer ursprünglich vom Geist und von Liebe geprägten freien Ethik tritt weithin ein allgemeiner, philosophischer oder besser bürgerlicher Moralismus, der als Weg zum Heil beschrieben wird.

Ein viertes Merkmal: Aus dem geistbewirkten Vertrauen auf Visionen und ekstatische Erfahrungen und Eingebungen wird eine »gesunde«, korrekte und gemeinsam vertretbare Lehre.

Ein fünftes: Die Wanderbewegung kommt an der entstehenden Amtskirche, die auf ortsfesten Gemeinden beruht, zum Stehen. Die Entwicklung hin zu einem organisierten Netz von miteinander verbundenen Gemeinden beschleunigt sich auch zum Beispiel dadurch, dass die Gnosis auftritt und es notwendig wird, dieser Bewegung planvoll und gemeinsam zu widerstehen.

Es verfestigt sich manches, aber es wird eben dadurch überlebensfähig. Ein Idealist würde von einem Abstieg in die Gewöhnlichkeit reden. Einer der frühen Ekstatiker etwa würde von Geistvergessenheit sprechen. Ein Paulusschüler von einer Einebnung in Kompromisse. Wer die lange Geschichte der Kirche ins Auge fasst, wird freilich zu dem Ergebnis kommen, dass diese Entwicklung sinnvoll und geschichtlich unumgänglich gewesen sei.

❀

Was aber macht die Bezeichnung »frühkatholisch« so missverständlich? Sie suggeriert, damals habe sich alles auf die römisch-katholische Kirche zubewegt. Die römisch-katholische Kirche habe alles, was des Bewahrens und des Weiterführens würdig gewesen sei, in sich aufgenommen. Sie sei das eigentliche Ziel der urchristlichen Entwicklung gewesen. Was aber ging aus dieser Zeitspanne und dieser Entwicklung tatsächlich hervor? Es war eine Fülle durchaus eigenständiger, profilierter Kirchen: die orthodoxe, die syrische, die armenische, die koptische, die äthiopische, die römisch-katholische, dazu die Geistkirchen, die Freikirchen und unzählige kleine und große eigenständige Gemeinschaften von Christen. Sie alle aber sind in dieser »frühkatholischen« Zeit in ihrer Besonderheit schon angelegt.

Und umgekehrt gefragt: Ist die römisch-katholische Kirche wirklich »katholisch«, das heißt »alles umfassend«? Hat sich nicht vielmehr, wie wir bis zum heutigen Tag anschaulich vor Augen haben, genau diese römisch-katholische Kirche sich mit ihrem Abgrenzungsbedürfnis und ihrem Alleinvertretungsanspruch aus der Gemeinschaft der übrigen Kirchen verabschiedet? Etwa damit, dass sie vielen anderen Kirchen das Recht, sich Kirche zu nennen, abspricht? Statt von »frühkatholisch« sollten wir vielleicht besser von einer »frühökumenischen« Phase des Christentums sprechen, denn das Neue Testament begründet gerade keine uniforme und einheitlich geführte Christenheit, sondern die Vielfalt ihrer Formen und Glaubensweisen. Der Kanon des Neuen Testaments begründet gerade nicht die gleichförmige Großkirche, sondern die kooperierende Vielfalt der Konfessionen. Und wenn wir heute im Sinne und Geist des Neuen Testaments die konfessionelle Zerrissenheit der Kirche beklagen oder sie heilen wollen, so gehen wir mit einer hohen Berechtigung auf eine Familie unabhängiger, eigenständiger Kirchen zu, die miteinander kooperieren und die einander rückhaltlos anerkennen.

Zudem sollten wir zugestehen, dass eine lebensfähige Kirche sowohl Autoritäten nötig hat als auch eine Lehre, ein Bekenntnis, eine Organisation und Ordnung bis hin zu einer klaren Verwaltung ihrer Finanzen. Als Zweites sollten wir konzedieren, dass sich jede Kirche aus Menschen zusammensetzt und auch von Menschen geleitet wird. Und wie man seine Frau lieben kann, auch wenn sie nicht an allen Vollkommenheiten teilhat, so liebe ich meine evangelische Kirche in der Schlichtheit ihrer Erscheinung, ihrer Offenheit, ihrer vornehmen Freiheit und ihrer genauen Suche nach Wahrheit. Ich stehe bewusst auch zu ihren äußeren und inneren Gefährdungen und Schwächen, zu ihrer Verletzbarkeit und ihrem Verzicht auf Prunk und Herrschaft. Ein anderer wird seine andersartige Kirche aufgrund anderer Vorzüge und trotz anderer Schwächen lieben.

Ich halte die Sicht der nachapostolischen Zeit als »frühkatholisch« zwar für typisch protestantisch, aber auch für falsch. Woran messen wir denn, was für die zweite Generation der Christen richtig und zukunftsträchtig gewesen wäre? Sollten die wandernden Evangelisten für alle Zukunft zwischen den Ansiedlungen der Menschen wandernd unterwegs sein? Was sollte denn aus ihrer Verkündigung werden, wenn die Fülle geistgegebener Einfälle sich immer weiter vervielfältigen sollte, ohne dass irgendjemand begreifen könnte, was eigentlich gemeint sei? Sollte die Erwartung der Wiederkunft Christi immer so weiter geglaubt werden, auch wenn er nicht kam? Wer sollte denn auf die Dauer das Sagen haben? Das Charisma des Träumers oder ein irgendwie verantwortliches Amt? Nein, die Entwicklung hin zu der Kirche, die um das Jahr 200 bestand, war notwendig und sie war sachgemäß. Und was wollen wir gegen die Entstehung von Ämtern einwenden, wenn doch gerade schon Paulus den Korinthern gegenüber so energisch auf der Vollmacht seines Amtes bestanden hat?

In der nachapostolischen Zeit musste das Christentum in die Erde dieser Welt, in die Wirklichkeit des Menschenlebens und in seine tausend Fragwürdigkeiten einwurzeln. Hätte es das nicht getan, so hätte es sich nach Art einer schwärmerischen Sekte nach einigen Generationen aufgelöst oder sich hinein in eine Nische der Menschheitsgeschichte verabschiedet. Christus aber ist Mensch geworden. Er hat sich »inkarniert«, sagen wir. Er hat sich damit den Menschen zugewandt in ihrer Welt, ihrer Durchschnittlichkeit, ihren Mängeln und Torheiten, liebend und ohne sich in seiner eigenen Reinheit zu schützen. Will die Kirche ihm nachfolgen, so darf ihr nichts Menschliches fremd sein. Dieses Menschliche aber hat die Christenheit der frühökumenischen Zeit als Merkmal irdischen Lebens wie ihres eigenen Seins bewusst übernommen.

52

Die Bibel ist abgeschlossen. Gott spricht weiter: zu uns und auch durch uns

Nach unserem langen Weg durch die Anfänge unseres Glaubens und seiner Tradition kommen wir an der Stelle an, an der wir selbst stehen. Gott hat zu den Menschen der Bibel geredet. Redet er auch zu uns? Oder ist er inzwischen stumm geworden? Hat ihm die Geschichte der Menschen auf dieser Erde inzwischen die Sprache verschlagen? Hat unsere menschliche Seele womöglich ihre Hörfähigkeit verloren? Und wenn Gott weiter spricht, wie hört sich das an?

Wir sagen: Gottes Offenbarung erging viele Jahrhunderte lang. Wenn das wahr ist, dann werden wir fragen dürfen: Redet er auch heute? Redet er zu uns? Und unsere Antwort wird lauten müssen: Er tut es von jeher und wird es in alle Zukunft hinaus tun.

Nur ist die »christliche Wahrheit« niemals fertig. Sie wird und wächst und gestaltet sich weiter in uns allen, auch durch alle Wandlungen im Geist einer Zeit hindurch. Was wir heute in der Hand haben, das Neue Testament, das wir in diesem Buch durch seine Entstehung hindurch begleitet haben, ist in einem Prozess von hundert oder mehr Jahren zustande gekommen. In dieser Zeit entstanden nacheinander und nebeneinander Ausgestaltungen seiner Botschaft, wie sie im Anfang der Zeit nach Ostern nicht hätten gedacht werden können. Und wenn wir heute versuchen, diese Botschaft in die Sprache und in die Bilder unserer Zeit zu transponieren, so werden wir Gedanken denken müssen, die Paulus oder Johannes so nicht hätten denken können. Das aber ist deshalb möglich, weil Gott auch zu uns spricht. Für uns. Mit uns. Durch uns. Auch gegen uns. Auch an uns vorbei, wenn wir unser Gehör verschließen. Die Frage ist, ob wir bereit und willig genug sind, Gott gegenüber hörend und schauend anwesend zu sein.

❀

Woran erkennen wir aber ein Wort von Gott? Daran, dass es ein deutliches Gewicht hat. Daran, dass uns etwas Gewichtiges trifft, das wir uns nicht hätten selbst sagen können, und es uns bewegt. Dass wir uns verändern müssten, wollten wir ihm entsprechen. Dass aus ihm Aufträge hervorgehen.

Und an einem entgegengesetzten Merkmal: An der schwebenden Ungebundenheit. An der lebendigen Leichtigkeit, die wir mit dem Wort »Gnade« zu fassen suchen. An der Beglückung, die die Erfahrung des Gnadenhaften in uns auslöst. Vielleicht auch daran, dass sich uns das Spiel des Daseins als Ganzes öffnet. Dass wir uns ergriffen und umfasst wissen. Dass wir aus allem, was um uns ist, heraushören, wir seien geliebt, geschützt, gemeint, oder besser, *ich* sei von Gott geliebt.

Licht tritt vor meine Augen, Wärme, Gewissheit, Dankbarkeit, Überraschung, Erstaunen, Schock, Glück. Es erscheint die Nähe von etwas unendlich Fernem. Ich weiß mich zu Hause. Und so, auf unendlich vielfältige Weise, höre ich ein Wort, das mir gilt.

Es kann mir freilich auch widerfahren, dass ich in die Dunkelheit stürze, die die Verlassenheit von Gott, sein Schweigen, seine Stummheit mit sich bringt. Dieses Schweigen aber zeigt: Unser Leben hängt davon ab, dass Gott eben nicht schweigt.

❀

Ich kann daran wenig machen, wenig bewirken, wenig mir selbst suggerieren. Es überwältigt mich, es stellt mir mich selbst vor Augen in dem Zustand, in dem ich bin. Und das, obwohl mir von da an auch die Ferne und Dunkelheit Gottes vor der Seele stehen können, der harte Gegensatz auch von Gottes Nähe und von Gottverlassenheit, wie er über uns Menschen verhängt sein kann. Ich sage das eingedenk der Tatsache, dass oft gerade sehr aufmerksam lebende Menschen lange Zeiten der Abwesenheit Gottes erleiden; auch eingedenk der Tatsache, dass keiner von uns vorauszusagen weiß, wie viel Gewissheit ihm bleiben wird, wenn er seinen Weg in die andere Welt antritt.

Aber das gilt und das halten wir fest: Der lebendige Gott lebt. Der sprechende Gott spricht. Der schaffende Gott schafft. Der liebende Gott liebt. Ihm sei Dank, dass seine sprechende Nähe und Lebendigkeit die Grundwirklichkeit ist, in der wir Stand und Halt haben, auch wenn wir ihn nicht hören. Die Hand sozusagen, in der wir uns, und sei es mit Furcht und Zittern, bergen.

53
Die Wahrheit haben wir nicht. Wir haben nur unsere Wahrnehmung und unsere Deutung

Wenn wir am Ende das Buch, das wir die Bibel nennen, aus der Hand legen, fragen wir uns unwillkürlich: Was ist da Wahrheit? Wie geht es überhaupt zu, wenn wir einer Wahrheit begegnen? Wenn wir also etwas Wirkliches wahr-nehmen? Etwas, das über unser banales Diesseits hinausreicht oder von außerhalb unserer sinnlich wahrnehmbaren Welt zu uns hereindrängt?

Mit dem Neuen Testament haben wir ein sehr normales Buch in der Hand. Menschen haben es geschrieben. Die sagen in ihm, was sie erlebten, was sie glücklich machte oder ratlos, was ihnen Mühe machte oder Angst. Sie haben hineingeschrieben, was sie aneinander ärgerte, was sie gegeneinander aufbrachte oder miteinander versöhnte, was sie in ihre Streitigkeiten trieb oder was sie in ihren Niederlagen zu leiden hatten.

Sie schrieben ihre Fragen hinein nach Tod und Leben, nach Gott und dem Bösen, nach Gerechtigkeit, nach Sinn und Gewissheit. Sie schrieben ihre Erfahrungen hinein, ihre Hoffnungen, ihren Glauben und ihr Misstrauen, das Gelingen oder Scheitern der Menschenschicksale, und was ihnen an dem, was geschah, unerklärlich blieb. Sie schrieben ihre Gebete hinein, ihre Lieder, ihren Dank, und vor allem, was sie an den Grenzen ihrer menschlichen Möglichkeiten erfuhren, was sie beim Blick über die Grenzen hinaus schauten. Ihre Erfahrungen waren es, die sie aufschrieben.

Was sie aufschrieben, bekamen andere in die Hand, veränderten es, ergänzten es oder strichen heraus, was ihnen missfiel. Und zuletzt machten sie ein Buch daraus. An ihm ist nichts, was nicht Menschen erinnert, geschildert, gedeutet hätten. Es ist von Anfang bis Ende ein Wort von Menschen. Aber nun treten uns die großen und die kleinen Lehrer der Kirchen entgegen und sagen: Es ist ein Wort von Gott! – Was soll das?

Das griechische Wort, das das Neue Testament verwendet, wenn es von Wahrheit spricht, bedeutet so viel wie »offene Stelle«, wie Durchsichtigkeit, Transparenz. »Wahrheit« ist eine Bewegung auf mich zu, an einer Stelle, an der mir eine Anrede, eine Information, eine Zusage begegnet. Aber die offene Stelle wird nie mein Besitz. Und mein Besitz wird auch nie, was mir da begegnet. Ich bin nicht die Wahrheit. Ich habe sie nicht. Ich kann sie kaum beschreiben. Sie wird immer fremd und anders sein. Sie kann geschaut und vernommen, niemals aber gewusst, festgelegt oder behauptet werden. Letztlich ist Wahrheit nur Gott selbst in der Gestalt, in der er sich mir hörbar oder schaubar macht. Gnadenhaft. Für einen Augenblick. Niemand hat oder ist die Wahrheit, kein Mensch, kein religiöses Genie, kein Buch, kein Amt, keine Kirche. Niemand außer Gott selbst oder an seiner Stelle Jesus Christus kann von sich sagen: *»Ich bin die Wahrheit. In mir ist die Welt durchscheinend und sind ihre Geheimnisse offenkundig.«*

❀

Aber nun stellen sich drei Fragen. Eine erste: Wie kommt eine Wahrheit zu mir? Sie kann mir etwa so widerfahren, dass sie mich unbedingt angeht. Oder so, dass ich etwas schaue – eine Helligkeit, ein Licht, das fremd und anders ist. Vielleicht warm und beglückend, vielleicht auch rätselhaft und bedrohlich. Ich mache also Erfahrungen. Die Erfahrungen überwältigen mich. Sie reißen vor meinem Blick die Wirklichkeit auseinander. Dass es solche Erfahrungen einer größeren, einer anderen Wirklichkeit als der unseren gibt,

Durchblicke durch den Horizont unserer sinnlichen Welt hinüber in eine andersartige, und dass dadurch das Dasein auf dieser Erde deutlicher, sozusagen durchscheinender wird, muss ich hier nicht beweisen. Ob es Erfahrungen gibt, durch die sich unser Weltbild weitet, sich verändert oder vertieft, ist nur eine Frage unserer geistigen Sensibilität. Und sie spielt nicht auf der Ebene unseres »klaren Denkens«, sondern unserer Intuition.

Eine zweite, sofort folgende Frage: Was habe ich danach in meinem Kopf oder in meiner Hand? Nicht die Wahrheit. Wenn die Wirklichkeit aufreißt und transparent wird, so wird die Wirklichkeit dadurch nicht zu meinem Besitz. Was bleibt mir? Mir bleibt die Erinnerung an eine Erfahrung von Wahrheit. Und in dieser Erinnerung liegt viel Unsicherheit zusammen mit plötzlicher Gewissheit. Danach möchte ich, was ich gehört oder gesehen, geträumt oder intuiert habe, anderen Menschen schildern und bemerke, dass das kaum gelingt. Ich will davon sprechen, ich will mich gegen Täuschungen sichern und gegen Irrtümer, und ich bemerke, dass es keine Worte gibt, mit denen ich das Licht, das mir aufgegangen ist, vorzeigen könnte. Der andere kann es durch meine Schilderung nicht nach-erfahren. Ich kann versuchen zu erklären, was mir widerfahren ist, und ich werde dabei immer daran scheitern, dass mein Bericht meine Erfahrung nicht zu fassen bekommt.

Die dritte Frage: Was kann ich aus meinen Erfahrungen gewinnen? Ich kehre um in meine Erinnerung. Ich versuche, ein begreifliches Bild meiner Erfahrung für mich selbst zu gewinnen. Ich versuche, sie mir selbst gegenüber zu deuten. Ich suche also nach ihrer Bedeutung. Das aber wird auf unendlich verschiedene Weise geschehen können, je nach meiner Eigenart, meiner Bildung, meiner Lebenssituation, dem Umfang meiner Welterkenntnis. Je nach der Kultur und der Zeit, in der ich lebe. Je nach dem Weltbild auch, das meine Zeit gerade für zutreffend hält. Versuche ich einen

Anruf, den ich empfunden habe, oder ein Bild, das mir vor Augen stand, zu deuten, so wird viel auf meine Bereitschaft ankommen, mich dem, was auf mich zukam, zu »überlassen«, aber viel auch auf mein schlichtes Vertrauen, ein einfaches Ja zu sagen. Eine Deutung kann gelingen, wenn sie nahe bei mir selbst versucht wird, nahe bei dem, was ich selbst bin, was mir mein Geschick gab oder zumutete. Niemand unter meinen Mitmenschen muss meine Deutung »richtig« finden. Nur ich selbst werde mich so verhalten müssen, wie es ihr entspricht. Ich werde versuchen müssen, in irgendeiner religiösen Überlieferung, zum Beispiel in einem biblischen Wort, ähnliche Erfahrungen anderer aufzusuchen, und vielleicht kann ich mit anderen Menschen dahin kommen, dass wir gemeinsam sagen können: »So! Ja! So ist es!« Wir können so miteinander zu einer offenen Stelle werden, durch die die Wahrheit aufs Neue zu uns allen kommt. Was wir aber mit den Erfahrungen oder den Deutungen anderer tun, ist die Sache unserer eigenen Verantwortung. Wir werden sie bejahen oder verneinen, sie ehren oder freundlich übersehen, sie gefährlich finden oder mit Humor gelten lassen. Auf jeden Fall ist die angemessene Szene für die Auseinandersetzung mit ihr das Gespräch. Am Ende wird es immer verschiedene Deutungen geben. Deutungen auf verschiedenem Niveau, mit verschiedenem Anspruch, verschiedener Glaubwürdigkeit. Aber nichts – das kommt dabei an den Tag –, nichts, was wir religiös aussagen, geht über den Charakter einer Erklärung oder einer Deutung hinaus.

❀

Nun neigt jede Religion wie selbstverständlich zu der Überzeugung, was sie bringe oder sage, sei die Wahrheit. Sehen wir freilich genau hin, so wird, was als Wahrheit ausgerufen wird, im guten Fall eine Deutung sein, mit deren Hilfe ein religiös begabter Mensch, eine Epoche oder eine Kultur die Erfahrungen, durch die sie geprägt wurde, zu erläutern versucht.

Am Ende scheint unter den Religionen, in ihren Gegensätzen und Unterschieden, Wahrheit gegen Wahrheit zu stehen. In Wirklichkeit steht aber Erfahrung gegen Erfahrung, Erklärung gegen Erklärung, Deutung gegen Deutung. Alle menschlichen Deutungen und Erfahrungen haben teil an den Veränderungen, die im Lauf der Geistesgeschichte in einem bestimmten Raum ablaufen. Alle Deutungen sind gefärbt von der kulturellen Tradition. Alle sind sie der Diskussion bedürftig. Alle spielen sie auf der Ebene eines behutsamen Verstehens. Und auch alles, was Christen verschieden sehen, auch alles, was die Konfessionen trennt, spielt auf der Ebene der Deutungen, nicht der Wahrheit. Auf der Ebene von kulturellen Besonderheiten, nicht der Wahrheit.

Alles auch, was die Bücher der Bibel und ihre Autoren uns in verschiedener Weise anbieten, was sie verschieden sehen und darstellen, spielt auf der Ebene der Deutung. Die Wahrheit ist allein Jesus Christus, und zwar an der Stelle dessen, den er vertritt: Gott selbst. Das Abwägen zwischen den Deutungen aber wird das Ziel haben müssen, dass allen Beteiligten klar wird, was denn nun für sie selbst gelten soll.

Ich beantworte gerne die Frage, was mich selbst betreffe: Für mich waren die entscheidenden Erfahrungen meines langen Lebens in den Deutungen, die das Evangelium mir gab, am genauesten beschrieben. Sie waren die hilfreichsten, denen ich auf meinen Wegen durch die Landschaften der Religionen begegnet bin. Sie waren die zutreffendsten, wenn es um meine praktische Lebensführung oder um den Blick über die Ränder dieses Lebens hinaus ging.

Was uns bei all dem deutlicher werden kann, ist dies: Es gilt damit ernst zu machen, dass die Wahrheit Gottes Sache ist, und die unsere nur die Deutung unserer Erfahrung. Das wäre wichtig, denn das wird der Anfang des religiösen Friedens sein: des Friedens zwischen den Religionen der Welt, den so genannten Hochreligionen und den so genannten primitiven; des Friedens zwischen den Konfessionen der Kirche und zwischen den Meinungen und Überzeugungen von uns Einzelnen. Diesen Frieden gilt es angesichts der heutigen Weltlage dringend einzuüben.

54

Was meinen wir aber, wenn wir sagen, die Bibel sei »Gottes Wort«?

Im Grunde begegnen wir der Frage nach Gottes Wort sofort, wenn wir uns mit Jesus beschäftigen. Wir sagen: Jesus war ein wirklicher Mensch. Er stammte aus Nazaret. Er wurde in religiösem Wissen unterrichtet. Er ging in Galiläa von Dorf zu Dorf, heilte Kranke und predigte, was die Heilige Schrift sagte, wie ein jüdischer Lehrer es tat. Er wusste sich von Gott zu seinem Tun beauftragt. Und als dieser besondere Mensch und Beauftragte Gottes hatte er ein Wort für uns. Eine Botschaft. Und er war selbst, so sagt das Johannesevangelium, die Botschaft von Gott und das Wort für uns. Hier ist der Mittelpunkt und Ausgangspunkt unserer Frage.

Aber weiter: Die Bibel sagt, die Welt sei durch Gottes Sprechen ins Leben gerufen worden und sie werde unverändert seit ihrem Anbeginn von ihm durch die ganze Geschichte der Evolution hindurch weitergesprochen. Wort ist Leben schaffende, Leben wandelnde Kraft. Wort ist gestaltender Geist. Wort ist gestaltende Kunst, die wir durch die Epochen der kosmischen Geschichte hin zu sehen bekommen.

Die Bibel sagt, im Lauf der Menschengeschichte habe Gott zu Menschen gesprochen: zu Propheten, Weisen, Asketen, Künstlern, Denkern und zu unzähligen sehr einfachen und durchschnittlichen Menschen. Die hören ein Wort und drücken danach in ihren eigenen Worten aus, was sie empfangen haben. Die Menschen werden zu einem Wort von Gott auf den Wegen der Inspiration.

Dieses frei ausgesprochene Wort der Warnung, der Weisung oder der freundlichen Zuwendung wird von anderen aufgeschrieben. Es wird sorgfältig von Generation zu Generation bewahrt und zuletzt in ein Buch gefasst. Das Buch nehmen wir Heutigen in die Hand und sagen: »Das ist Gottes Wort.« Einer nimmt ein solches Wort mit sich und versucht, aus dem Menschenwort, das er liest, die Anrede durch Gott herauszuhören. Wenn Gott will, trifft ein Wort von ihm den Hörenden in seinem Zentrum.

Ich will persönlich reden: Als ich nach fünf Jahren Krieg und Gefangenschaft die zerstörte Stadt meiner Kindheit wiedersah, stellte sich mir wie unzähligen anderen die Frage, wie und auf welches Ziel hin wir die Zukunft unseres Landes neu aufbauen könnten. Wo nun eine tragfähige Grundlage sei. Da begegnete mir eines Tages ein Wort des Paulus: *»Einen anderen Grund kann niemand legen als den, der gelegt ist: Jesus Christus.«* Dieses Wort traf mich. Ich wusste, das ging mich »unbedingt« an, wie der Theologe Tillich gesagt hätte, und ich wählte den Beruf eines Pfarrers. Dieses schlichte Wort aus dem ersten Korintherbrief begleitet mich nun schon seit mehr als sechzig Jahren als eine Anrede oder ein Anruf von dem her, der alle die vergangenen Zeiten in und durch Jesus Christus zu mir und meinen Zeitgenossen gesprochen hat.

❀

Ich will noch einmal an einer anderen Stelle einsetzen. Nämlich bei der Frage, wie denn die Wirklichkeit gebaut sei: in uns, um uns her oder ganz anderswo im Universum und über es hinaus. Für die Bibel sind ja die verschiedenen Ebenen des Wirklichen gegeneinander durchlässig, sie haben Fenster und Türen, und was ein »Wort« ist, das ist ein Anruf, eine Anrede, ein tröstliches oder ein forderndes Wort gleichsam durch eine Öffnung in den Wänden zwischen den Schichten der Wirklichkeit. Wahrheit heißt, wie gesagt, in der Sprache des Neuen Testaments »Offenheit«. Und wenn Jesus sagt, er sei die Tür, dann schließt er an diese Vorstellung vom Hinüber und Herüber zwischen den Ebenen des Wirklichen an. Wenn von ihm gesagt wird, er sei das Wort, dann will das sagen, durch ihn ergehe eine Nachricht oder Anrede aus einer anderen Wirklichkeit in die herüber, in der wir leben.

Ich will also versuchen, von vier Ebenen des Wirklichen zu reden, in der Hoffnung, damit nicht weit neben dem Bild zu sein, das die Bibel sich von der Wirklichkeit macht. Mir ist, als erscheine sie uns in vier Gestalten.

Die erste ist die vordergründige Realität, die wir mit Händen greifen und mit Augen schauen. Die wahrnehmbare Welt, in der wir leben und die wir mit unseren Sinnes- und Verstandeskräften erkennen. Raum und Zeit, wie wir sie täglich erleben und wie die Naturwissenschaft sie erforscht. An ihr scheint alles eindeutig, klar und begreiflich, bis auf das ungeheuer Viele, das unbekannt, fremd und rätselhaft ist, und bis hin zu der Unsicherheit, in die wir heute geraten können, wenn uns die Wissenschaft sagt, die Wirklichkeit könne auch ganz anders gebaut sein, als wir sie wahrnehmen.

Eine zweite Ebene sehe ich in meiner eigenen Seele. In dem, was auf sie einwirkt oder von ihr ausgeht. Ein Traum, den ich träume, ist eine Wirklichkeit, Ausgangspunkt und Ausdruck jener Realität, die danach von meiner Seele geschaffen oder verändert wird. Wünsche, Ängste, Traumata sind eine eigene Welt, zu der mein Verstand nur sehr mühsam einen Zugang findet und von der ihm sehr viel wohl ganz verschlossen bleibt. Es ist eine Innenwelt mit ihren Bildern und ihrer schöpferischen Energie, wie sie mir aus dem uralten Erbe der Evolution mitgegeben sind. In dieser zweiten, andersartigen Wirklichkeit scheinen ganz andere Gesetze zu herrschen, als die Naturwissenschaft in der äußeren Welt am Werk sieht.

Eine dritte Ebene, die nicht weniger Wirklichkeit besitzt, sehe ich dicht um uns her, aber jenseits der Grenze unserer normalen Erkenntnis. Sie übersteigt die Welt unserer Sinne und unseres Verstandes, dieses unseres bescheidenen Instrumentariums. Sie sagt: Es ist mehr Wirklichkeit zwischen Himmel und Erde als unsere Schulweisheit sich träumen lässt. In der außersinnlichen Erfahrung macht sie sich bemerkbar. In Visionen, Ekstasen, Eingebungen, in Trance, im Fernwissen oder Vorauswissen, in Nahtoderfahrung und den Erfahrungen des Überschritts oder des Berührtwerdens deutet sich dem davon Getroffenen eine größere, eine rätselhaftere, eine reichere Wirklichkeit an. Weder das Vorauswissen noch das Fernwissen lassen sich naturwissenschaftlich deuten, aber ebenso wenig mit den Mitteln der Psychologie. Es ist eine eigene Welt. In dem Buch »Gotteswahrnehmung« habe ich sie beschrieben. Was aber außersinnlich wahrnehmbar wird, ist dennoch Teil unserer Welt. Es ist real wie die beiden vorigen Formen von Wirklichkeit, aber noch nicht das Jenseits. Ich möchte vermuten, es ist eine eigene Welt der Lebenden und der Toten.

Danach steht vor uns, was Nikolaus von Kues »die Mauer« nennt – die Grenze für alles Erfahren, die unzugängliche und unvorstellbare Grenze zur Wirklichkeit Gottes, die wir nicht finden werden, so sehr wir sie suchen, die sich uns aber offenbaren und kundtun kann, wenn Gott es will. Sie eigentlich grenzt das ab, was wir das Jenseits nennen. Dieses Jenseits liegt gleichwohl nicht irgendwo in irgendeiner Ferne, sondern mitten in unserer Welt, und wir wenden ihm das freie Wagnis zu, das wir den Glauben nennen.

Nun ist aber entscheidend wichtig, dass wir sehen: Diese vier Ebenen der Wirklichkeit sind nicht gegeneinander abgeschottet, sie führen keineswegs ihr je eigenes Innenleben. Sie überschneiden sich, sie verbinden sich, sie durchdringen einander. Sie sind miteinander verbunden, verknüpft, vernetzt. Sie tauschen sich aus, sie verweben sich. Wenn ich mich tatsächlich der ganzen Wirklichkeit um mich her und in mir selbst zuwende, so können sie mir alle vier zugleich begegnen.

Was wir im komplexen Sinn dieser Bezeichnung ein »Wort« nennen, ist eine Nachricht aus der einen in eine andere Ebene, eine Zuwendung, eine Wirkung aus der einen in die andere. Da geht aus der äußeren Welt etwas in meine Seele ein. Da erwacht etwas in meiner Seele und gestaltet meine Welt. So geht zwischen meiner Seele und der Welt des Außersinnlichen etwas hin und her, das vielleicht danach einen Vorgang in meiner realen Außenwelt deutet. Es kommt etwas aus der Dunkelheit des fernen Gottes als Licht in mich herein oder als Anweisung, als Kundgabe. Und alles kann die Weise sein, in der eine empfundene oder geahnte Wahrheit zur Gewissheit wird.

❀

Ein zweiter Schritt: Auf welchen Wegen nehmen wir diese vier Ebenen wahr? Was in meiner normalen Umwelt geschieht, kommt zu mir durch das Fenster meiner Aufmerksamkeit, meiner Sinne und meines Verstandes.

Was sich in meiner Seele abspielt, nehme ich wahr durch mein Empfinden und drücke ich aus über das Fenster meiner Kraft, zu erzählen und zu deuten.

Was aus der meinen Sinnen verborgenen Welt zu mir kommen will, nehme ich auf durch das Fenster meiner Intuition und kontrolliere ich mit allen Kräften meiner Seele.

Was aus dem »Raum Gottes« – wie wir im Grunde immer sagen können, ohne zu wissen, was das ist – kommen will, das höre ich, weil Gott mir das Ohr öffnet und das Herz zugänglich macht.

Überall aber ist der wichtige Grundvorgang der, dass irgendwo zwischen den Schichten des Wirklichen ein Fenster aufgeht und ein Bild, eine Nachricht, eine Erkenntnis, eine Anrede hin- oder hergeht, durch die ein Mensch beginnt, die Welt besser zu verstehen, mit sich selbst besser umzugehen, das Größere zu ahnen oder ein offenbarendes Wort zu empfangen oder auch ein Gebet zu wagen.

Alles ist »Wort«: Klarheit, schöpferische Fantasie, künstlerische Gestaltung, Einsicht in Geheimnisse, Erkenntnis des religiösen Hintergrunds alles Menschenlebens und alles Geschehens in der Welt.

❀

Was nun die Bibel angeht, so redet sie auf allen diesen vier Ebenen.

Auf der ersten erzählt sie, und was sie erzählt, betrifft bestimmte geschichtliche Personen oder Vorgänge oder es betrifft Maßstäbe, nach denen sich das menschliche Leben auf dieser Erde richten soll. Die Bibel ist dabei für ihre frühe Zeit von einer einzigartigen historischen Sorgfalt und Genauigkeit, und wir können, was sie mitteilt, meistens leicht und stimmig auf unsere um zwei oder drei Jahrtausende spätere Situation anwenden. Aber die Bibel sagt darüber hinaus: In all dem redet Gott zu dir, dem späteren Bewohner dieser Erde.

Sie spricht auch auf der zweiten Ebene, nämlich so, dass sich ihr Leser oder Hörer in einer Geschichte oder Anrede, einem Gebet oder einem Hymnus wiedererkennt. Sie spricht in Bildern, in Symbolen, in Legenden, in Märchen. Sie malt seelische Szenen. Sie spricht sozusagen in den seelischen Aufnahmeraum des Menschen herein, und was sie da meint, liegt nicht um Jahrtausende zurück. Es geschieht vielmehr in dem Augenblick, in dem ein Mensch von heute oder ein Mensch, der in hundert Jahren leben wird, seine inneren Fragen zu bestehen hat. Auf dieser Ebene rinnt die psychische Erfahrung und Erinnerung der Menschheit zusammen und es ergibt sich ein weites Feld von Information und Deutung. Auch die Deutung, die ein Wort von Gott nach Auffassung der Bibel der Seele eines Menschen ermöglicht.

Sie spricht auf der dritten Ebene: Ihre Heiligen, Propheten, Berufenen, Geisterfüllten, die in ihr als Sprecher auftreten, erleben Visionen und schildern, was sie sahen. Sie erleben Ekstasen, sie blicken über die Grenze hinüber in eine größere Welt. Sie hören Stimmen, die aus einer anderen Dimension kommen. Sie empfangen Aufträge. Sie wissen sich geführt. Sie stehen an der Grenze zwischen unserer konkreten Welt, ihrer eigenen Seele und der über diese Wirklichkeiten hinausreichenden Welt. Sie sehen Licht. Sie sehen und hören ferne und fremde Gestalten wie Engel. Sie sehen Bilder des thronenden Gottes oder im Neuen Testament des Christus. Sie wissen sich von Gottes Geist angeredet und begnadet.

In all dem aber – in der konkreten Geschichte, in der Landschaft der einzelnen Seele von heute oder der menschheitlichen Dimension der religiösen Erfahrung – geschieht das, was wir das »Wort Gottes« nennen, die Offenbarung Gottes, die Offenheit, Zugänglichkeit und Hörbarkeit Gottes selbst.

Lesen wir nun die Bibel, so werden wir es auf diese vier Weisen tun müssen:

Wir werden die Partien der Bibel, in denen konkret und geschichtlich geredet und erzählt wird, so ernst und so schlicht nehmen, wie sie gemeint sind mit ihrem buchstäblichen Sinn, und wie sie sich der wissenschaftlichen Nachfrage erschließen.

Wir werden sie so lesen, dass sich ein Gespräch zwischen ihr und unserer Seele dabei abspielt. Wir werden die Fülle der Bilder in uns und in ihr wachrufen und vielleicht die Aussagen der Bibel in der Auseinandersetzung mit dem Mythos unserer eigenen Zeit nach- und neuformulieren.

Und wir werden sie so lesen, wie sie von den Überschritten in die größere Welt redet, und wir werden uns für sie so öffnen, dass die Zeichen dieses Überschritts – Ekstase und Traum, Vision und Audition – uns zu unseren eigenen außersinnlichen Möglichkeiten hinführen, sodass sie geschehen können, wenn Gott es will.

Und wir werden bei all dem Gottes Geist erbitten, damit das Wort, das uns trifft, uns zu einem Wort von Gott wird und es einen Zugang zur Wahrheit öffnet, auch zu der vielschichtigen Wahrheit dieser Welt und zur lebendigen Wahrheit unseres eigenen Wesens und Weges.

Was also Gott spricht, kann in unserer vordergründigen Welt zu konkreten Entscheidungen führen. Es kann in unserer eigenen Seele auf mystischen Wegen gesucht und gefunden werden. Es kann in den außersinnlichen Grenzerfahrungen mit dem größeren, weiteren Diesseits unserer Welt ergehen. Und es kann in der großen Sprache der Gottes- und der Christusgeschichte durch den Geist Gottes zu uns kommen und uns zwingend und unbedingt angehen. Und damit hat sich für uns die ganze Welt von Grund auf verändert.

XI

Wo trifft die alte Geschichte auf unsere heutige Stunde?

55
Ein Leitwort an die Kirche des 21. Jahrhunderts

Suche ich im Neuen Testament nach einem Wort, das die Situation und den Auftrag der Kirche im 21. Jahrhundert genau trifft, so finde ich – ich persönlich – immer wieder das Wort aus dem Römerbrief, das so lautet:

»Gottes Geist wohnt in euch.
Der bestätigt euch, dass ihr Gottes Kinder seid.
Denn die von seinem Geist getrieben sind,
die sind seine Söhne und Töchter.
Sind wir aber seine Kinder,
so haben wir Hausrecht bei ihm
und haben teil an seiner Herrlichkeit.

Wir haben hier zu leiden. Ja. Aber ich bin überzeugt,
dass die Leiden dieser Zeit klein und unwichtig sind
im Vergleich mit der Herrlichkeit,
die sich an uns zeigen wird.

Darauf aber warten nicht nur wir selbst,
auch die ganze Schöpfung sehnt sich danach,
dass Gottes Herrlichkeit an uns sichtbar wird
und wir Menschen endlich als seine Söhne
in seiner Welt herrschen.
Denn die Natur leidet unter dem leeren Kreislauf
[von Entstehen und Vergehen, von Geburt und Tod],
dem sie ausgeliefert ist.

Gott aber hat ihr eine Hoffnung gegeben:
Frei soll sie werden von dem Zwang,
immerfort auf Verwesung hin leben zu müssen.
Sie soll die Freiheit gewinnen,
die den Kindern Gottes zugedacht ist.
Das ist uns doch deutlich:
Die ganze Schöpfung seufzt und leidet bis zu dieser Stunde
und wartet auf die Entstehung einer neuen Welt.

Aber nicht sie allein,
auch wir selbst sehnen uns danach,
endlich Söhne und Töchter Gottes zu sein
und das eigensüchtige Menschenwesen abzulegen.

Mit ihr zusammen ängsten auch wir selbst uns,
denen schon die ersten Anfänge
der schaffenden Kraft des Geistes Gottes verliehen sind,
und sehnen uns nach Erlösung.
Wir gehören der neuen Welt schon an,
freilich mit unserer Hoffnung.
Wir leben auf sie zu mit Spannung
und warten auf sie in Geduld.

Denn uns, seinen Töchtern und Söhnen,
hat Gott eine neue Gestalt zugedacht:
nämlich die Gestalt, die wir an Jesus Christus sehen.
Und so wird Christus der Älteste sein
unter vielen Geschwistern.«
so die Aussage von Römer 8,16–25.29f.

❀

Paulus spricht von uns, den Töchtern und Söhnen Gottes und ihrem Auftrag. Und von der Kraft, die uns mitgegeben ist, dem Geist Gottes. Von uns, die es mit der Zukunft aufnehmen, die sich von Gottes Geist wie von einem Wind, einem Sturm tragen und treiben und führen lassen. Gottes Geist ist, sagt Jesus, eine Kraft, die du fühlst und die dich treibt, aber von der du nicht weißt, woher sie kommt und wohin sie will. Du kannst ihr nicht ausweichen. Wenn sie dich ergreift, dann weißt du, was dein Auftrag ist. Und dann wirst du selbst ihr ähnlich, so zukunftsoffen, so überraschend, so unberechenbar. Es ist ein Wagnis, sich Gottes Geist zu überlassen, aber das Wagnis schafft eine große Freiheit und ein klares Bewusstsein, was denn nun durch uns geschehen müsse.

Die Christen jener Zeit lebten so. Sie ließen sich auf ihren Wanderungen hinaustreiben in den weiten Raum des Römischen Reichs von den Worten, die der Geist ihnen zuraunte, von dem, was sie im Traum, in der Schau, in der Ekstase sahen oder hörten. Sie lebten hellwach. Und mit dieser Wachsamkeit wuchs ihnen der Mut zu, den sie selbst nicht aufgebracht hätten, und eine Zuversicht, für die es um sie her oder in ihnen selbst keinen vernünftigen Grund gab. Sie gingen auf die Menschen ihrer Zeit zu und steckten sie an wie mit einem Feuer, das so lebendig brannte wie eine brennende Seele.

Die Worte aus Römer 8 schrieb Paulus, nachdem er zwanzig Jahre lang in den Ländern und Städten rund um das östliche Mittelmeer unterwegs gewesen war. Nachdem er zwanzig Jahre lang über Jesus Christus geredet hatte, unter Mühen und Leiden und Entbehrungen. Da fing er an zu fragen: Was ist das eigentlich, was mich auf allen diesen Straßen dahintreibt, das so viel stärker ist als ich selbst und dem ich mich überlassen muss?

Das kann nur Gottes Geist sein. Der hat mir einen Auftrag gegeben. Der hat mich im Griff. Dem muss ich meine Kräfte zur Verfügung stellen, ob ich will oder nicht. Und der sagt mir: Du bist ein Sohn Gottes. Und der sagt der Kirche: Du bist eine Tochter Gottes in demselben Sinn, wie du, der einzelne Mensch, Tochter oder Sohn bist.

❀

Aber was meint er damit? Was ist das, ein Sohn Gottes – und wir fügen hinzu: Was ist das, eine Tochter Gottes? Das ist einer der Punkte, an denen wir die Bibel nicht verstehen, solange wir nach Art von abendländischen Menschen denken. Ein Sohn, das ist für uns Abendländer ein Abkömmling. Er hat einen Vater und eine Mutter und ist ihr Kind. Das meint die Bibel zunächst auch. Aber sie geht weit darüber hinaus. Für sie ist ein Sohn noch etwas ganz Anderes.

Wo die Bibel von einem Sohn Gottes spricht, da kommt das Verhältnis zwischen einem Herrscher und seinem bevollmächtigten Vertreter ins Spiel. So wird in Israel, im Alten Testament, der König als Gottes Sohn bezeichnet. In den Psalmen haben wir zweimal ein Wort aus der Krönungsliturgie, aus dem Gottesdienst, mit dem ein König in sein Amt eingeführt wird. Da sagt der oberste Priester in Gottes Auftrag zum König:

»So spricht Gott über dich: Mein Sohn bist du,
heute habe ich dir die Herrschaft gegeben.«
Psalm 2,7

Das heißt: Heute setze ich dich in dein Amt ein.

In einem anderen Psalm sagt Gott über David bei seiner Krönung:

»Ich habe einen auserwählt aus meinem Volk
und in sein Amt eingesetzt.
Ich habe gefunden meinen Knecht David.
Ich habe ihn gesalbt mit heiligem Öl.
Er wird zu mir sagen: Du bist mein Vater.
Ich will ihn zu meinem erstgeborenen Sohn machen,
zum höchsten unter den Königen auf Erden.«
Psalm 89,20–28

Der Sohn, das ist ein mit einem Amt beauftragter Stellvertreter Gottes auf dieser Erde.

Aber das geht nun, eine Stufe tiefer, noch weiter. Dieser Sohn Gottes, der König, sucht sich einen tüchtigen Mann, den er zu seinem Regierungschef bestimmt. Der bekommt die praktische Macht im Land, der wacht über das Recht. Der sorgt dafür, dass der Wille des Königs bekannt und respektiert wird. Und der bekommt einen Thronsitz zur Rechten des Königs.

Der König lebt, für die Öffentlichkeit unsichtbar, in seinem Palast. Der Sohn sorgt draußen unter den Menschen dafür, dass das Leben nach dem Willen des Königs abläuft.

Wenn wir heute in unserem Glaubensbekenntnis sagen, Christus sitze zur Rechten Gottes, dann gebrauchen wir diese Formel aus der orientalischen Krönungsliturgie und meinen: Jesus Christus ist der Bevollmächtigte Gottes uns Menschen gegenüber. Wir können natürlich fragen: Wo, bitte, ist die rechte Seite Gottes? Aber damit kommt eben nur heraus, dass uns diese altorientalische Hofsprache fremd und unbekannt ist.

Aber das gilt nun auch dort überall, wo die Bibel von Jesus als dem Sohn Gottes spricht. Am Beginn des Römerbriefs erklärt Paulus über Jesus Christus genau dies; er sagt dort:

»Jesus Christus war ein Mensch irdischer Herkunft,
ein Nachkomme Davids.
Aber Gott erhob ihn zum Sohn.
Sein Geist, der heilig macht,
stattete ihn aus mit Macht und Würde
nach seiner Auferstehung aus dem Tode.«
Römer 1,3–4

Das heißt: Jesus ist der, der uns mit dem Willen, mit der Liebe und Freundlichkeit Gottes bekannt macht. Sein Beauftragter. Sein Bevollmächtigter, wie ein irdischer König einen tüchtigen Mann »zu seinem Sohn erhebt«.

Aber nun zeichnet Paulus noch einmal eine »Einsetzung zum Sohn« nach. Er sagt: Ich selbst habe einen Auftrag empfangen. Dieser Sohn Gottes, Jesus Christus, setzte nun wieder mich als seinen Beauftragten ein. Er nahm mich in seinen Dienst und gab mir ein Amt, das ich nun allen Völkern gegenüber ausübe.

Und noch einmal eine Stufe tiefer: »*Auch euch in Rom, die ihr diesen Brief lest, hat Jesus Christus ausgesucht und beauftragt.*« (Römer 1,6) Und noch einmal: Wenn ihr Menschen des 21. Jahrhunderts euch von Gottes Geist treiben lasst, dann seid ihr alle Töchter und Söhne Gottes, das heißt seine Bevollmächtigten. Er sagt nicht: Ihr Bischöfe, ihr Priester, ihr Pfarrer seid es, sondern: Jeder von euch, der sich von Gottes Geist führen lässt, nimmt das Amt eines Sohnes, einer Tochter Gottes wahr.

❀

Nun greift Paulus ein Beispiel heraus, an dem dieser Auftrag konkret wird. Er sagt: Seht euch um! Hört euch um! Ihr werdet überall um euch her die Klagen vieler Stimmen hören. Die ganze Schöpfung, Menschen, Tiere und Pflanzen, leidet unter dem sinnlosen Kreislauf von Entstehen und Vergehen, dem sie ausgeliefert ist. Sie alle möchten mit euch Menschen zusammen eine Hoffnung fassen dürfen. Auf eine neue, andere Welt. Sie möchten die Freiheit gewinnen, die den Kindern Gottes bestimmt ist. Und sie schauen auf euch und fragen: Wann werdet ihr Menschen eure Vollmacht ergreifen, für uns alle Verantwortung zu tragen? Sie alle sehnen sich danach, dass sich in euch, den Menschen, die Söhne und Töchter Gottes offenbaren.

Das ist für einen Menschen, der vor zweitausend Jahren gelebt hat, ein ganz erstaunlicher Gedanke, mit dem er nicht nur in seiner Zeit des Römischen Reichs steht, sondern mitten in unserem 21. Jahrhundert. Es ist der Gedanke, die ganze Geschichte der Evolution sei immer auch eine Geschichte des Leidens. Und zwar auch so, dass diese Geschichte damit zusammenhängt, dass wir Menschen unsere Rolle als Schützer und Hüter der Natur nicht wahrnehmen. Das hörte Paulus: dass die Schöpfung über uns Menschen klagt. Dass sie darauf wartet, dass sich in uns Menschen endlich etwas wie Ehrfurcht zeigt vor dem Lebensrecht der Geschöpfe dieser Erde und dass wir dieses Lebensrecht schützen. Wenn wir hier unser Amt wahrnehmen, so werden wir versuchen, nicht zu den Ausbeutern gehören zu wollen, die an sich reißen, was sie finden, und nicht zu den Ausrottern, die nichts neben sich dulden. Wir werden wissen, dass der Geist Gottes auch außerhalb der Menschen sein Werk tut.

Wenn wir heute dieses unser Amt wahrnehmen, werden wir das Zarte, das Verletzliche um uns her, das Gefährdete schützen mit derselben Zartheit, die wir um uns her wahrnehmen. Und wenn uns scheinen will, es geschehe auf diesem Feld nicht genug, so werden wir wissen, dass wir dieses Amt haben, werden den Mut fassen, es wahrzunehmen, und werden wissen, dass wir die Vertreter dessen sind, den wir bekennen als den Schöpfer Himmels und der Erden.

Wenn wir aber bemerken, dass unter der Rücksichtslosigkeit, mit der die Menschheit mit der Schöpfung umgeht, auch die Menschen selbst leiden, so werden wir auch die Menschen selbst vor den Menschen schützen. Denn wenn die Welt verödet, so veröden wir Menschen selbst mit, und kein scheinbarer Wohlstand gleicht das Elend aus. Der Mensch ist in das Wurzelwerk der Schöpfung eingebunden. Er lebt und stirbt mit ihr. Wenn wir manchmal befürchten, der Mensch sei klug genug, die Erde zu zerstören, aber zu dumm, um zu wissen, wie er dabei selbst überlebt, so sagt uns Paulus: Unsere Würde liegt darin begründet, dass uns nicht nur unser kluger Verstand mitgegeben ist, sondern auch der Geist Gottes, der Geist von Söhnen und Töchtern Gottes.

Geist Gottes – das ist also ein bewegendes Geschehen zwischen Gott und uns Menschen. Da fließt etwas. Da strömt etwas. Da entsteht Zuversicht, Willenskraft und Gelassenheit. Wen der Geist treibt, dem geht ein Licht auf. Der empfängt einen Auftrag. Und Stehvermögen. Und er weiß von da an, dass es für ihn keine Autorität geben kann, die ihm seinen Weg weist, als allein den Geist, der aus Gott ist.

❀

Die erste Gemeinde sprach von den »Gaben des Geistes« und meinte damit: Wo der Geist am Werk ist, da wird ein Mensch fähig, ungewohnte Gedanken zu fassen. Da wird er fähig, etwas zu tun, zu dem er sonst nicht die Kraft hätte. Da gewinnt er eine Zuversicht, die er sonst nirgends herbekäme. Da wird er sich selbst ändern, und da wird er seine Umwelt ändern. Was er dann tut, das ist Ausdruck nicht seiner Wünsche, sondern seiner Hoffnung. Das ist Ausdruck der Liebe, die er empfangen hat. Was er tut, drückt nicht sein Interesse aus, sondern seine Verantwortung. Er vermag seinen Glauben in Worte zu fassen und ihn anderen Menschen gegenüber auszusprechen. Ein Mensch, in dem der Geist Gottes sein Werk angefangen hat, gewinnt die Kraft, zu bewegen, zu steuern, zu ordnen, weiterzuführen, zu heilen und zu versöhnen. Im Grunde ist christliches Handeln nichts weiter als ein Leben aus dem Vertrauen, dass aus einem kleinen Impuls eine lang hindauernde Wirkung entstehen kann. Wer etwas tut, das Gottes Geist ihm eingibt, pflanzt gleichsam etwas in die Welt, in dem Vertrauen, dass die Kraft aus Gott darin weiterwirken wird. Er findet seine Bestimmung. Er findet die Bestimmung der Kirche.

56
Eine auf Ökumene setzende Gruppe von Kirchen einigt sich seit etwa hundert Jahren

Wenn wir nach dem Geist der ersten Christenheit fragen, werden wir der seltsamen Tatsache begegnen, dass es ganz offenbar nie darauf ankam, dass alle das gleiche oder gar dasselbe glaubten. Weder glaubte Lukas dasselbe wie Johannes, noch glaubte Markus dasselbe wie Paulus, noch glaubte der Schreiber des ersten Petrusbriefs dasselbe wie der des Briefs an die Epheser. Sie glaubten Verschiedenes, sie hielten Verschiedenes fest. Sie machten die Erfahrung, dass ihr Nachbar etwas anderes glaubte und doch einer originalen Wahrheit des christlichen Glaubens Ausdruck gab so, dass er als Christ anzuerkennen war. Sie waren keineswegs immer »ein Herz und eine Seele«, wie es Lukas in Kapitel 4,32 seiner Apostelgeschichte beschreibt. Es gingen vielmehr sehr verschiedene Gedanken durch ihren Kopf und ihr Herz – und sie waren dennoch alle Christen. Und als das Neue Testament gebildet wurde, können wir nur staunen über die Weisheit, in der das geschah. Wie da die Abgründe von Trennungen und Scheidungen überwunden wurden, wie da die verschiedensten Stimmungen laut wurden, die unterschiedlichsten Meinungen erhalten blieben, sodass wir immer wieder feststellen können, diese und jene Stimme sei trotz aller Unterschiede in dieses Neue Testament aufgenommen worden. Niemand sei an einer einheitlichen Überzeugung gelegen gewesen.

Diese Weisheit allerdings war zu viel gefordert. Diese allgemeine Geltung ging offenbar über Menschenkraft. Und so kam es denn zu der langen Geschichte der immer neuen Scheidungen und Trennungen, deren Besonderheit vor allem in der immer neuen Meinung bestand, man habe selbst die Wahrheit, der andere aber sei im Irrtum. Jene endlose Geschichte der Rechthabereien, die sich von derjenigen der Kanonbildung nur darin unterschied, dass sie dem Anderen die Wahrheit absprach. In sechzehnhundert Jahren erging sie sich in immer neuen Formen der Verfluchung gegen immer neue Feinde des christlichen Glaubens, bis endlich eine Aufklärung allzu einfache Formeln des Ausgleichs erzwang und ein 19. Jahrhundert eine Gegenbewegung auslöste, die die Einigung suchte, mindestens aber die Einung. Eine verwandte Gruppe von Kirchen setzte auf Gemeinsamkeit. Es sei erlaubt, diese Entwicklung sehr vereinfacht nachzuzeichnen.

Die ökumenische Bewegung hatte mancherlei Vorläufer und vorausweisende Gruppen und Bewegungen. Aber ihr eigentlicher Anfang geschah im Lauf des Zweiten Weltkriegs. Nach den ursprünglichen Plänen der an der Gründung eines »ökumenischen Rates« interessierten Kirchen sollte er 1941 gegründet werden. 1938 wurde die deutsche evangelische Kirche aufgefordert, sie möge sich an seiner Gründung beteiligen, aber diese Aufforderung blieb unbeantwortet, aus naheliegenden Gründen. »Internationales Interesse« war im Reich Hitlers nicht weit entfernt vom Verrat am Vaterland.

Dann kam das katastrophale Ende des Krieges. Die Siegermächte ordneten die Landkarte des Kontinents neu. Aber was war nun die Aufgabe der Kirchen? Im Oktober 1945 kamen deren Vertreter, die den ökumenischen Rat konstituieren wollten, in Stuttgart zusammen. Sie kamen zusammen mit der Aufforderung an die Deutschen: »Wir sind gekommen, um euch, die deutschen Kirchen zu bitten, uns zu helfen, dass wir euch helfen können.« Die deutsche Antwort auf diese Bitte war das Stuttgarter Schuldbekenntnis.

1948 fand die Gründungsversammlung des Ökumenischen Rats der Kirchen (ÖRK) in Amsterdam statt. Dort wurde als Losung ausgegeben, was bis dahin als schwärmerischer Traum erschienen war: »Krieg soll nach Gottes Willen nicht sein.« Mehr als dreißig Jahre brauchten die Deutschen, bis sie in ihrer Friedensdenkschrift 1981 dieses Motto aufgriffen und davon die Rede war, es gelte, den »Frieden zu wahren, zu fördern und zu erneuern«. Als motivierende Kraft erwachte in Deutschland die Friedensbewegung mit ihrer breiten Wirkung.

Aber nicht nur hier gab es für uns Deutsche vieles neu zu begreifen. Die Vollversammlung von Amsterdam verabschiedete eine Erklärung über die religiöse Freiheit und die Beachtung der Menschenrechte, und diese Erklärung hat mitgewirkt, als ein halbes Jahr nach Amsterdam die Vereinten Nationen ihre Erklärung der Menschenrechte beschlossen. Fast dreißig Jahre später hatten die deutschen Kirchen mit ihrer Denkschrift »Die Menschenrechte im ökumenischen Gespräch« ihre tief sitzenden Bedenken gegen den angeblich liberalen Grundcharakter dieser Menschenrechte hinter sich gelassen.

1961 fand die dritte Vollversammlung des ÖRK in Neu-Delhi statt, und die abendländischen Kirchen entdeckten dabei die hier schon seit den ersten Jahrhunderten der christlichen Geschichte lebenden Kirchen, die jeder von Europa ausgehenden Mission voraus waren. Man entdeckte, dass Europa keineswegs die Welt war, dass dieses Europa vielmehr am Ende seiner Weltherrschaft stand. Auf dem Weg zu Gott über Christus, so wurde damals festgestellt, begegnen uns Christenbrüder aus anderen Weltgegenden. Es begann das Nachdenken über Sinn und Grenzen der missionarischen Tätigkeit der deutschen Kirchen, das freilich bis zum heutigen Tag nicht zu seinem Ende kam.

1966 beriet eine Weltkonferenz des ÖRK in Genf über die sozialethischen Entwicklungen in der Welt von heute. Dabei nahm man das Stichwort »Theologie der Revolution« auf, und der Schrecken und die Abwehr gegen solche Thematik waren der Grund, warum sich die deutschen Kirchen nicht daran beteiligten. Der Umsturz von Ordnung und Recht und das öffentliche Auftreten der Gewalt derer, die der bisherigen sozialen Ordnung widerstanden, kamen für die deutschen Kirchen nicht in Betracht. Es wurde aber festgestellt:

»Als Christen müssen wir uns für die Umwandlung der Gesellschaft einsetzen.« – »Wir leugnen keineswegs den Wert von Tradition und sozialer Ordnung, aber wir müssen die tiefere Verankerung des radikalen Willens zur Veränderung in der christlichen Tradition erkennen und ihr einen berechtigten Platz im Leben der Kirche einräumen.« So entstand in Südamerika eine »Theologie der Befreiung«. Es entstand der Wille, die Befreiungsbewegungen zu stützen, und das auch durch öffentlich auftretende protestierende Gruppen, auch in den Kirchen.

❀

1969 beschloss der Zentralausschuss des ÖRK auf seiner Sitzung in Canterbury ein Programm zur Bekämpfung des Rassismus:

»Wir rufen die Kirchen auf, über Wohltätigkeit, Zuwendungen und die üblichen Programme hinaus zu sachgerechtem und opferbereitem Handeln zu finden, um damit menschenwürdige und gerechte Beziehungen der Menschen untereinander zu schaffen und einen radikalen Neuaufbau der Gesellschaft voranzutreiben. Ohne dass wirtschaftliche Mittel bereitgestellt werden, um damit die Neuverteilung der Macht auf ein festes Fundament zu stellen und kulturelle Eigenständigkeit sinnvoll zu machen, wird es in unserer Welt keine Gerechtigkeit geben.«

Und: Der ÖRK »ist der Auffassung, dass die Kirchen stets für die Befreiung der Unterdrückten und der Opfer von Gewaltmaßnahmen, die grundlegende Menschenrechte verletzen, einzutreten haben. Er weist darauf hin, dass Gewalt vielfach der Aufrechterhaltung des Status quo inhärent ist. Dennoch kann und will der ÖRK sich nicht völlig mit einer politischen Bewegung identifizieren, noch richtet er die Opfer des Rassismus, die sich zur Gewaltanwendung als letztem Ausweg gezwungen sehen, um erlittenes Unrecht wieder gutzumachen und den Weg in eine neue, gerechtere Gesellschaftsordnung zu öffnen.« Auch an dieser Stelle gingen die Kirchen der politischen Beschlussfassung voraus.

Und das alles bedeutet nicht, dass die spirituelle Sendung der Kirche dabei vernachlässigt worden wäre. Im Gegenteil: Die spirituelle Aufgabe der Christen in der Welt wurde hier auf ihre soziale und politische Dimension hin konkreter dargestellt als bis dahin – jedenfalls in Deutschland – üblich.

Inzwischen aber war etwas anderes geschehen, das die Szene des ökumenischen Gesprächs tief veränderte. 1962 wurde durch Papst Johannes XXIII. das Zweite Vatikanische Konzil einberufen und mit ihm geschah eine sehr neue Öffnung der katholischen Kirche gegenüber der ökumenischen Bewegung.

Das Konzil war eine grandiose Unternehmung, für die der katholischen Kirche der große Dank der evangelischen Kirche gebührt. Zwar gehört die katholische Kirche bislang dem Ökumenischen Rat in Genf nicht als Mitglied an, aber sie pflegt die Verbindung mit einer ganzen Anzahl von Kirchen. In den zahlreichen Konferenzen und Begegnungen haben sich dabei drei Begriffe herausgebildet, die in Abstufungen kennzeichnen, was zwischen den Kirchen an Glaubensinhalten einander näher oder ferner gerückt ist. So gibt es »Konvergenzerklärungen«, etwa über »Taufe, Eucharistie und Amt«, die besagen: Hier öffnen wir uns füreinander. Wir stimmen nicht überein, aber wir nähern uns. Es gibt zum anderen Erklärungen für das, worin wir »übereinstimmen«, das heißt im Großen und Ganzen einer Meinung sind; und es gibt zum Dritten den »Konsens«, das heißt die vollständige Übereinstimmung. Und mit diesen drei Begriffen hat man praktisch die alte »Kontroverstheologie« – das heißt jene Theologie, die auf die trennenden Gegensätze ausgerichtet war – umgewandelt in einen Weg, auf dem die gemeinsame Wahrheit gesucht wird.

Auch in der katholischen Kirche gab es vor dem Konzil schon eine Entwicklung hin zu ökumenischer Offenheit, die ich mit großer Dankbarkeit nennen will. Es waren vor allem einzelne führende Theologen, die neue Wege suchten. So arbeitete bis 1926 Fernand Portal auf einen Dialog mit der Anglikanischen Kirche hin. Abbé Paul Couturier wandelte 1935 die »Gebetswoche für die Einheit« so, dass sie nicht mehr auf die »Rückkehr der getrennten Brüder« nach Rom hinzielte, sondern auf eine wirkliche Gemeinschaft. Lambert Beauduin gründete das Unionskloster von Chevetogne, das einer ökumenischen Spiritualität diente. Yves Congar öffnete 1937 mit seinem Werk »Die getrennten Christen« die katholische Theologie auf die ökumenische Thematik hin. Die entscheidende Wende aber geschah 1959 beim Abschluss der »Weltgebetsoktav für die Einheit der Christen«, als Papst Johannes XXIII. von einer Kirche sprach, die sich nicht mehr aus dem Kirchenrecht verstehe und nicht mehr als hierarchische Struktur, sondern als Volk Gottes auf dem Weg und als Gemeinschaft, die mit der Freude, der Hoffnung, der Trauer und Angst der Menschen solidarisch sei. Das Ökumenismusdekret von 1964 erklärt danach den endgültigen Anschluss der katholischen Kirche an die ökumenische Bewegung.

❀

Inzwischen ist alles müde geworden. Entschlusslos. An die Stelle der vorwärtsdrängenden Kraft ist die Resignation getreten. Was wollen wir eigentlich? Und was will der Geist Gottes von uns?

57
Die großen Zielsetzungen des Ökumenischen Rats gehen an den Menschen vorbei

Es ist aber nicht nur die Müdigkeit, die an die Stelle aktiver Zukunftsgewissheit getreten ist. Es ist nicht nur die ebenso deutliche Zersplitterung der Kräfte, in die die praktische ökumenische Arbeit geraten ist. Es sind nicht nur die stärker werdenden restaurativen Tendenzen auf allen Seiten, die sich im ökumenischen Miteinander durchsetzen. Es ist auch und vor allem ein Wandel im Bewusstsein der Menschen in unserer Zeit, der die ökumenische Bewegung in ihren Stillstand geführt hat.

Für die ersten vierzig Jahre seit der Gründung des ÖRK war charakteristisch, dass man versuchte, Grenzen zu überwinden oder zu überspringen. Dass man als Ziel das größere, das freiere, das beweglichere Kirchentum vor Augen hatte. Man stellte sich gerne den großen, freien Raum vor, in dem die christliche Kirche als Ganze ihr Eigenes und ihr Gemeinsames zum Leben bringen könnte, und sah die Erlösung von Grenzen, von Gegensätzen und dogmatischen Besonderheiten als das wunderbare Ziel der gemeinsamen Bemühungen an. Man kam aus der überschaubaren Welt begrenzter Kirchen und suchte die Kirche ohne Grenzen, global vernetzt oder vereinigt, als Modell der künftigen offenen Weltgesellschaft.

Gegen Ende des 20. Jahrhunderts wandelte sich das Bild. Immer deutlicher wurde den Menschen, dass alle Lebensbedingungen ins Weltweite und ins Unübersichtliche ausgriffen, dass dieser große Raum aber immer deutlicher von Mächten bestimmt ist, die auf keine Weise erkennbar oder kontrollierbar sind. Dabei aber kam nicht so sehr die herrliche Zukunft der einen Welt und Erde zum Vorschein, es begann sich vielmehr eine Angst auszubreiten vor dem zu großen Raum. Je größer und freier der Ausblick auf die runde Erde wurde, desto deutlicher zeigte sich, dass diese Erde endlich ist. Der unbegrenzte Fortschritt, das unbegrenzte Wachstum der Wirtschaft, erwies sich als Fata Morgana. Die Technik, zusammengesehen mit der fortschreitenden Zerstörung der Welt des Lebendigen, zeigte mehr und mehr ihre krankmachende Energie, ihr gefährliches Gesicht. Der freie Welthandel brach in der Finanz- und Wirtschaftskrise der Jahre 2008 und 2009 zusammen. Die bewohnbare Welt und der zum Anstieg verpflichtete Wohlstand ohne die regelnde Kraft internationaler Bemühungen erwiesen sich als sehr zerbrechlich. Die Ahnung begann aufzusteigen, es gebe kein Mittel, das katastrophale Ende der menschlichen Zivilisation auf dieser Erde zu verhindern.

Heute schwindet die optimistische Annahme, es gebe keine Grenzen für die menschliche Freiheit, und die Meinung, die Erfindungskraft des menschlichen Geistes würde in jeder Lage die rettenden Einfälle haben, schlägt um in die Wunschvorstellung, das Leben müsse in einem sicheren und begrenzten Rahmen geschützt verlaufen. Man beginnt zu ahnen, die Wirtschaft brauche deutliche Grenzen, die Finanzwelt brauche klare Regeln, es gelte auf allen Feldern unserer heutigen Lebensweise Grenzen anzuerkennen, Grenzen zu achten, Grenzen zu ziehen und zurückzukehren zu einer kontrollierbaren Verantwortung der Regierenden in überschaubaren Räumen. Die Kulturen, die jahrtausendelang in ihrem je eigenen, geschützten Raum geblüht hatten, erscheinen plötzlich als feindselige Mächte in einem beginnenden »Kampf der Kulturen«. Die Religionen werden wieder – als habe es keine Aufklärung gegeben – zu Ursachen von Kriegen, von Terror und Gewalttaten wie in längst vergangen geglaubten Epochen der Geschichte. Die zunehmende Politikverdrossenheit unserer Tage hat neben vielem anderen auch diesen Hintergrund: die tägliche Erfahrung, dass die Regierenden zwanghaft positiv von der Zukunft reden, die sie gestalten wollen, und dass sie in Wahrheit einer nicht steuerbaren Entwicklung hilflos ihren Lauf lassen müssen.

Die größere, freiere Welt, von der noch das 20. Jahrhundert geträumt hat, erweist sich heute als eine Quelle der Angst. Die Welt ist zu kompliziert für die Einsichtsfähigkeit der Menschen, zu unübersichtlich, im Grunde so unregierbar wie die Slums heutiger Riesenstädte. Das weit ausgreifende Weltbewusstsein, das die klugen, zukunftsgewissen Männer und Frauen der ökumenischen Bewegung erfüllt hatte, weicht heute bei vielen Beteiligten einem vorsichtig zurückgenommenen, das Alte bewahrenden Bedürfnis. Man fürchtet, die ökumenische Bewegung sei vor allem von Illusionen bewegt.

Angst macht unbeweglich, macht risikoscheu. Angst zeigt die Vergangenheit in verklärender Schönheit und Sicherheit. Angst macht reaktionär. Angst dichtet ab gegen die Zukunft und ihre Zumutungen. Angst verwehrt jeden Eingriff in soziale Gegebenheiten. Angst sucht nach Waffen. Angst spricht bei jeder neuen Aufgabe von Überforderung. Und sie nimmt viel von psychischer, von emotionaler Belastbarkeit. Und endlich führt das Gefühl, die nötigen Kräfte nicht zu besitzen, die zu retten vermöchten, in großer Breite zur Verharmlosung der Gefahr und zu ihrer Verdrängung. Zu einer Art von psychischer Betäubung.

❀

Im 20. Jahrhundert hat die ökumenische Bewegung sich gelegentlich als »Faktor einer kommenden Weltgemeinschaft« verstanden, als »Mittel und Werkzeug einer künftigen Einheit der Menschheit«. Sie konnte von hier aus als kultureller Wegbereiter der Globalisierung gelten. Danach aber hieß

Globalisierung, dass alle Bindungen an religiöse Ordnungen und alle ethischen Werte, auch die politische und wirtschaftliche Verantwortung, abgelegt wurden.

Der frühere Generalsekretär des Weltkirchenrats, Konrad Raiser, sieht in der Zukunft eine Menschheit, die in einem endlichen und höchst gefährdeten Raum Erde zusammenleben wird. Im Grunde verbindet er mit der neuen Situation die Vermutung, dies sei das Ende einer auf die Einheit aller Kirchen zulaufenden ökumenischen Bewegung. Was wir einander neu zugestehen müssten, sei das Recht jeder Kirche auf den eigenen Raum, ihr Recht auf die Eigenheit religiöser Lebensformen, das Recht, in der Spur der je eigenen Geschichte und Tradition weiterzugehen, und das Recht auf die je eigene Auslegung der Heiligen Schrift. Das Recht auch, unter den Dogmen der Gesamtkirche denjenigen besondere Wichtigkeit zuzugestehen, die die jeweilige Kirche anzuerkennen bereit ist.

Wir haben also anzuerkennen, dass die anderen Kirchen eigene Organe am Leib Christi sind, also legitime Kirchen, auch wenn uns ihre Theologie, ihre Rituale und ethischen Maßstäbe fremd sind, dass sie sich selbst leiten und verwalten und dass sie ihren Auftrag an der Welt und Menschheit auf ihre Weise wahrnehmen. Dass sie ihre eigenen Erfahrungen gemacht haben und diese Erfahrungen nun auf ihre eigene Weise deuten. Wir erlauben also einander, in unserem überschaubaren Rahmen ein Stück Zuhause, ein Stück Heimat anzubieten. Wir versuchen, diese Geborgenheit spürbar zu machen, die in der Weise spürbar wird, wie wir jeweils auf unsere besondere Weise in Christus sind.

So auch wird auf der Vollversammlung in Vancouver 1983 die Verpflichtung der Kirchen, für »Gerechtigkeit, Frieden und Bewahrung der Schöpfung« einzutreten, als »konziliarer Prozess« bezeichnet. Er verlangt nicht die große, einheitliche Kirche, sondern die vielen Aktivitäten an der Basis im jeweils überschaubaren Rahmen.

Das ganz andere gilt auch. Die ökumenische Bewegung krankt an einer Überfülle von Institutionen. Aber eine in Institutionen und Organisationen bestehende ökumenische Bewegung ist kein Modell mehr für das 21. Jahrhundert. Die ökumenische Bewegung wird künftig in dem Maß lebendig sein, wie die einzelne Kirche ihre spirituelle Kraft in das gemeinsame Leben einbringt. Die ökumenische Hoffnung wendet sich nicht mehr dem Zusammenschluss von Kirchen zu einer größeren Kirche zu, sondern dem Wirken des Geistes Gottes unter den Menschen, der Gemeinschaft des Vertrauens und der Selbstbescheidung, die jede Kirche in das gemeinsame Leben der Kirchen einbringt. Dieses spirituelle Verhalten könnte ein Modell nicht nur für die künftige Kirche sein, es könnte auch die Gemeinschaft abbilden, die zwischen den Religionen der Erde insgesamt anzustreben ist. Das aber ist kein Traum, es ist das, was heute täglich gewollt und geschaffen werden muss.

Wir sind damit wieder an dem Punkt, an dem vor zweitausend Jahren die Briefe des Paulus, die Evangelien und alle die übrigen Briefe entstanden: inspiriert vom Geist Christi, zusammengehörig in Freiheit und keiner Autorität und keinem Zwang gehorsam. Hören wir auf die Weisungen, die der Geist Gottes uns gibt, so will er ganz offenbar nicht die Beschäftigung unserer Kirche mit sich selbst, sondern gibt uns Themen, mit denen wir uns von uns selbst wegwenden und dem dienen, was der Menschheit und dem gemeinsamen Leben der Völker sowie der Natur hilft.

58
Das 20. Jahrhundert hat den Kirchen drei neue Aufträge mitgegeben

Paulus hat in dem großen Rahmen seiner Lehre vom Heiligen Geist und von den Söhnen und Töchtern Gottes der Kirche die riesenhafte Aufgabe gestellt, der Schöpfung gegenüber die Rolle des Sohnes, das heißt des Beauftragten Gottes zu spielen. Deshalb muss die Frage gestellt werden, was die Aufgaben seien, die diese Kirche im 20. und 21. Jahrhundert wahrzunehmen habe. Und in der Tat ist dies einer der Aufträge, die im 20. Jahrhundert auf die Kirche völlig neu zukamen.

Es hat sich etwas getan in den vergangenen Jahren. Vor unseren erstaunten Augen hat sich in der evangelischen Kirche einiges grundlegend geändert. Selbstverständliche Sitten von langen Jahrhunderten wurden im Lauf weniger Jahrzehnte durch drei gänzlich andere Gedanken ersetzt. Ein vierter Bereich solcher Neuerungen steht uns heute ins Haus als erste neue Aufgabe des neuen Jahrhunderts.

❀

Da war seit dem Zweiten Weltkrieg zunächst das Thema aufgekommen, ob die Christen nicht berufen seien, den Frieden unter den Völkern auf gewaltlosen Wegen zu suchen. Für unsere staatstragende Kirche war das sehr neu. Seit dem 4. Jahrhundert war sie mit der Tatsache, dass christliche Staaten Krieg führten und Christen als Soldaten Dienst taten, einverstanden gewesen. »Schwärmer«, die sich dem verweigern wollten, hatten in ihrer Kirche so gut wie keinen Rückhalt. Noch der Ausbruch des Ersten Weltkriegs traf eine Kirche an, die mit der ganzen Glut ihrer Begeisterung für den Kaiser und das bedrohte »heilige Vaterland«, wie sich ein christlicher Dichter ausdrückte, ins Feld zog. Eine Handvoll erster Pazifisten galten als Verräter. Und noch der Zweite Weltkrieg fand unter zustimmender Mithilfe des Großteils der offiziellen Kirche statt.

So war es nur folgerichtig, dass, wer nach dem Zweiten Weltkrieg angesichts des bedrohlichen Ostblocks von Friedenspolitik, von Neutralität Deutschlands oder von Verzicht auf die rasch wieder anlaufende Rüstung redete, in seiner Kirche als rätselhaft weltfremder Außenseiter galt. Als Christ galt im großen Allgemeinen der wache Verteidiger der Werte des christlichen Abendlandes. Noch in den Achtzigerjahren, auf dem Höhepunkt der Friedensbewegung, standen die hunderttausende beteiligter Christen mit ihren Großdemonstrationen in aller Regel ohne Rückhalt aus der amtlichen Kirche auf den Straßen.

Heute, zwanzig Jahre später, kann der Christ nur staunen, wie selbstverständlich manchen Bischöfen oder Kirchenführern die Worte Gewaltlosigkeit oder Friedenspolitik vom Munde gehen. Wir alle haben gelernt. Unsere Kirche hat gelernt – und das in einer für eine Kirche der ewigen Wahrheiten erstaunlich kurzen Zeit –, genau an diesem Punkt des Denkens ohne Gewalt das Evangelium ihres Herrn wiederzuerkennen. Respekt. Und Dank.

❀

Als nach dem Zweiten Weltkrieg die Kolonien rund um die Erde unabhängig wurden, dauerte es noch Jahrzehnte, bis auch unsere Kirche dies für berechtigt halten konnte. Das Thema »globale Gerechtigkeit« wird erst seit kurzer Zeit zu einem konkreten Aufruf an die Christen der Welt.

Bis zum Ersten Weltkrieg galten auch für Christen ganz selbstverständlich die Bewohner von Urwäldern oder Savannen als den kultivierten, christlichen Völkern untertan. Erst seit den Fünfzigerjahren kam in der Weltpolitik, nicht zuletzt durch christliche Außenseiter mit mystischem Hintergrund wie den UN-Generalsekretär Dag Hammarskjöld, der Gedanke einer globalen Befreiung zu weltweiter Gerechtigkeit auf. Unsere Kirchen haben gelernt, und auch das in bemerkenswert kurzer Zeit. Heute wird unter führenden Christen von »globaler Gerechtigkeit« geredet, als hätten noch ihre Väter es nie anders gesagt.

❀

Das dritte Thema des 20. Jahrhunderts war ein Erwachen der Frage, was denn der christliche Auftrag gegenüber der Schöpfung, der Biosphäre, den lebendigen Wesen und den Ressourcen der Erde sein könne. Im Grunde war bis zum Ende des 20. Jahrhunderts die christliche Lehre von der Schöpfung beherrscht von zwei sich widersprechenden Gedanken: zum einen dem, dass die Schöpfung durch den Fall des Menschen in das Leiden der Kreatur hineingerissen worden sei; zum anderen von dem, der gefallene Mensch sei dazu berufen, die Herrschaft über die Schöpfung auszuüben. Einerseits also war verheißen, dass Gott einen neuen Himmel und eine neue Erde schaffen werde, sodass das Schicksal der Erde so wichtig nicht sein konnte; andererseits aber stand dem Menschen als dem Herrn der Erde zur Verfügung, was sie ihm jeweils anbot.

Wer noch in den Siebzigerjahren von der zerstörenden Wirkung der christlichen Herrenmoral gegenüber der Schöpfung redete, verfiel dem Spott. Er war ein harmloser, kaum ernst zu nehmender Barfußapostel. Ein Pfarrer, der 1965 im Fernsehen zwei Filme brachte über die Zerstörung der Schöpfung, erhielt von seiner Kirchenleitung den Verweis, dies sei kein theologisches Thema, das ihn angehe, er habe die Beschäftigung damit der Wirtschaft zu überlassen. Als 1972 der *Club of Rome* mit seiner Schrift »Die Grenzen des Wachstums« das Thema aufgriff und 1980 mit »Auf Gedeih und Verderb« nicht nur die Gefahr für die Erde, sondern auch das Thema der gesellschaftlichen Probleme zur Sprache brachte, erfolgte keine spürbare Reaktion der Theologie unserer Kirche. Aber inzwischen haben nicht nur die Gruppen an der Basis gelernt, es drang bis in die Kirchenleitungen und gar bis in die akademische Theologie vor. Die Kirchen haben inzwischen gelernt, was ihnen noch Ende des 20. Jahrhunderts neu und fremd war.

Wenn bisher ein christliches Volk einen Krieg gegen ein anderes christliches Volk führte, so war das ein normaler Vorgang, und zwar bis hin zum Zweiten Weltkrieg. Und für jede Seite war es Gott, der ihr den Sieg geben sollte. Wenn bis zum Zweiten Weltkrieg ein christliches Volk irgendein anderes Volk dieser Erde zur Kolonie erklärte, so war es das Recht dieses christlichen Volks. Gerechtigkeit für irgendein anderes Volk als Aufgabe für ein christliches Volk – das ist neu. Die moderne Technik ist ein Kind christlicher Völker, und wenn sie die Biosphäre der Erde zerstörte, so war nichts daran auszusetzen – bis ans Ende des 20. Jahrhunderts. Dass Christen Opfer zu bringen hätten für das Lebensrecht der Natur – das ist neu.

❀

Treibt uns wirklich der Geist Gottes, dann treten wir nicht nur für die Freiheit der Christen ein, sondern für die Freiheit der Menschen. Dann kämpfen wir nicht nur um die Versöhnung zwischen den Konfessionen, sondern um die Versöhnung zwischen den Völkern und den Machtblöcken. Treibt uns der Geist Christi, dann haben wir Freundlichkeit nicht nur für Freunde, dann beziehen wir vielmehr den Feind mit ein. Dann machen wir nicht nur den Menschen Mut, mit denen wir verbunden sind, sondern geben dieser ganzen, entmutigten, resignierten, tristen Menschheit die Hoffnung, die sie zum Leben braucht. Treibt uns der Geist, dann richten wir unsere Hoffnung nicht nur auf ein Reich, das später ist und das am Ende kommt, sondern wir rufen das Reich Gottes herein in das Gefüge der Reiche der Erde.

Diese drei nagelneuen Themen nehmen wir mit ins 21. Jahrhundert. Unbeantwortet. Ungelöst. Es stellt sich also die Frage: Was muss geschehen, damit sich unter anderem durch das Bemühen der Christenheit diese drei neuen Einsichten weltweit durchsetzen? Wer als Christ eine Forderung dieser Art erhebt, bemerkt schnell, dass die politische, die militärische oder die wirtschaftliche Öffentlichkeit ihm nicht zuhören. Er redet weitgehend ins Leere. Dennoch weiß er, dass er zu reden hat; dass auch die Kirchen mit den Stimmen ihrer leitenden Organe zu reden haben. Nur: Wird es zu einem allgemeinen neuen Bewusstsein unter den Menschen kommen? Wird ein Buddhist, ein Moslem, ein Anhänger einer Naturreligion aufnehmen, was ihm die christlichen Völker vorsprechen? Ein sehr neues und viel größeres Vertrauen wäre dazu nötig zwischen den Religionen, als es heute bestehen dürfte.

❀

In der Tat: Wenn sich eine Kirche an der Rettung des Lebens auf dieser Erde beteiligen kann, dann muss sie es tun. Wer aber auf einem der vielen dafür nötigen Felder auf andere einwirken will, muss auf diesem Feld glaubwürdig sein. Da erlebten neuerdings die Völker der Erde das ganz und gar Überraschende, dass die christlichen Kirchen von gewaltlosen Wegen zum Frieden reden, von globaler Gerechtigkeit oder vom behutsameren Umgang mit der Erde, aber es ist zu vermuten, dass sie von ihnen bislang nicht den Eindruck hatten, sie seien die glaubwürdigsten Vertreter solcher Forderungen.

Ist es nicht das erste Mal in zweitausend Jahren, dass offizielle christliche Kirchen von Gewaltlosigkeit sprechen? Traten sie in den letzten eintausendsechshundert Jahren nicht immer eher als die Haudegen auf denn als Friedensengel? Und wer hat denn die Kriege so entsetzlich gemacht? Wer hat das ganze Kriegsgerät, das in den heutigen Kriegen eingesetzt wird, erfunden? Waren das nicht vor allem die christlichen Völker?

Globale Gerechtigkeit? Es waren doch wohl nicht die Chinesen oder Inder, die seit fünfhundert Jahren mit ihren Kriegsflotten von Ufer zu Ufer gefahren sind, um die Reichtümer anderer Völker in ihrer Heimat anzuhäufen, bis am Ende die ärmsten der armen Völker sämtlich von ihnen abhängig waren? Ist das System der heutigen Weltwirtschaft nicht das vor allem von den Christen erfundene Mittel zu einer weltweiten Herrschaft der Reichen?

Sorgfalt mit der Erde? Wer hat denn die moderne technische Zivilisation erfunden? Wer die energiefressende Industrie? Wer ist es denn, der heute auf der Bühne dieser Welt mit dem arroganten Anspruch auftritt, alle anderen Völker hätten sich dieser zerstörerischen Lebensweise anzupassen? Die Kirchen tun gut daran, ihre neuen Bekenntnisse vernehmlich in die Welt hinauszusprechen. Aber sie sollten sich dabei nicht der Illusion hingeben, was sie sagen, sei außerhalb der christlichen Welt glaubwürdig.

❀

Die Aufgaben, die die Kirche jedenfalls heute antrifft, sind deutlich. Die erste: Sie hat das Zeitalter der Kriege zu beenden. Sie hat den Sinn und die Kraft der Gewaltlosigkeit und einer Ära des friedlichen gemeinsamen Lebens der Menschheit auf diesem Erdball aufzuzeigen. Anders gibt es für die Menschheit kein Überleben.

Die zweite: Sie hat das Zeitalter des sozialen Unrechts zu beenden und der Gerechtigkeit zwischen den Großen und den Kleinen, den Reichen und den Armen, den Mächtigen und den Machtlosen zum Durchbruch zu verhelfen. Anders gibt es keinen Frieden.

Die dritte: Sie hat das Zeitalter der Ausbeutung und des Verbrauchs der Kräfte der Erde zu beenden und zu einem behutsamen Umgang mit der Schöpfung zu mahnen. Anders gibt es keinen Fortbestand der Biosphäre, wie wir sie kennen.

Damit aber diese großen Aufträge erfüllt werden können, hat sie das Zeitalter der Konfessionskämpfe rasch und vollständig zu beenden. Es mag künftig ebenso viele Konfessionen geben, aber keine Kämpfe, keine Rechthabereien. Die Kirche wird anders keine Glaubwürdigkeit besitzen.

Soll die Kirche auf dem ihr gewiesenen Weg zu einem Geist ökumenischer Gemeinsamkeit weiterkommen, so wird es nicht genügen zu vergleichen, was aus den Konfessionen in der Geschichte ihrer Spaltungen geworden ist, und etwa festzustellen, an diesem oder jenem Punkt sei man der Gemeinsamkeit doch schon recht nahe gekommen. Vielmehr muss jede einzelne Kirche den Weg zurück suchen, den Weg zu den Quellen ihres Glaubens und ihres Seins, das aber heißt, zurück zu Christus, zu dem Anfänger der christlichen Wanderbewegung. Die Quelle der Einheit wird die Quelle sein, aus der das Phänomen der Kirche ans Licht getreten ist: das Ereignis der Ausgießung des Geistes Gottes.

Natürlich wünscht man sich in einer so unübersichtlichen Zeit gelegentlich einen oder besser mehrere Propheten. Die haben wir nicht. Auch nicht unter denen, die auf den Kirchentagen das Ihre sagen. Wohl aber ist der Kirche zugesagt, dass ihr als ganzer Gemeinschaft je und dann, wenn Gott will, der Geist verliehen wird. Diese Art gemeinsamer Prophetie beginnt mit einer Art Sensibilisierung des Wahrnehmungsvermögens. Sie beginnt mit einem Horchen, das ein Wort erwartet, das noch keiner hat. Sie beginnt mit einem Schauen, das eine Vision erwartet für eine

Zukunft, die noch keiner kennt. Sie geht davon aus, dass Gott ist. Sie horcht, wie man horcht, wenn Gott ein sprechender Gott ist. Sie sieht in die Welt, wie man in die Welt sieht, wenn Gott ein wirkender Gott und wenn er nahe ist.

Glaubwürdig aber wird solche prophetische oder nichtprophetische Rede dann sein, wenn sie nicht an der Erhaltung oder der Geltung einer Kirche interessiert ist, sondern an ihrer Inkarnation, ihrer Menschwerdung unter den Menschen. Wenn es dem, der spricht, nicht um *public relations* geht, sondern um die *res publica*, also um das, was öffentlich angeht. Wenn seinem Öffentlichkeitswillen seine Öffentlichkeitsfähigkeit die Waage hält. Noch genauer: Wenn es ihm nicht um Öffentlichkeit geht, sondern um Offenheit, das heißt um Wahrheit. Wenn er sich also nicht nach seiner Umwelt richtet, sondern sich der Welt aufmerksam zuwendet.

Wir wissen nicht, was die Zukunft bringen und was sie von uns fordern wird. Die Zukunft ist offen und für rechthaberische Prognosen ungeeignet. Denn die Wege, die in die Zukunft führen, liegen nie als Wege vor uns. Sie werden zu Wegen erst dadurch, dass man sie geht. Und ich bin gespannt, wohin sie uns führen werden.

59
Der Beginn des 21. Jahrhunderts brachte eine vierte Aufgabe: die Allianz mit den anderen Religionen

Die Tatsachen sind klar: Die fremden Religionen sind uns nahe wie nie zuvor. Sie wohnen als vietnamesische Asylanten im selben Dorf wie wir oder arbeiten als indische Fachkräfte in unseren Büros. Die geistige Landschaft der Religionen dieser Erde rückt uns nahe, offen und bedrohlich zugleich.

Weder die Abgrenzung gegen sie noch ein Überlegenheitsanspruch ihnen gegenüber haben mehr einen Sinn. Nötig ist die Begegnung, der Besuch bei ihnen, das Gespräch, das gemeinsame Leben. Stehen wir am Beginn des vielbeschworenen Kriegs zwischen den Kulturen? Oder können wir unterscheiden zwischen einer Religion und ihren Extremformen, zwischen ihr und ihren fundamentalistischen Gefahren, zwischen ihr und ihrem politischen Missbrauch – und das ebenso bei uns selbst wie bei ihnen?

Die aktuelle Frage auf dieser Erde heißt künftig: Wird es noch ein lebenswertes Leben unter den Menschen und zwischen den Religionen der Erde geben? Das Thema Religion war früher eine Frage der allgemeinen Bildung. Heute plötzlich geht es um Tod und Leben einer von Menschen bewohnten Welt. Denn die genannten drei Aufgaben aus dem 20. Jahrhundert betreffen alle Religionen in ihrem Gegeneinander oder in ihrem Zusammenwirken.

Dass man als christliches Land für den Frieden, das Recht und die Schöpfung eintritt, hat sich herumgesprochen. Aber was ist heute das Christliche an unserem christlichen Abendland? Wir sind nach wie vor überzeugt, wir besäßen die alleinige Wahrheit. Aber was besitzen wir denn? Wir besitzen ein Glaubensbekenntnis, das kaum ein Mensch mehr versteht und das durch noch so viel Hersagen nichts an aussagender Kraft gewinnt. Wir haben ein Dogma, von dem wir im Grunde wissen, dass es einer Reformation gründlicher Art bedarf. Wir haben eine Kirche, die auf dieses Dogma verpflichtet ist, in der aber jede noch so abseitige Frömmigkeit toleriert wird. Wir haben eine europäische Menschheit, die ihre christliche Grundlage längst verloren hat. Wir stehen vor der Tatsache, dass in wohl kaum einer Kultur auf der Erde von einem so hohen Prozentsatz der Menschen je so ahnungslos über Gott und Religion geredet worden ist wie in unserer westlichen Nachmoderne. Gott ist für viele ein Unbekannter geworden – nur dass man bei uns dem »unbekannten Gott« keine Altäre baut wie im antiken Griechenland, sondern ihn schlicht vergisst.

Wenn ich mir anschaue, was für religiöse Vorstellungen ein durchschnittlicher abendländischer Mensch von heute, auch wenn er einer Kirche angehört, mit sich herumträgt, so scheint mir seine Religion entschieden primitiver als die vermeintlich primitiven Stammesreligionen von Naturvölkern. Was also bieten wir an für das fällige Gespräch? Die Strenge der islamischen Botschaft und die religiöse Disziplin der Moslems hat vermutlich mit Wahrheit mehr zu tun als die christliche, vor allem protestantische Schlamperei in Sachen des Glaubens. Es ist nicht zu sehen, woher das Christentum unserer Länder die Glaubwürdigkeit nehmen soll, die unentbehrlich wäre, wollte es für den Frieden in der Welt, die Gerechtigkeit unter den Völkern und die Achtsamkeit auf die Schöpfung wirksam eintreten.

Man käme bei der Frage nach dem Hass von Arabern rasch bei der Kolonialgeschichte der Europäer an oder bei der Ausbeutung der Bodenschätze der arabischen Länder durch die Wirtschaft des Westens oder bei der Zerstörung arabischer Sozialordnungen durch die westliche Technik oder bei der völlig naiven westlichen Missachtung arabischer Traditionen.

Man käme vielleicht zu der Feststellung, es handle sich beim arabischen Terror um eine letzte Notwehr des durch den Ungeist des Westens bedrohten arabischen Selbstbewusstseins angesichts des drohenden Untergangs der arabischen Kultur. Wer heute fordert, die arabischen Völker hätten sich den politischen Werten des Westens zuzuneigen, während die Kriege um das Öl in ihren Ländern mit den Phrasen und Lügen westlicher Fundamentalisten aus Amerika und anderswo begründet werden, denkt einfach nur infantil. Ebenso wie der, der sich herausnimmt, ein islamisches Land als ein »Reich des Bösen« zu bezeichnen und zu behandeln.

Natürlich stehen elementare Probleme zur Diskussion. Aber sie müssen zur Diskussion stehen. Etwa die Frage nach dem Zusammenhang oder dem Widerspruch zwischen Macht und Religion. Natürlich die Frage nach der Freiheit, eine Religion zu haben oder nicht, sie zu wechseln oder abzulegen. Natürlich die Frage nach den Grundlagen einer für den Islam neuen religiösen Toleranz. Natürlich die Frage, was aus der Geschichte der Aufklärung des Westens einem Moslem zuzumuten sei. Natürlich die Frage nach der Scharia, dem islamischen Recht. Wobei immer die Frage im Hintergrund stehen sollte, ob die Aufklärung des Westens uns ein überzeugendes Gesamtbild unserer in hundert verschiedene Bereiche zersplitterten weltlich-religiösen Gesellschaft gebracht habe. Und ob ein Araber nicht Recht haben könnte, wenn er für sich die ordnende Macht einer Theokratie dem zerfledderten Bild einer westlichen Demokratie mit ihrer ethischen Beliebigkeit vorzieht.

Wir sollten aber hoch anerkennen, wenn jüngst 138 muslimische Führungspersönlichkeiten und Gelehrte an die christlichen Kirchen einen Brief gerichtet haben, in dem es hieß, die gemeinsame Zukunft der Menschheit, ja möglicherweise ihr Leben stehe auf dem Spiel, wenn Moslems und Christen, die mehr als die Hälfte der Menschheit ausmachten, nicht friedlich zusammenlebten.

Dieser Brief geht im Grunde über das Angebot eines Gesprächs hinaus und ist schon fast das Angebot einer Bundesgenossenschaft zwischen Christentum und Islam auf der Basis ihres gemeinsamen Glaubens an den einen Gott. Oder wenn der Zentralrat der Moslems in Deutschland in seiner Charta von 2002 ausdrücklich feststellt: »Die im Zentralrat vertretenen Moslems akzeptieren das Recht, die Religion zu wechseln oder gar keine Religion zu haben.« Für einen Moslem gleicht dies einem mutigen Sprung über den eigenen Schatten.

❀

Der »Eine Gott«, das ist die anfänglichste Gemeinsamkeit in der Theologie beider Religionen. Aber wer ist denn das, dieser eine Gott? Gott, der Herr, wird ja uns Menschen grundsätzlich nur begreiflich in den Bildern, die wir uns von ihm machen. Niemand hat Gott je gesehen. Jesus Christus aber hat uns von ihm das Bild des »Vaters« gezeigt. Etwas anderes kann für uns Christen nicht gelten. Der Vater ist der Eine Gott.

Und was ist mit unserer Lehre von der Trinität, die in der Form, wie wir sie heute noch auslegen, kein Moslem verstehen wird? Besteht Gott aus drei Teilen? Oder ist sie nicht, ehe sie im Dogma hellenisiert und ontologisiert worden ist, ursprünglich eine Darstellung der drei Wege, die Gott uns zur Begegnung mit ihm selbst eröffnet hat? Und warum wagt das dann unter uns kaum jemand klar zu sagen?

Und was ist mit den Bildern, die sich andere Religionen von Gott machen? Bei den Magandscha, einem Bantu-Volk in Malawi, betet die Priesterin zu ihrem Regengott: »Höre du, o Mpambu! Sende uns Regen!«, und der versammelte Stamm antwortet mit leisem Klatschen und in singendem Ton: »Höre! O Mpambu!« Da es diesen Regengott für uns nicht gibt, so sind wir überzeugt, dass die Priesterin mit ihrem Gebet ins Leere stößt und dass sie von ihrem Gott weder gehört wird noch Regen bekommt. Sie muss also dringend zunächst vom Vater Jesu Christi hören, ehe ihre Bitte erhört werden kann.

Ich spiele nicht mit Gedanken, sondern frage ernsthaft: Wer hört den Ruf der Priesterin und die Bitte dieser Menschen wirklich? Wer sieht die beschwörenden Tänze? Wird es nicht der eine Gott sein, der jedem Menschen auf dieser runden Erde nahe kommen kann und der jede Stimme hört, die irgendwo im Guten oder Bösen laut wird, und der sie immer gehört hat? Auch in den Jahrtausenden, ehe das Christentum auftrat? Oder wird er, der wirkliche Gott, sein Ohr verschließen, wenn er nicht mit seinem korrekten Namen angeredet wird? Nein, ich bin überzeugt, und zwar als Christ, der Ureinwohner in seinem Dorf, der Mpambu anruft, wird gehört, und zwar von dem, den wir Christen den Vater Jesu Christi nennen.

Wie richtig sind denn überhaupt die Namen, die wir Gott beilegen? Haben nicht die Moslems Recht, wenn sie meinen, Gott habe hundert Namen? Neunundneunzig könne der Mensch nennen, den hundersten aber, der seine eigentliche Wahrheit ausdrücke, wisse allein das Kamel, gebe ihn aber nicht preis? Nein, auch Jesus hat uns nicht alle Geheimnisse Gottes aufgetan. Er gab ihm den Namen Vater. Also einen Namen von erlösender Kraft. Aber dieser Vater lässt auch uns Christen keineswegs in alle seine Geheimnisse schauen.

Ich will klar sagen, worauf ich hinauswill: Das heute fällige Gespräch mit einer Gemeinschaft von Moslems kann nicht das Ziel haben, akademische Überlegungen über die unerhört differenzierten theologischen Probleme anzustellen. Das ist eine Aufgabe für Jahrzehnte einer friedlichen Koexistenz. Wie lang so etwas dauern kann und wie schwierig es ist, auf diesem Feld des Glaubens zu gemeinsamen Vorschlägen zu kommen, zeigt uns die christlich-ökumenische

Bewegung mit ihren mehr als hundert Jahren der Suche nach Annäherung.

Nein, was heute angesagt ist, das ist ein sehr neuer Wille zur Zusammenarbeit mit fremden Religionen auf den praktischen Feldern etwa der sozialen Aufgaben, des vor Ort stattfindenden gemeinsamen Lebens, der gemeinsamen Beurteilung dessen, was heute in der Welt geschieht, und der gegenseitigen kulturellen Information. Ziel kann heute nicht die Übereinstimmung der Glaubensweisen sein, sondern ein faires, gemeinsames Anfassen konkreter Probleme in der Pluralität unserer Gesellschaft. Wer die religiöse Übereinstimmung oder auch nur das politische Einverständnis als Bedingung für Gespräche an den Anfang stellt, verfehlt die Situation und ihre aktuellen Aufgaben und Möglichkeiten.

Es ist hoch zu schätzen, dass die evangelisch-theologische Fakultät der Universität Tübingen vor kurzem ein Kooperationsabkommen mit der islamisch-theologischen Fakultät Sarajevo abgeschlossen hat: Dialog in der Forschung, Austausch von Lehrern und Studenten, Brückenbau zwischen Denk- und Glaubenstraditionen – damit wird ein auf Jahrzehnte geplantes, unerhört wichtiges Unternehmen ins Werk gesetzt. Näher vor unserer Hand liegen freilich die vielen kleinen Versuche in unserem Land, zu sozialer Zusammenarbeit, zu politischem Austausch, zu gottesdienstlicher Gastlichkeit zu gelangen.

Dazu aber kommt ein Zweites: Wir Christen sind in den genannten drei Themen blutige Anfänger. Die Wissenden sind die anderen. Neben der Glaubwürdigkeitslücke klafft eine breite Lücke an Wissen und Erfahrung. Was wissen denn wir Christen noch über die Weisheit der Gewaltlosigkeit? Der Einzige, der sie uns angeraten hat, Jesus Christus, blieb in sechzehnhundert Jahren fast ungehört. Hängen uns nicht die eisernen Helme unserer Geschichte über die theologischen Augen herein? Kein Zweifel, der Buddhismus weiß seit Jahrtausenden mehr davon, als wir Christen je gewusst haben. Der Taoismus auch. Der Hinduismus. Es ist gut, wenn wir bei ihnen allen in die Schule gehen.

Wer weiß auf dieser Erde besser als wir, wie man sorgfältig mit dem Lebendigen umgeht? Wer weiß mehr von der Würde von Tieren? Mehr von der Achtsamkeit mit Ressourcen? Ich vermute, viele Völker aus den Wüsten Asiens oder den Savannen Afrikas und mancher indianische Stamm im Wilden Westen Amerikas wissen mehr darüber als alle christlichen Völker zusammen. Es ist gut, wenn wir uns mit ihnen allen gemeinsam erst auf die Höhe eines vorläufigen Wissens begeben.

Und wenn wir das nicht wollen und etwa nicht mit allen anderen Völkern und Religionen uns zusammensetzen und nachdenken über das, was in der Welt von morgen als Gerechtigkeit gelten solle, so werden wir vergeblich von globaler Gerechtigkeit reden.

Es muss also eine Art Allianz zustande kommen. Und da sie vor allem unter den Religionen zustande kommen muss, die eine solche dreifache Weisheit gesammelt und bewahrt haben, so wird es eine Allianz zwischen uns Christen und allen anderen Religionen dieser Erde sein. Wir treten also in unser Gespräch mit diesen fremden Religionen ein. Und wir fragen dabei nicht: Wer von uns hat die Wahrheit? Das Gespräch über Wahrheit kann die nächsten hundert Jahre währen. Und wir antworten nicht: Natürlich wir! So hat man immer geantwortet. Sondern: Wie kann es zwischen uns zu einem neuen Vertrauen und zu einem gemeinsamen Handeln kommen? Was sind denn die aktuellen Fragen, die uns gemeinsam beschäftigen, so wie die Dinge in unserem eigenen Land liegen?

Wenn wir aber die Gespräche, die unsere Zeit uns nahe legt, immer den Oberen in unseren Staaten und Kirchen überlassen, wird nicht viel dabei herauskommen. Nein, wir Christen an der Basis müssen solche Gespräche in eigener Initiative mit Menschen an der Basis anderer Religionen und

Völker führen. Wer sich vom Geist Gottes treiben lässt, sagt Paulus, der ist eine Tochter, ein Sohn Gottes und hat die Vollmacht, frei aufzutreten.

❀

Noch als ich studierte, vor fünfundsechzig Jahren, nach dem Zweiten Weltkrieg, war es unter Theologen verpönt, sich allgemein für fremde Religionen zu interessieren. Man war überzeugt, das Christentum und die anderen Religionen seien so verschieden zu werten, dass es keinen Sinn habe, das Christentum als Religion zu bezeichnen. Die fremden Religionen seien Produkte menschlichen Unglaubens, das Christentum aber sei Offenbarung Gottes. Damals wuchsen ein oder zwei Generationen von Theologen heran, die über fremde Religionen einfach nichts wussten, und es dauerte rund dreißig Jahre, bis man anfing, diesen vermeintlichen Produkten des Unglaubens etwas wie Respekt entgegenzubringen.

Inzwischen muss uns deutlich sein: Wir haben über die Weise, wie Menschen überhaupt zu ihren Religionen kommen, zu wenig nachgedacht. Waren es ihre klugen Köpfe, die sie sich ausdachten? Waren es die Bedürfnisse ihrer verängstigten Seelen? Waren es die Erfahrungen, die sie in den Lauf ihres Lebens einbrachten? War es die Dynamik der Geschichte, die sie dorthin führte? Waren es Visionen? Waren es Eingebungen? Und woher sollten diese kommen? Oder standen am Anfang der Religionen Menschen mit einer besonderen Offenheit für andere Dimensionen oder Wirklichkeiten? Oder auch: War es Gott selbst, der die Menschen in langen Zeiträumen allmählich dort hinführte, wo ihnen ihre Bilder von Gott und ihre Rituale in den Sinn kamen?

Wir werden bis ans Ende der Welt darüber streiten können, ob es nur eine »richtige« Religion gebe oder vielleicht mehrere; ob die Religionen alle von Gott gestiftet oder inspiriert seien oder alle außer der einen christlichen menschliche Erfindung; ob sie am Ende alle in dasselbe Meer münden oder ob die eine oder andere vorzeitig versande oder versickere; ob also nur durch eine oder durch mehrere oder durch alle Heil geschehe; ob Gottes Offenbarungen fertig vom Himmel fallen oder sich im Lauf von Jahrtausenden in langsamen geistigen Entwicklungen einstellen; ob Gott das Heil nur bestimmter Menschen, Zeiten oder Völker will oder das Heil aller; ob Gott seine Gnade an den Vollzug bestimmter Rituale oder Leistungen binde oder nicht, an eine bestimmte Religionszugehörigkeit; und schließlich, ob es eine Herabminderung der Offenbarung in Jesus Christus bedeute, wenn wir annehmen, es könnten vielleicht Menschen auch auf einem anderen Weg zu Gott gefunden haben als auf dem, den Jesus zeigt. Und dabei könnte all unser Nachdenken scheitern an unserem Bedürfnis, Recht zu haben.

❀

Wir könnten die Frage, wie Menschen überhaupt zu ihren Religionen kommen, aber auch beantworten, wie es der große Mystiker des frühen Islam, Mansur al-Halladsch, im 9. Jahrhundert formuliert hat:

> »Wenn du meinst, eine Religion sei falsch, dann täuschst du dich über die Weise, wie Menschen zu ihrer Religion kamen. Du sagst damit, sie hätten sie selbst erfunden oder sie hätten sie sich ausgesucht. Aber ihre Religion hat Gott selbst den Menschen gegeben. Darum ehre sie, wie du Gaben Gottes ehrst.«

Ich würde hinzufügen: Dabei lebe die Wahrheit deines eigenen Glaubens so, dass sie verstanden werden kann, und vor allem so, dass es anderen möglich wird, sie zu ehren. Vielleicht gar, sie zu lieben. Ich bin überzeugt, dass der Geist Gottes heute in diese Weite hinaustreibt und also alles Bewahrenwollen des Bisherigen diesem Geist widersteht.

Ist es nicht von allem Anfang her und ohne besonderen Anlass sinnvoll, sich als Christ mit Menschen aller Religionen anzufreunden? Muss nicht schon die bloße Tatsache, dass ein Mensch eine Religion ausübt, ihn dem Christen wichtig machen? Wie viel mehr dann, wenn der Christ einen Grund hat, mit Hoffnung und Dankbarkeit auf ihn zu blicken, weil er aus diesen drei Gründen zum Christen herüberschaut und bereit ist, mit ihm zusammen eine tödliche Gefahr abzuwenden? Ist es denn ein gutes Zeichen für einen Christen, wenn er zu Menschen eines anderen Glaubens keine lebendige Verbindung hat? Ist es nicht ein Zeichen für eine nicht ausgestreckte Hand?

Denn wie kommen wir dazu, zu meinen, die Religionen fremder Völker hätten nichts mit Gottes Geist zu tun? Auf diese Meinung sollten wir uns einmal eine bescheidene und nicht rechthaberische Antwort geben. Ich fürchte, dass wir, wenn wir in Gottes Reich einmal die Wahrheit schauen werden, nur die Köpfe schütteln werden über die Grenzen, bis zu denen für uns die Wahrheit reichen durfte. So kommt es also zum Beginn des 21. Jahrhunderts zu einer vierten Aufgabenstellung außerhalb unseres eigenen Bezirks, zu der die Christenheit vorher keinerlei geschichtlichen Hintergrund hat: zu dem Thema einer »Bundesgenossenschaft mit den anderen Religionen der Erde«. Nicht nur dem eines gemeinsamen Lebens. Nicht nur eines gerechten Umgangs mit Menschen fremder Religionen. Nicht nur eines offenen Gesprächs, sondern dem einer klaren Bundesgenossenschaft. Wir fragen also am Beginn dieses Jahrhunderts: Wie kann es zwischen den Religionen der Erde und den Christen zu einer Verständigung kommen, zu einem bisher nicht vorhandenen Vertrauen und zum Einsatz der gemeinsamen Kräfte an den Stellen, an denen sich für uns entscheidet, ob wir das gemeinsame Überleben sichern?

60
Bedingungslose Offenheit

Ich stelle also fest: Über die konfessionellen Probleme der Kirchen ist die geschichtliche Stunde längst hinweggegangen. Die Erde ist längst rund geworden. Längst hat die Suche begonnen nach Werten und Maßstäben, die für die ganze Menschheit gelten müssen, wenn die Menschheit denn überleben will. Millionen Menschen, die fremden Religionen angehören, leben mitten unter uns. Nicht nur Kirchen stehen in unserem Land, sondern auch Moscheen und große und kleine Heiligtümer zahlloser Religionen.

Wollen wir etwas für den Frieden tun, den Frieden in unserem Land und den Frieden rund um die Welt, so werden wir nichts erreichen, wenn wir es nicht zusammen mit allen zum Frieden willigen Menschen tun. Wollen wir etwas gegen Hunger und Elend unternehmen, so werden unsere Hilfsorganisationen immer hilfloser werden, wenn es nicht zu einem globalen Zusammenwirken zwischen all denen kommt, die noch etwas davon wissen, was Gerechtigkeit ist. Wollen wir etwas gegen die Zerstörung der Erde tun, so werden wir uns ungleich umfassender als bisher mit all denen verbünden müssen, die bereit sind, sich irgendwo gegen den heute grassierenden weltweiten wirtschaftlichen Fundamentalismus zu stellen. Wir können durchaus jedem Andersgläubigen sagen, dass wir Christen sind und nichts anderes, aber wir werden nicht als die Rechthaber auftreten, sondern als die glaubwürdigen Zeugen unseres christlichen Glaubens.

❀

Gewaltfreies Handeln wird am besten in kleinen Gruppen eingeübt. Gerechtigkeit, Frieden entsteht am konkretesten dort, wo irgendein ungerechter Zustand bedacht und beseitigt wird. Versöhnung zwischen den Religionen geschieht, wo ein fremder Mensch in einer deutschen Stadt nicht als Fremdkörper, sondern als ein geschütztes Zeichen von irgendetwas Gemeinsamem empfunden wird. Wo etwa ein paar Christen einigen türkischen Kindern helfen, deutsch zu lernen. Und was sie dabei selbst lernen können, ist das Verstehen einer fremden Religion. Vielleicht lässt sich auf solche oder ähnliche Weise erreichen, dass wir auf Kampfpositionen verzichten und darauf, die Schlachtreihen für einen kommenden kulturellen Krieg auszurichten.

❀

Die Geschichte der Versuche ist älter als wir wissen
In den heutigen Schwierigkeiten liegt etwas Tragisches. Als Nikolaus von Kues im 15. Jahrhundert für eine Verständigung mit dem Islam warb, traten die Türken eben am Rand Europas als das große Angstbild auf, und der Fall von Konstantinopel machte alle Versuche einer neuen Gemeinsamkeit zunichte. Heute, da es so dringend scheint wie nie, dass Christen und Moslems zu Frieden und gemeinsamem Tun finden, tritt der Islam als das große Angstbild des Terrorismus auf – obwohl Islam und Terror kaum mehr miteinander zu tun haben als das Christentum und seine Gewalt- und Ausbeutungspolitik – und wieder macht die Angst die Chancen zum Frieden zunichte.

Dabei könnten wir Christen wissen, dass man dem Terror, der in aller Regel das Gesicht einer politischen Verzweiflung trägt, mit Gewalt gerade nicht beikommt, ob er nun in Kurdistan, in Palästina, in Afghanistan oder weltweit auftritt. Ich bin etwa zwanzigmal zu Studienreisen und für Reportagen in den arabischen Ländern gewesen und weiß daher, dass die konsequente Weigerung der westlichen Welt, nach den Ursachen des islamischen Terrors zu fragen, der unweigerliche Beginn eines künftigen Kampfes der Kulturen sein wird, wenn wir Westler nicht umzudenken beginnen.

Es hat zwar seinen Sinn, wenn heute, in der verschwimmenden religiösen Situation, nach dem protestantischen Profil gerufen wird. Es hat immer sein gutes Recht, wenn eine Kirche sich fragt, was es eigentlich sei, von dem sie lebt, von dem sie redet. Es könnten aber Zeiten kommen, in denen es seinen Sinn verliert, ein christliches Profil gegenüber anderen Profilen aufzustellen, in denen eine allzu kämpferisch gegen Andere gerichtete Selbstdarstellung vielleicht blind macht für die geistlichen Aufgaben einer bestimmten Zeit.

❀

Eine jüngste Auseinandersetzung macht darauf aufmerksam. Es ging in ihr um eine »Handreichung der EKD« unter dem Titel »Klarheit und gute Nachbarschaft – Christen und Muslime in Deutschland«.

In muslimischen Verbänden kam es zu schweren Verärgerungen. Sie widerriefen kurzfristig eine Verabredung zu einem Spitzengespräch mit der EKD und sagten ihre Teilnahme ab. Auch der Dialog zwischen Christen und Muslimen auf dem Kirchentag in Köln, bei dem der Ruf nach dem evangelischen Profil seine Rolle spielte, löste eine zusätzliche Spannung aus. Es wurde gesagt, mit beidem habe unsere Kirche einen Scherbenhaufen angerichtet. Empörung löste der Satz in der Handreichung aus, die Christen würden ihr Herz »schwerlich an einen Gott hängen können, wie ihn der Koran beschreibt«. Es wurde von Arroganz und Herablassung geredet. So sagt die Handreichung auch, man müsse »Moslems zur wahren Menschlichkeit befreien«. Sie sei ein Beweis, dass der Absolutheitsanspruch des Christentums noch immer nicht abgerüstet sei und deshalb den christlichen Glauben in der heutigen Welt und Gesellschaft unfähig mache zum Dialog.

Richtige Sätze zu sagen ist also noch keine Garantie dafür, dass es sinnvoll ist, sie jetzt und hier so auszusprechen und sie mit so polemischer Schärfe in den Vordergrund zu stellen. Zu sagen, hier stünden zwei durchaus unterschiedliche Gottesvorstellungen gegeneinander, ist nicht falsch. Auch nicht, die Gottesvorstellung der Christen werde deutlich im Blick auf Jesus Christus, den die Christen als den Sohn Gottes bekennen. Man mag auch darüber streiten, ob es richtig oder falsch sei, wenn Christen und Moslems miteinander zu dem einen Gott beteten. Dann sollte der Streit aber auch die Frage einschließen, ob ein gemeinsames Gebet in einem christlichen Gottesdienst sinnvoll sei angesichts der Tatsache, dass die Gottesbilder der Teilnehmer sich womöglich noch breiter auseinander spreizen als die zwischen Christen und Moslems. Es ist auch nicht falsch, dass wir Christen den Auftrag haben, andere Menschen zu Christus zu bekehren; auch nicht angesichts der Tatsache, dass wir heute alle Hände voll zu tun haben, unser eigenes Volk dem christlichen Glauben einen kleinen Schritt näher zu bringen. Aber suche ich das Gespräch mit einem Moslem, so kann ich mit der Absicht, ihn zum christlichen Glauben zu bekehren, jede Chance eines Gesprächs zunichte machen. Es ist einfach die Frage, was ich erreichen will. Es ist auch keineswegs falsch zu sagen, es gehe um eine Toleranz, die sich nicht scheut, nach der Wahrheit zu fragen. Denn Respekt gründet sich nicht auf religiöse Indifferenz, sondern erwächst aus der Einsicht, dass der Partner seine Überzeugung mit historischem Recht und Grund aus einer andersartigen Tradition herleitet.

Wir kommen von viel zu vielem her und gehen auf viel zu weniges zu

Was heute überdeutlich werden kann, ist, dass wir alle miteinander von viel zu vielem herkommen und auf viel zu weniges zugehen. Wir schleppen unendliche Lasten mit uns und haben die Hände nicht frei. Wir leben zu viel nach Plan und wissen zu wenig von offenen, noch nicht kartografierten Wegen. Wir türmen zu viel von oben auf die Erde und übersehen, was aus der Erde wachsen will, aus dem lebendigen Wurzelwerk des Volkes Gottes. Wir achten noch immer zu viel auf unsere Oberherren, Oberlehrer und Oberrichter und zu wenig auf die Armen im Geist, an die wir gewiesen sind. Aber nur eine Kirche, die von unten wächst, weil sie von dem Geist ihr Leben hat, der von oben kommt, wird ernsthaft in der Sukzession der frühen Christengemeinde stehen, in der das Amt und die charismatische Gemeinschaft noch aus derselben Wurzel lebten.

Wer sich in heutigen Massenmedien, ob im Fernsehen oder auf einem Kirchentag, als glaubwürdig erweisen will, wird es in dem Maß werden können, in dem er als der eine, freie, dem Gespräch zugewandte Mensch, der er ist, das Eine vertritt, das die Kirche Jesu Christi auf dieser Erde zu vertreten hat. Und seien wir uns darüber klar, dass in den letzten fünfzig Jahren in dieser Richtung viel versucht und auch eingeübt worden ist, dass wir aber ein Rezept für jedes einzelne Medium nicht gefunden haben. Wir müssten dafür genauer wissen, in was für einer Welt wir überhaupt leben und in was für einer Menschheit. Vor unseren Augen formiert sich ein Bild von unserer Welt von alarmierender Unübersichtlichkeit, und wir können nur hoffen, es werde sich in überschaubarer Zeit herausstellen, was es denn mit der Moderne, der Postmoderne oder vielleicht gar der Nachpostmoderne auf sich habe. Wenn Gottes Geist mit uns ist, wird uns die Stunde deutlich sein und die Situation, in der wir unser Wort zu sagen haben.

Der christliche Glaube wird in hundert Jahren gewiss nicht weniger wahr sein als heute. Vielleicht werden den Menschen andere Bilder und Gedanken an ihm wichtig sein als uns heute. Vielleicht werden unsere Kirchen anders sein. Vielleicht kleiner. Das wäre noch kein Unglück, sondern ein

Schritt in die Redlichkeit ihrer Erscheinung. Vielleicht ärmer. Auch das wird kein Unglück sein, sondern ein Schritt auf dem Weg zu ihrer Christusgestalt. Vielleicht machtloser. Die Zeit, in der man von einem »Öffentlichkeitsanspruch« der Kirche geträumt hat, ist heute schon vorbei. Es ist heute schon eine deutliche Täuschung zu meinen, die Kirche gewinne an Präsenz und Wirkung mit jeder Sendezeit, die ihr irgendein Programm einräumt, oder mit jeder öffentlichen Aktion, nur weil sie stattfindet und eine Pressestelle besitzt.

Was die Wahrheit des christlichen Glaubens sei, wird heute zwangsläufig von uns allen gemeinsam zu vertreten sein, gleich welcher Kirche oder Konfession. Dass jemand heute aus der evangelischen Kirche austritt, weil ihm der Papst missfällt, ist nicht nur ein Missverständnis, es ist auch durchaus begründet. Wir sitzen alle im selben Boot. Und ob es das Boot ist, in dem Jesus Christus unterwegs ist, ist dabei die Kernfrage. Das politische und publizistische Grundmuster von heute ist weltweite allseitige Abhängigkeit, weltweit vernetzte Verabredungstechnik und, was Staaten oder Wirtschaftsräume betrifft, weltweite Begrenzung von Machtausübung, Ausdehnungsdrang und Selbstdurchsetzung. Es ist Stimmengewirr und Gesprächsbedarf im offenen Innenraum der einen Welt. Es fragt sich, ob unsere Kirchen in absehbarer Zeit fähig werden können zu einem Wirken in gemeinsamer, weltoffener Glaubwürdigkeit.

Ein Christ wird, wenn das Kreuz von Golgata für ihn noch irgendeinen wichtigen Sinn haben soll, niemals herrschend auftreten, niemals mit der Geste des Überlegenen, niemals auf jemanden herabblickend. Er kann immer nur dienend, arm, leidensbereit und geschwisterlich auftreten wie der Arme von Nazaret. Er kann immer nur zum Gespräch einladen, zum Austausch von Gedanken und Erfahrungen, und er wird, was er zu sagen hat, immer nur bezeugend und einfach, niemals laut und deklamatorisch vermitteln. Er kann, was ihm an fremder Glaubensüberzeugung begegnet, immer nur durch verstehende und hörende Liebe überwinden wollen. Freundschaft mit fremden Gedanken und Bekenntnis zur eigenen Überzeugung sind, so scheint mir, durchaus zu vereinbaren.

Denn lieben kann ich das Fremde auch in seiner Fremdheit; und es ist ein Kernsatz unseres christlichen Glaubens, dass ich lieben muss, was ich verstehen will, und dass es kein Verstehen gibt anders als auf dem Wege des Liebens.

❀

Die Situation, in der wir leben, ist über die bloße Abgrenzung einen gewichtigen Schritt hinausgegangen. Das mag mit den traditionellen Mitteln der Theologie von heute schwer darzustellen sein. Aber dieser neue Weg steht faktisch vor uns. Und er erlaubt kein Ausweichen.

Es zeigt sich heute überdeutlich, dass der Mensch, *Homo sapiens sapiens*, auf dieser Erde intelligent genug ist, seine eigene Kultur und seinen Planeten zu zerstören, aber zu einfältig, um dabei zu überleben. Es muss sich zeigen, ob die Religionen dieser selben Erde eine Weisheit haben, Wege zu zeigen, auf denen das Leben bewahrt werden kann.

Wer noch etwas weiß vom Geist Gottes, der geht wacher durch die politische Landschaft, der erwartet noch freie Wege, wo alles in Sackgassen zu enden scheint. Der gibt die Hoffnung nicht auf und auch nicht die Arbeit an der Zukunft. Der geht auch durch sein eigenes Leben aufmerksamer, dankbarer, sensibler. Zum Staunen fähiger. Zum Verzicht bereiter. Vielleicht ist es noch nicht zu spät.

XII
Ein Bild von der Kirche

61
Die Kirche ist eine Wanderbewegung

Das Urbild, das uns im Anfang unserer Glaubensgeschichte vor Augen stand, war der Christus, der von Dorf zu Dorf unterwegs war. Den Menschen zugewandt von Ort zu Ort, dabei ohne einen Ort, an dem er hätte bleiben können. Ein fernes Ziel vor Augen, das Gottesreich unter den Menschen.

Das Urbild, das danach, als Jesus seinen Weg zu Ende gegangen war, neu Gestalt fand, war eine Bewegung wandernder Menschen, gleich ihm von Ort zu Ort ziehend. Sie ging von ihm aus, sie war von ihm geprägt, sie zeigte ihn, sie hielt ihn im Ursprung fest und sah ein Ziel vor sich: die Wandlung der Menschenwelt.

Das Bild, das wir, wir Heutigen, vor Augen haben, ist das einer Wanderbewegung durch zwei Jahrtausende hin. Es ist das Bild einer auf einen Wanderweg gesandten Kirche, das Bild einer von Generation zu Generation ihrem Auftrag folgenden, mit ihrer Müdigkeit, ihrer Resignation, ihren Streitigkeiten und mit dem Missbrauch ihrer Vollmacht kämpfenden Christenheit. Das Bild einer in ihren vielen einsamen Rufern und Kündern immer wieder aufscheinenden Vollmacht, das Bild einer immer wieder deutlichen Ortlosigkeit ihrer über den geschichtlichen Strom hinausragenden einsamen Gestalten, Frauen und Männer, die ihren Ursprung wussten und ihr Ziel nicht aus den Augen verloren, die sich vom Geist treiben ließen, der ihnen ihren Weg zeigte vom Ursprung zum gemeinsamen Ziel der Christenheit.

Aber was für ein Bild haben wir Heutigen nicht nur von unserem Ursprung, sondern vor allem von unserem Auftrag?

❀

Wollen wir die Richtung sehen, in die wir gehen, so werden wir jeden Tag unseres Wanderns fragen müssen, wohin eigentlich der wandernde Christus und nach ihm die aufbrechende Wanderbewegung der ersten Kirche unterwegs waren. In der langen seitdem vergangenen Zeit entstanden nacheinander und nebeneinander Gestalten unseres Auftrags, wie sie im Anfang der Zeit der Ostererfahrungen nicht hätten gedacht werden können. Wenn wir heute versuchen, diese Botschaft in die Sprache und die Bilder unserer Zeit zu übersetzen, werden wir Gedanken denken müssen, die Paulus oder Johannes so nicht hätten denken können. Das ist deshalb so, weil Gott durch die ganze Geschichte hin gesprochen hat und weil er auch zu uns spricht. Für uns. Mit uns. Durch uns. Auch gegen uns. Auch an uns vorbei, wenn wir unsere Hörfähigkeit verlieren. Unser zentrales Problem wird sein, ob wir bereit und willig genug sind, um Gott gegenüber hörend und schauend anwesend zu sein. Dabei wird uns unmittelbar deutlich sein, dass es uns versagt ist, in den Hütten heutiger Zeitmeinungen unseren Ort zu suchen.

Woran aber erkennen wir ein Wort von Gott? Daran, dass es uns zunächst sehr fremd berührt und dass es einer Zeit des Nachdenkens bedarf, ehe wir erkennen, dass es uns Angst macht. Daran, dass es uns mit einem Gewicht trifft, das wir aufzunehmen haben und das wir nur gemeinsam tragen können; dass es uns in Bewegung setzt; dass wir uns zu verändern haben, wenn wir ihm nun zu entsprechen versuchen; dass wir am Ende einen Auftrag vor uns sehen.

Wir erkennen es aber auch an einem anderen Merkmal: an seiner schwebenden Flüchtigkeit, an seinem Kommen, das immer auch ein Gehen ist. Auch an der schwebenden Leichtigkeit, die wir mit dem Wort »Gnade« zu fassen suchen. An der Beglückung, die solche Erfahrung des Gnadenhaften in uns auslöst. Vielleicht auch daran, dass sich uns das Spiel des Daseins als Ganzes öffnet; dass wir uns umgriffen wissen und eingefasst; dass wir aus allem, was um uns ist, heraushören, wir seien von seinem Geist berührt, getrieben und geschützt.

Licht nehmen wir wahr. Wärme kommt zu uns, Gewissheit. Dankbarkeit. Überraschung, Erstaunen, Schrecken und Glück. Die Nähe von etwas unendlich Fernem erscheint. Wir wissen uns zu Hause. Wir empfinden, wir hätten einen Ort, an dem wir wohnen, sehr fern von unserem gegenwärtigen Standort.

Es kann uns aber auch widerfahren, dass wir in eine rätselhafte Dunkelheit stürzen; dass wir die Ferne Gottes bedrängend erleben. Die Verlassenheit, die statt Gottes uns anweht. Das gefährliche Schweigen des nahen, stummen Gottes. Und die Erfahrung, unser Leben hänge mit seinem ganzen Sinn und seinem Gelingen davon ab, dass Gott eben nicht schweigt.

62
Die Weisheit der Kirche wächst im Gehen

Bei dieser Weisheit geht es weniger um das, was wir tun. Sondern mehr um das, was wir lassen. Wenn ich Jesus gut zuhöre, dann spricht er immer zuerst von dem, was wir lassen sollen.

Zum Beispiel: Du ängstest dich vor dem nächsten Tag. Lass das. Lass alle deine Sorgen. Vertraue.

Du hast Angst, dass dir etwas entgeht. Lass das. Lass es dir entgehen.

Du fürchtest, den Kürzeren zu ziehen. Lass das. Zieh ihn, den Kürzeren.

Du suchst Ehre und Ansehen. Lass es. Lass dich missachten.

Du willst dich in der Hand haben. Lass es. Lass dich los.

Du hältst dich für unwert. Warum? Deinen Wert bestimmt ein anderer.

Es stört dich, wenn man dich für einen Träumer hält. Warum? Du hast die Zukunft auf deiner Seite.

Und wenn es nun um unseren Umgang mit anderen Menschen geht, dann höre ich Jesus so sagen: Du willst Recht haben? Warum? Gönne den Rechthabern, dass sie Recht haben.

Du streitest gegen irgendwelche Feinde? Lass es. Du hast keine Feinde.

Du suchst Macht. Warum? Lebe im Frieden und strahle ihn aus.

Du willst obenauf sein. Warum? Lerne absteigen. Es nimmt dir nichts, wenn du das tust.

Du willst dich wehren? Nein. Halte deine Backe hin und lass dich schlagen. Und vertraue darauf, dass du damit zu denen gehörst, die Christus ähnlich sind. Zu denen, die sich selbst überwinden.

Dieses durchgehende »Lass es!« ist eines der Merkmale der Lebensanweisungen Jesu. In seinem Geist ist nicht, was durch eine moralische Vorschrift bestimmt wird, sondern das, was aus einem vertrauenden, einem glaubenden, das heißt einem gelassenen Menschen heraus geschieht.

❀

Ich höre Jesus etwa so reden: Wenn du etwas für den Frieden tun willst, dann darfst du nicht siegen wollen. Solange du siegen willst, befindest du dich in einem Streit und kommst aus dem Streit nicht heraus. Wer noch gewinnen will, kann nichts mehr für den Frieden tun.

Oder: Versuche, ohne Gewalt auszukommen. Ohne Gewalt zu denken, ohne Gewalt in Worte zu fassen, ohne Gewalt zu tun. Gewalt trennt dich auf alle Fälle von dem Menschen, den du vor dir hast. Solange du also Gewalt denkst, kannst du für die Heilung der Verhältnisse unter den Menschen nichts tun.

Oder so: Versuche es mit der Wahrheit. Verzichte auf alle Selbstrechtfertigung und alle Rechthaberei. Du übersiehst sonst, dass es durchaus sein kann, dass der andere Recht hat. Wer noch Recht haben will, kann für die Wahrheit nichts tun.

Wenn es dir um Gerechtigkeit in der Welt geht, dann lass dein eigenes Recht unbeachtet. Denn wichtig ist das Recht für alle. Solange du auf deinem eigenen Recht bestehst, kannst du für die Gerechtigkeit unter den Menschen noch nichts tun.

Oder ich höre Jesus so:

Du willst glücklich sein. Dann sorge nie nur für dich selbst. Das ist der Weg zum Glück.

Warte nicht für alles auf einen Lohn. Das ist der Weg zur Erfüllung.

Versuche nicht, dich zu sichern. So wirst du frei und dein Weg offen sein.

Wolle nicht dich selbst verwirklichen. So gewinnst du dich selbst.

Lass dich los. So bekommst du dich selbst in die Hand.

Niemand steht über dir, außer Gott allein. Du kannst also für deine Überzeugung stehen gegen jeden Trend und jede Macht.

❀

Und ich will noch etwas anfügen. Ich bin ein alter Mann. Sozusagen in der letzten Runde. Vielleicht auch schon auf der Zielgeraden. Wie lebt man in diesem Alter, um noch ein wenig deutlicher das zu werden, was wir einen Christen nennen? Vielleicht so:

Für alles danken. So vermeidet man die Bitterkeit.

Verzeihen ohne Aufhebens davon zu machen. So gewinnt man immer mehr Raum.

Immer weniger mit Gewalt oder Autorität tun und immer mehr mit Geduld.

Immer weniger hassen und ablehnen. Sich an immer mehr mitfreuen.

Immer weniger fordern und immer weniger verweigern.

Am Ende alle Grundsätze ablegen. Im Ernstfall genügt ein wenig Barmherzigkeit.

Am Ende bleibt die achtsame Liebe.

63
Der Trost der Kirche ist, was sie anzubieten hat

Wenn wir in die Zeit zurückdenken, in der die Kirche entstand, so stehen drei Bilder vor unseren Augen. Das erste ist das eben geschilderte: Die Kirche ist eine Wanderbewegung, von Gottes Geist getrieben, die Wanderbewegung der Bevollmächtigten, die den Willen Gottes kundtun.

Das zweite Bild ist das der offenen Gastmähler, die Jesus mit den Menschen seiner Heimat gefeiert hat, wenn er sie in ihren Hütten aufsuchte. Jene Gastmähler, die er Hochzeiten nannte, Hochzeiten zwischen Gott und den Menschen. Diese Feste waren laut und fröhlich, sie waren Zeichen für die Zukunft der versammelten Menschen bei Gott. Da bezeichnete Jesus sich selbst als den Bräutigam, der seine Braut, das Volk Gottes, heimführte. Und dieses Volk durfte sesshaft sein. Es durfte sich niederlassen.

Dazu kommt ein Drittes: Wovon lebte dieses wandernde Volk, wenn es sich zum Mahl niederließ? Da erscheint das festliche Bild von Brot und von Wein als der Nahrung, die in ihrem Kreis gegeben und empfangen wurde. Brot und Wein gibt Jesus Christus seiner Kirche auf ihre Wanderung mit, und die Kirche wandelt sich dabei selbst in das Brot und den Wein für die Menschen. Die Menschen wandeln sich, wie es Paulus darstellt, selbst in Abbilder des Christus. Sie erscheinen als Brot und Wein für die Menschen.

❀

In den Erinnerungen, die mir aus meiner Kindheit geblieben sind, ist mir eine bestimmte Situation von vor mehr als achtzig Jahren unauslöschlich: Als ich sechs Jahre alt war, lebte ich längere Zeit im Haus meiner Großeltern. Mein Großvater, ein großer, starker, bäuerlicher Mensch, war der Polizeichef eines Landkreises. Er pflegte von Dort zu Dorf zu gehen, oft zu Fuß, um nach dem Rechten zu sehen. Dabei ging ich an seiner Hand mit ihm. Wenn wir in ein Dorf kamen, war ich müde und empfand es als eine herrliche Sache, dass da ein Gasthaus war. Es war eine Erlösung: Wunderbar! Ein Wirtshaus! Ein Glas Most bekam ich und ein Stück Brot und durfte bleiben, bis der Großvater das Gespräch mit irgendeinem Bauern beendet hatte.

Dieses Einkehren wurde mir zu einer Art von Urerfahrung: Das gibt es! Dass einem Menschen diese Gnade widerfährt, sich an einem Tisch niederlassen zu dürfen. Die Wanderung, von der er müde geworden war, sollte in einem starken Schutz und an einer starken Hand gegangen werden. Danach aber dürfte er sich niederlassen. Und später, auf einem anderen Weg, an derselben Hand nach Hause gehen.

Und so ist es für mich nur selbstverständlich, dass sich mir das Bild der offenen Gastmähler Jesu in Kapharnaum und anderswo mit der Erfahrung verband, dass ich in der Kirche etwas Zweites sehe: Neben einer Gemeinschaft, die im Unterwegs lebt, ist sie mir immer auch eine Art von Gasthaus oder Herberge am Weg gewesen.

Ein gastliches Haus dieser Art steht ja zwischen anderen Häusern oder auch einsam an einem Waldrand und ist kenntlich an einem Schild, das einen Ochsen zeigt oder einen Adler. Die Tür ist offen. Wer durch sie geht, findet Menschen, die ihn empfangen, die sich um ihn kümmern und ihm Tisch und Bank anbieten. Der Gast findet Ruhe und Nahrung. Er kann Kräfte sammeln und Mut für den weiteren Weg.

Mir will jedenfalls scheinen, die Kirche habe im Kern ihrer Aufgabe etwas von einem solchen Wirtshaus an sich. Die Tür steht offen. Der Wirt sagt »Guten Tag!«. Fragen werden gestellt, was der Gast brauche. Worte des Dankes. Das Mahl ist einfach. Brot, Wein und Wort. Alles aber kommt darauf an, dass die Tür offen ist, dass jedermann eintreten darf, der hungrig und durstig vorbeikommt. Und nichts widerspricht diesem ihrem Charakter so gründlich wie die Frage, wer denn nun an diesem Mahl teilhaben dürfe und wer nicht. Nichts widerspricht ihm so sehr wie ein Saalschutz durch Kontrolleure, die prüfen, ob man dem Verein auch angehöre.

❀

Ich will zum Abschluss noch eine Frage stellen: Woran ist einer Kirche anzumerken, dass sie ihren Weg an der Hand Gottes geht?

Wenn sie sich als Wanderbewegung versteht, dann wird sie nicht meinen, sie hätte irgendetwas im Alleingang zu leisten. Die Welt ist vom Geist Gottes geschaffen. Unseren Auftrag erkennen wir an der Kraft des wehenden Geistes. Was durch uns geschieht, muss nicht durch uns allein getan werden.

Gilt das, so wird man einer Kirche nichts anmerken von Sorge oder Ängstlichkeit. Sie hat den Kopf frei von aller Sorge um sich selbst und ihren Bestand, frei für die Sorge um die Menschen und um die Welt. Ich kenne viele Christen dieser Art.

Ich denke mir also eine Kirche, die leicht und sicher offensteht für das, was heute nötig und wichtig ist. Die über ihre eigenen Zäune und Hecken hinaussieht. Die mit allen Menschen in fremden Konfessionen und Religionen im Gespräch lebt und mit allen Gruppen und Kräften der Menschheit nach einem menschenwürdigen sozialen Gefüge sucht.

Ich denke mir eine Kirche, die aufhört, für ihre Rechte zu streiten. Die weiß, dass es keinen Weg zum Frieden gibt, wenn nicht der Weg zum Frieden schon im Frieden gegangen wird.

Ich denke mir eine Kirche, die sich nicht fürchtet vor ihren eigenen Außenseitern, den Suchenden, den Weltkindern und den vom Geist Begabten. Die keinen Kampf gegen Andersdenkende, sondern nur das freie Gespräch mit dem Ziel des Einvernehmens sucht. In einer Kirche des Geistes Gottes jedenfalls wird nicht ausgegrenzt, sondern einbezogen.

Ich denke mir eine Kirche, in der man die Träumer liebt, die neue und andere Gedanken denken. Wer die Wirklichkeit kennt und die Träume zugleich, der weiß auch, dass nichts die Wirklichkeit so gründlich verändert, wie Träume es tun, und dass jede große Veränderung der Wirklichkeit von jeher mit Träumen begonnen hat.

Uns Menschen ist normalerweise, so sagt man, der Spatz in der Hand lieber als die Taube auf dem Dach. Auch den Christen. Wer aber vom Geist Gottes etwas weiß, dem wird die Taube auf dem Dach jederzeit wichtiger sein als der Spatz in der Hand. Und ich bin sicher, ihm wird ein noch so kleiner Spatz auf dem Dach wichtiger sein als eine noch so fette Taube in der Hand. Einfach deshalb, weil der auf dem Dach sitzt und man also das Herz und den Kopf nach oben wenden muss, wenn man ihn sehen will.

Einer von dieser Art sorgloser Christen hat mir einmal gesagt: »Selig sind, die Heimweh haben, denn sie werden nach Hause kommen.« Als ich ihn fragte, worin denn die Logik dieses Satzes bestehe, meinte er: »Kopfweh hat nur ein Mensch, der einen Kopf hat, und Heimweh nur einer, der eine Heimat hat. Und wohl dem, der sein Heimweh nicht wegschwatzt, weglärmt oder wegschuftet. Der sehnsüchtige Mensch in dir ist der eigentliche Mensch, der du bist. Und der Mensch, der eine Heimat hat, wirst du in Ewigkeit sein.«

Zeittafel

Die Vorgeschichte	
Kaiser Augustus	30 vor bis 14 nach Christus
Geburt Christi	7 vor Christus
Herodes König über Judäa	bis 4 vor Christus
Tiberius Kaiser von Rom	14–37
Pontius Pilatus	26–36
Auftreten Johannes des Täufers	28
Wirken Jesu in Galiläa	28–30
Auftreten Jesu in Jerusalem	30
Jesu Prozess und Tod	14. April 30

Die apostolische Zeit	30–70
Bekehrung des Paulus	32
Erster Aufenthalt des Paulus in Jerusalem	35 (37)
Verfolgung der Jerusalemer Gemeinde	42
Tod des Apostels Jakobus	42
Erste Missionsreise des Paulus	47
Zusammenkunft der Apostel in Jerusalem	48
Zweite Missionsreise des Paulus	48–51
Erster Thessalonicherbrief	50
Dritte Missionsreise des Paulus	53
Galaterbrief	53
Die Korintherbriefe	54–57
Philipperbrief	54–55

Philemonbrief	55
Das »Buch der Reden« liegt vor	ca. 55
Römerbrief	57
Paulus in Jerusalem	57
Gefangenschaft des Paulus in Cäsarea	57–60
Reise des Paulus nach Rom	60
Hinrichtung von Jakobus, Petrus und Paulus	64
Krieg gegen Rom	66–73

Die nachapostolische Zeit	70–100
Markusevangelium	70
Lukasevangelium und Apostelgeschichte	80 bis ca. 85
Kolosserbrief, Hebräerbrief	80
Matthäusevangelium, erster Petrusbrief	90
Zweiter Johannesbrief, Offenbarung	95
Epheserbrief, zweiter Thessalonicherbrief	kurz vor 100
Johannesevangelium, Jakobusbrief	100

Frühökumenische Zeit	100–150
Erster Johannesbrief	105
Erster und zweiter Timotheusbrief, Titusbrief	nach 120
Dritter Johannesbrief, Judasbrief, zweiter Petrusbrief	zwischen 120 und 130